ALTE ABENTEUERLICHE REISEBERICHTE

Ludwig Leichhardt nach der Rückkehr von seiner Expedition nach Sidney mit 33 Jahren.

Ludwig Leichhardt

Die erste Durchquerung Australiens

1844–1846

*Neu bearbeitet nach seinen Tagebüchern,
mit einer Einführung und einem Nachwort
versehen und herausgegeben von
Franz Braumann*

Mit 44 zeitgenössischen Illustrationen und 1 Karte

Thienemann
Edition Erdmann

Die Illustrationen auf den inneren Umschlagseiten zeigen eine inneraustralische Landschaft und den Aufbruch einer Karawane mit aus Indien eingeführten Kamelen in das Innere Australiens.

CIP-Kurztitelaufnahme der Deutschen Bibliothek

Leichhardt, Ludwig:
Die erste Durchquerung Australiens: 1844–1846 /
Ludwig Leichhardt. Neu bearb. nach seinen Tagebüchern,
mit e. Einf. u. e. Nachw. vers. u. hrsg. von Franz Braumann. –
Stuttgart: Thienemann, Edition Erdmann, 1983.
(Alte abenteuerliche Reiseberichte)
ISBN 3-522-60230-7

NE: Braumann, Franz [Hrsg.]

Umschlag- und Einbandgestaltung besorgten
Hilda und Manfred Salemke, Karlsruhe
Gesetzt in der Garamond, zehn Punkt,
gedruckt auf Drewsen-Werkdruckpapier 90 g/qm
und gebunden in Irisleinen.
Satz, Druck und Bindung: Wilhelm Röck, Weinsberg

Inhalt

Einführung des Herausgebers

Der Sohn des Torfstechers

Ludwig Leichhardt entstammte dem ›Volk aus der Tiefe‹. Er konnte weder auf eine adelige, aber auch nicht auf eine bürgerliche oder nur eine bäuerliche Abkunft verweisen. Er wurde am 23. Oktober 1813 als das sechste Kind eines armen Torfstechers in der Nähe des Dorfes Trebatsch in der preußischen Mark Brandenburg geboren. Die mühevolle Lebensaufgabe seines Vaters und wohl auch schon der Vorfahren bestand darin, in den weiten brandenburgischen Moorheiden Heiztorf in Ziegelform auszustechen, diesen den Sommer über an mannshohen in den Moorboden getriebenen Stangen zu trocknen, der dann an der Stelle von Kohle oder Brennholz in die Haushalte der Umgebung bis nach Berlin geliefert wurde.

Dem kleinen Ludwig wäre vielleicht genau so wie einigen seiner Brüder dieses gleiche Lebensschicksal beschieden gewesen, wäre seine Intelligenz und die rasche Auffassungsgabe nicht seinem Taufpaten, dem Pastor Rödelius aus Zaue, schon in der Volksschule aufgefallen. Er sah in ihm einen jungen Seelenhirten heranwachsen und brachte den Jungen mit 13 Jahren auf eigene Kosten an das Gymnasium in Cottbus. Die Mutter ließ das ungern geschehen; sie fürchtete, daß sich ihr Jüngster – wie so viele Studenten damals – auch zu einem Freigeist entwickeln würde.

Der junge Ludwig aber entwickelte bald eine andere Leidenschaft: Als ihm das eben damals erscheinende mehrbändige Werk Alexander von Humboldts »Die Ansichten der Natur« in die Hand fiel, erweckte es in ihm eine unbändige

Sehnsucht nach Reisen in ferne und unerforschte Länder. Aber wie hätte er jemals ohne Geld und gute Beziehungen auf die Erfüllung solcher Wünsche hoffen können?

Mit 18 Jahren bestand Ludwig Leichhardt 1831 sein Abitur in Cottbus mit ausgezeichnetem Erfolg. Er mußte nun wieder nach Hause heimkehren und versuchen, die Laufbahn eines kleinen Beamten anzutreten. Doch noch während der Ferien entschloß er sich zum Studium der Philosophie. Im Herbst 1831 fand er von neuem Gönner, damit der völlig mittellose Student an die Universität Berlin gehen konnte. Er blieb dort vier Semester, immer noch schwankend, zu welchem Lebensberuf er sich entscheiden sollte.

Im Jahre 1833 wechselte Ludwig Leichhardt an die Universität Göttingen. Und hier fiel mit einem Schlag durch eine zufällige Begegnung die Entscheidung über sein endgültiges Lebensziel!

Er lernte dort zwei Studenten aus England, die Brüder John und William Nicholson, kennen. Diese stammten aus dem Hause eines wohlhabenden Händlers in Clifton und waren eben auf einer Bildungsreise für ein paar Semester an eine deutsche Universität gekommen. Ludwig freundete sich mit den Brüdern Nicholson an, die von der gleichen Lust zu reisen befallen waren. Sie überredeten Leichhardt, auf das Studium der Naturwissenschaften und der Medizin hinüber zu wechseln, weil sich nur mit diesen Wissenschaften für einen jungen Forscher der Weg in die weite Welt öffnete. Die drei Freunde wohnten bald auf einer gemeinsamen Studentenbude.

Ludwigs Eltern und Pastor Rödelius waren über diesen Studienwechsel aufs tiefste enttäuscht. Aber nun übernahmen nach einem kurzen Briefwechsel mit den Eltern der Nicholsons diese auch die Kosten für das Studium Leichhardts. Nach einem Jahr Studium in Göttingen gingen alle drei Studenten wieder an die Universität Berlin, um dem damals berühmtesten Weltreisenden Alexander von Humboldt, der zeitweilig auch an der Universität Vorlesungen hielt, nahe zu sein.

Nach dem Abschluß des Studiums kam auch für die drei Freunde die Stunde der Trennung. Doch die Brüder John und William luden den Freund nun zu einem mehrmonatigen Aufenthalt im Hause Nicholson nach Clifton ein. Ludwig Leichhardt kehrte noch einmal zu seinen Torfstecher-Eltern nach Trebatsch zurück, bevor er sich auf die Reise nach England begab.

Er fuhr in der Reisekutsche nach Hamburg und kam auf einem Segler, der auch sechzig deutsche Auswanderer nach Amerika an Bord hatte, nach England. Nach einem kurzen, ersten Aufenthalt in London, wobei er die Weltoffenheit dieser großen Stadt staunend erlebte, reiste er mit der Postkutsche eine Woche später nach Clifton in der Nähe von Bristol.

Ludwig wurde wie ein Kind des Hauses aufgenommen. Der Besuch war nur auf ein paar Monate gedacht gewesen. In dieser Zeit aber starb eine kinderlose Erbtante der Nicholsons, die den beiden Neffen ihr ganzes großes Vermögen testamentarisch vermacht hatte.

William Nicholson ließ nun seinen Freund nicht mehr aus England fort. »Wir werden jetzt mitsammen reisen und die Welt studieren!« lud er Ludwig ein. Wie hätte dieser ein solches Himmelsgeschenk ablehnen können? Er schlug sogleich überglücklich ein.

Ludwig Leichhardt lebte nun ein halbes Jahr lang in England. Auf die immer dringenderen Bitten der Eltern, wieder nach Deutschland heimzukehren, schrieb er Ende 1837 einen Brief an sie, der zusammen mit anderen Briefen Leichhardts erhalten blieb: »William und ich wollen noch bis zum Mai des nächsten Jahres in London studieren. Später wollen wir zusammen nach Paris gehen. Und wenn uns die

Umstände günstig gestimmt sind, wollen wir hernach an den Küsten des Mittelländischen Meeres naturwissenschaftliche Studien anstellen. Diese sollen uns für größere Reisen in tropische Erdteile vorbereiten. Soviel ist schon jetzt gewiß, daß uns Europa allein nicht genügen wird und daß wir drei oder vier Jahre lang auf Reisen bleiben wollen. Wir planen, später nach Ostindien oder nach Australien zu gehen...«

In diesem Brief kündigte sich zum erstenmal der ferne Erdteil Australien in Leichhardts Leben an, der später auch sein ausschließlicher Lebensinhalt und sein Schicksal wurde. In den wohlhabenden Kreisen Londons ging damals ein geflügeltes Wort um: »Ein Mann, der nicht beide Indien gesehen hat, ist noch kein richtiger Reisender und hat von der Welt noch nichts gesehen!«

Im Mai 1838 beantragte Leichhardt vor seiner Ausreise nach Paris einen Reisepaß bei dem deutschen Konsul in London. Dieser aber wurde ihm nach einer Rückfrage in Berlin überraschend verweigert. Leichhardt war in der Zwischenzeit in Preußen zur Ableistung des Militärdienstes einberufen worden. Seine sofortige Heimkehr aus England wurde ihm nun befohlen.

Der Einberufene fiel aus allen Himmeln. Jetzt – vor dem Beginn der größten Reise seines Lebens sollte er zu jahrelangem Kasernendienst verurteilt sein? Auch William redete ihm dringend zu, jetzt nicht heimzukehren. Leichhardt ersuchte um die Aufschiebung seines Militärdienstes bis zur Rückkehr von der großen Weltreise. William Nicholson erreichte es mit den guten Verbindungen seines reichen Vaters ohne weiteres, daß Ludwig einen englischen Paß erhielt. Mit diesem setzten die zwei Freunde ohne Behinderung über den Kanal nach Frankreich über. In Paris erfuhr Leichhardt von dem Aufschub der Einberufung bis zum 1. Oktober 1840. Kehrte er jedoch auch bis dahin nicht zurück, war ihm als Fahnenflüchtigem Preußen für immer verschlossen, oder er lief Gefahr, bei seiner Heimkunft vielleicht für Jahre in den Kerker zu wandern.

Paris, das Ludwig Leichhardt gerade zu dieser Zeit mit einem Rausch an Reiselust erfüllte, ließ ihn diese Drohung nicht schwernehmen. Er träumte schon von den blauen Küsten des Mittelmeers, von Italien und Griechenland – wie sollte er da einen Befehl, der ihm zur Befolgung noch zwei Jahre Zeit schenkte, ernst nehmen? Bis dahin konnte er sich immer noch entscheiden – zurück nach Preußen in eine graue Kaserne oder hinaus in eine unbegrenzte weite Welt! Die Entscheidung fiel für die unbegrenzte Weite.

Aber dennoch spürte er eine ständige Drohung über seinem Leben, die ihm manche unerhörten Erlebnisse verdarb. Das unerträgliche Gefühl, später einmal nicht mehr in sein Vaterland zurückkehren zu dürfen, ohne Strafe und Kerkerhaft erwarten zu müssen, brachte ihn noch in Italien fast dazu, alles hinzuwerfen und wieder heim zu seinen alten Eltern zu gehen.

Aber dann erinnerte er sich wieder daran, daß er schon als Zwölfjähriger davon geträumt hatte, einst ein Handwerksgeselle zu werden, damit er in die Welt hinauswandern konnte. Jetzt aber konnte er frei wie ein Vogel von Land zu Land, von Erdteil zu Erdteil fliegen! Das verdrängte die nagende Unruhe.

Nach einer achtzehn Monate dauernden Reise durch die Länder des Mittelmeers kehrte er 1840 noch einmal mit William nach London zurück. Seiner Heimkehr nach Deutschland hatte er endgültig abgesagt.

Vor seiner neuen Reise schrieb Ludwig an seine Mutter – der Vater war indessen gestorben: »... und unser gemeinsamer Plan ist, für zwei Jahre nach Neuholland (so hieß damals Australien noch in Europa) zu segeln und uns in der Sydney-Kolonie anzusiedeln. William will unsere Kapitalien in der Schafzucht anlegen, die das angelegte Geld derzeit mit 80%

verzinsen soll. Von diesem Ertrag können wir zwei dann gemeinsam, ohne das eigentliche Kapital zu vermindern, unsere Reisen und Forschungen kreuz und quer durch Australien finanzieren ...«

Doch im letzten Augenblick kam alles völlig anders. William Nicholson scheute sich auf einmal vor dem harten und ungeregelten Leben als »australischer Buschläufer«. Er eröffnete in Edinburgh in Schottland eine Praxis als Arzt.

Sein Freund Leichhardt aber sollte nicht auf seine Pläne verzichten müssen, obwohl er auch jetzt völlig bar eigener Geldmittel dastand. Nicholson bezahlte die Überfahrt nach Australien auf dem Auswandererschiff »Sir Edward Paget« und stattete ihn darüber hinaus noch mit 1400 Talern aus, damit sich Leichhardt in dem fernen Kontinent eine erste Lebensgrundlage schaffen konnte.

Die »Sir Edward Paget« stach am 1. Oktober 1841 von Cardiff aus in See. Mit der englischen Küste entschwand Europa endgültig aus dem Leben Leichhardts. Er hatte über seine Zukunft entschieden – für viele Jahre – vielleicht für sein ganzes Leben!

Die monatelange Segelreise auf dem Schiff verlief mit den üblichen Aufregungen – Stürmen und Krankheiten, Sehnsucht, Heimweh und Langeweile. Mit Leichhardt reisten 250 englische Auswanderer, die so bettelarm waren, daß ihnen die Regierung die Überfahrt hatte bezahlen müssen, um die Besiedlung der neuen Kolonie rascher voranzutreiben. Das englische Mutterland litt dauernd an Überbevölkerung, dennoch entschlossen sich viel zu wenig verarmte Manufakturarbeiter und Bauern zur Auswanderung in die verrufene Strafkolonie, auf der über hundert Jahre lang fast ausschließlich Verbrecher ausgesetzt worden waren. Nur die etwa zwanzig zahlenden Passagiere, Kaufleute und angehende Farmer, hofften, im neuen Erdteil viel rascher als zuhause zu Reichtum zu gelangen. Bereits auf dem Schiffe blühte hektisch die

Spekulation mit Grundstücken und Anteilen an riesigen Schaffarmen.

Der Buschläufer

Mitte Februar 1842 betrat Ludwig Leichhardt nach einer viereinhalb Monate dauernden Schiffsreise von England um das Kap der Guten Hoffnung in Sydney den Boden des zuletzt entdeckten Erdteils Australien. Der geschäftige Trubel dieser jungen Stadt überraschte ihn sehr. Sie war erst vor 54 Jahren als Farmersiedlung in einer tief ins Land eingreifenden Bucht gegründet worden. Die Gründer aber bestanden aus 530 englischen Sträflingen und ihren Bewachern, die mit dem ersten Verbrechertransport, dem dann noch viele folgten, an dieser Stelle an Land getrieben worden waren. In dieser unerhörten Leere des in seinem Innern noch völlig unbekannten Erdteils mußten nun die Sträflinge in schwerer täglicher Arbeit sich ihren eigenen Lebensunterhalt schaffen.

Jetzt aber, noch nicht einmal in der Hälfte des 19. Jahrhunderts, zählte Sydney bereits 100000 Einwohner, die alle anscheinend nur eines vorantrieb: die Jagd nach Geld, Geld und wieder Geld! Ludwig Leichhardt nahm sich in dieser Gesellschaft wahrscheinlich lächerlich genug aus, weil er nicht nach Spekulationswerten fragte, sondern den erst eben neu angelegten Botanischen Garten aufsuchte. Er hatte erfahren, daß dessen Direktorstelle gerade zu dieser Zeit unbesetzt stand, und er bewarb sich um diesen Posten. Doch die Stadtverwaltung von Sydney lehnte seine Bewerbung ab – wahrscheinlich, weil sie dem eben erst zugewanderten Deutschen zu wenig vertraute.

Doch wie es sich bald erweisen sollte, war gerade diese

Abweisung wieder für seine Zukunft entscheidend. Denn wäre nun Leichhardt als ausreichend dotierter und bald angesehener städtischer Beamter für lange Zeit in dieser Stadt festgebunden worden, wäre er vielleicht niemals mehr zum ständig nach neuen Wildnissen und unentdeckten Einsamkeiten suchenden Buschläufer gereift.

»Buschläufer« galt damals noch als verächtliches Schimpfwort für einen aus dem streng umgitterten Arbeitslager entsprungenen Häftling. Von Zeit zu Zeit gelang einem solchen die Flucht in den »scrub«, ins unerforschte Buschland des Innern. Ein solcher konnte nur als Fallensteller sein Leben fristen, oder er überfiel ab und zu eine einsam gelegene Schaffarm und plünderte diese aus. Die berittene Polizei war aber stets solchen Buschläufern auf den Fersen. Wegen bloßen Diebstahls wurden sie nach einer harten Prügelstrafe wieder in einen streng bewachten Arbeitstrupp eingegliedert. Wer jedoch einen Mord auf dem Gewissen hatte, der wurde ohne Gerichtsverfahren an dem nächsten Baum aufgeknüpft.

Mit den Jahren aber änderte sich allmählich die Bedeutung dieses Namens, und Buschläufer wurde ein jeder genannt, der in das grenzenlose Land hinter den Blauen Bergen trampte und dort als Schafhirt oder auch nur als Jäger leben wollte.

Ludwig Leichhardt wurde durch die Abweisung seines ersten Ansuchens noch nicht entmutigt. Er trug aus England einen Empfehlungsbrief an den Chef der Landvermessung von Neu-Südwales, Sir Thomas Mitchel, bei sich. Und gerade Landvermesser zu werden, erschien ihm als der günstigste Beruf, später in das Innere Australiens zu gelangen. Doch das offizielle Australien schenkte ihm kein Vertrauen. Sein Gesuch um Anstellung wurde hier ebenso abgelehnt wie das erste am Botanischen Garten.

Leichhardts unverändertes Ziel war und blieb der unbekannte Kern der riesigen Landmasse Australiens, die damals

Ludwig Leichhardt als »Buschläufer«

noch im völligen Dunkel des Unbekannten lag. Als erforscht galt nur der südliche Zipfel des Kontinents und ein schmaler Küstenstreifen im Osten und Westen des Erdteils. Wohl hatten sich schon Expeditionen auch in diese »terra incognita«, das unbekannte Land, hineingewagt, aber diese mußten wieder umkehren, wenn sie kein Wasser mehr fanden, wenn ihre mitgeführten Lebensmittel zu Ende gingen oder gar feindselige Eingeborene, Aborigines, sie mit Pfeilschüssen aus dem Hinterhalt oder im offenen Überfall zurücktrieben. Wer aber nicht mehr zurückkehrte, der war mit Sicherheit verdurstet, wenn nicht von den wilden kannibalischen Schwarzen getötet und vielleicht sogar verzehrt worden...

Der englische Offizier Robert Lind, mit dem sich Leichhardt bei der Überfahrt angefreundet hatte, nahm ihn für einige Monate in seine Wohnung in Sydney auf. Anfang September reiste Leichhardt dann mit einem der neuen Dampfschiffe 120 Kilometer weit nordwärts nach Newcastle am Hunterfluß. Schon in Sydney hatte er den Farmer Walker Scott getroffen, der ihn zu einem längeren Aufenthalt einlud. Walker besaß über 20000 Schafe auf seinen unendlichen, noch kaum vermessenen Weiden, und diese Zahl vermehrte sich durch den natürlichen Geburtenzuwachs noch ständig. Leichhardt wurde in Glenton weit hinter der Küste von Newcastle von Scott so freundschaftlich aufgenommen, daß er sich von diesem Tage an in Australien zu Hause fühlte. Nach den Gewitterstürmen des beginnenden Frühlings leuchtete Anfang Oktober die australische Landschaft blütenreich und grün. Die verdorrten Weideflächen und der verwelkte Busch hatten sich fast über Nacht in einen blühenden Garten des Paradieses verwandelt.

Aber Leichhardt hielt auch hier wieder das tatenlose Herumhocken nicht lange aus. Die unbekannten Berge der Liverpool-Range im fernen Westen der Farm verlockten ihn bald zu einem längeren Ausritt. Vor dem für mehrere Wochen geplanten Ritt hatte er sich noch eingehend mit dem Buschleben der Schafhirten und der Zedernholzfäller in den Bergwäldern vertraut gemacht. Zu Fuß wanderte er tageweit ohne Zelt und Waffe durch den Busch und lebte völlig auf sich gestellt von getrocknetem Schaffleisch in seinem Rückenpack, ausgerüstet mit nur einem Feuerzeug in der Tasche und einem verbeulten Kochkessel. Als studierter Geologe erkundete er dabei auch die Gesteinsschichten und führte ständig einen gar nicht so leichten Gesteinshammer mit sich.

Einmal rettete ihm dieser Prüfhammer sogar das Leben. Ein wild lebender Stier, der wohl einst seine Rinderherde verlassen und sie nicht wieder gefunden hatte, griff ihn plötzlich mitten im »scrub« mit dumpfem Gebrüll und gesenkten Hörnern an. Leichhardt rannte ohne Waffe um sein Leben. Der Stier aber war schneller. Er faßte Leichhardt auf seine Hörner und schnellte ihn in die Luft. Der Verfolgte sah schon sein Ende vor sich, von den breiten Hufen des wilden Tieres zu Tode getrampelt zu werden – da erinnerte er sich im Niederfallen des Hammers, den er noch in seiner Hand trug. In seiner Todesangst schlug er dem Stier mit aller Kraft auf die breite Stirn, daß dieser halb betäubt und dumpf brüllend zu Boden ging. Er rannte weiter, bis er endlich erschöpft auf einen niedrigen Baum klettern konnte. Der Stier folgte ihm nicht mehr.

Diesmal tat Leichhardt eine ausgiebige Rast in Scotts Schaffarm wohl. Sobald er sich kräftig genug fühlte, trat er zu Fuß den Marsch nach dem etwa 50 Kilometer fernen Mount Royal in den Liverpool-Bergen an. Nach drei Tagen Wanderung in den Bergen entdeckte er einen mächtigen hohlen Baum, der ihm für einige Wochen eine Wohnung wurde. Er lebte von Damper, einer harten, ungesäuert gebackenen Brotflade, die wochenlang haltbar blieb. In der Nähe sprang eine klare Quelle den Berg herab; Zucker und Tee trug er bei sich. Mit jedem Tag fühlte er sich in der einsamen, großartigen Natur heiterer und innerlich freier werden. Wenn er abends in seine Baumhöhle zurückkehrte, kochte er sich noch Tee und kaute die steinharte Brotflade dazu. Er wickelte sich in seine wollene Decke und schaute durch den offenen Baumspalt zu, wie sich die Sterne an dem unendlichen australischen Himmel entzündeten. Meistens weckte ihn schon gegen drei Uhr morgens die tief absinkende Nachtkühle. In diesen wachen Morgenstunden entwarf er den neuen Tagesplan der geologischen, zoologischen und botanischen Streifzüge, die er nach einer neuen Richtung wieder durchführen wollte.

Ein Mensch ohne Waffe, ohne böse Absicht wird bald in dem menschenleeren Busch als Freund aller Tiere und Vögel aufgenommen. So besuchten ihn neugierig bald jeden Morgen die tierischen Buschbewohner – der herrliche Leiervogel mit seinen Paradiesesfedern, der dunkelfiedrige australische Truthahn, die blau schimmernde Lauftaube, manchmal sogar ein Wallabo, ein furchtlos äsendes Känguruh. Über ihm flogen Schwärme schneeweißer Ibisse nach der dschungelfeuchten, tropischen Nordküste Australiens.

Leichhardt hatte stets gegen die empfindliche Morgenkälte mannslange Farne vor den Eingang seiner Baumhöhle gelehnt. Eines Nachts wirbelte der jähe Sturmstoß eines aufsteigenden Gewitters die noch nicht erloschene Glut des abendlichen Lagerfeuers vor der Baumöffnung jäh auf. Die längst schon dürren Farne fingen wie Zunder Feuer. Leichhardt blieb nur noch, mitten aus dem Schlummer geschreckt, die Zeit übrig, um durch den flammenden Baumspalt ins Freie zu springen. Ehe er noch etwas retten konnte, waren im Innern sein Hut, sein einziges Hemd und sein Tagebuch mit allen täglichen Aufzeichnungen verbrannt. Anfangs lachte er trotzig zu dieser überstandenen Gefahr. Natürlich mußte er nun die herrliche Wildnis verlassen. Bis er aber nach drei Tagen erschöpft und halb verhungert die Farm Glenton erreichte, hing ihm von dem ausgestandenen Sonnenbrand die Haut auf dem Rücken in Fetzen herab.

Natürlich stellte daraufhin Leichhardt seine Forschungen nicht ein. Diesmal entlieh er sich auf der Farm ein Reitpferd, mit dem er die hundert Kilometer nördlich von Newcastle liegende Landschaft der Moreton-Bay erforschen wollte. Auf seinem einsamen Ritt nordwärts traf er immer wieder hinter

Biwak im Wald (Gemälde von Augustus Earle)

den fernsten Hügelwellen einen Ansiedler, der nichts sonst besaß als etliche Schafe und ein Graslager in einer primitiven Hütte, die er mit seiner Axt als dem einzigen Werkzeug gezimmert hatte. Mit diesem Siedler am äußersten Rande der bewohnten Welt teilte Leichhardt dann sein Lager unter einer gemeinsamen Wolldecke. Vielleicht schlief er neben einem Deportierten, der geflohen war oder dem die letzten Strafjahre erlassen worden waren.

Von solchen Einsiedlern erhielt er manchmal die besten Ratschläge, die ein Überleben in der leeren Wildnis erst möglich machten. Einer fragte ihn: »Kennst du den Bunyatree, den Bunya-Baum?« Leichhardt mußte dies verwundert verneinen.

»Du findest ihn überall gegen Norden zu. Er sieht fast wie die Araukarie, der seltsame Nadelbaum im südlichen Australien, aus. Unter den Schuppen seiner Zapfen findest du die nahrhaftesten Kerne. Davon allein kannst du dich im »scrub« tagelang ernähren, wenn du sonst nichts mehr zum Nagen finden wirst. Aber beobachte den Bunya-Baum erst eine Weile aus der Ferne, bevor du hingehst und auf ihn kletterst! Die Horden der Schwarzen treffen sich unter einem Bunya gern und halten ihn natürlich für ihr Eigentum. Es ist schon geschehen, daß sie einen verirrten Schafhirten vom Baum herabgeholt, ihn gekillt und aufgefressen haben. Hoho, dann später haben die suchenden Reiter nur noch die abgenagten Knochen und seinen grinsenden Totenschädel gefunden!«

Nun, alles glaubte ja Leichhardt auch wieder nicht, was diese Squatter in ihrer Einsamkeit zu erzählen wußten. Doch er nahm sich vor, hier die Augen mehr offen zu halten als unten im Süden in den Liverpool-Bergen. Er wußte aus anderen Erzählungen, daß eher schon ein weißer Schafhirt getötet wurde, wenn er sich ein schwarzes Weib, das auf Wurzelsuche herumgestreift war, in seine Hütte mitgenommen hatte. In der Nacht darauf war die Horde geschlichen gekommen und hatte den Frauenräuber erschlagen. Ein solches unrühmliches Ende traf wohl hie und da einen der »Old hands«, wie die auf Bewährung freigelassenen Verbrecher genannt wurden. –

Ludwig Leichhardt wurde auf seinem Forschungsritt hinter der Moreton-Bay von einem tagelang unheilbar erscheinenden Durchfall begleitet, der ihn auf die Dauer so erschöpfte, daß er sich fast nicht mehr im Sattel aufrecht halten konnte. Er mußte umkehren, um auf kürzestem Weg die Küste und Menschen zu erreichen. Er fürchtete bereits, daß er vorher noch bewußtlos vom Pferde sinken könnte und dann hilflos liegen bliebe.

In diesem Zustand traf er einen »Old hand«, der zu Fuß durch die Wildnis wanderte. Der Rauch seines niedrigen Lagerfeuers hatte das Pferd von selber dorthin geleitet. Der Mann blieb hocken und schaute fragend auf den blassen Reiter. Er half dem Kranken endlich aus dem Sattel und sagte nur: »Du hast Glück gehabt, weil du auf mich gestoßen bist! Du hast wohl fauliges Wasser ungekocht getrunken!«

Das mochte zutreffen. Leichhardt hatte sich bereits an die Wildnis akklimatisiert gefühlt und nicht mehr jeden Schluck Wasser abgekocht.

»Ich bin unentbehrlich für die Ansiedler hinter der Moreton-Bay!« erzählte ihm der seltsame »Old hand«. »Ich bin Hüttenbauer, Bäcker, Schneider und Schmied, Tierdoktor und auch Wundheiler, wenn sich einer gefährlich verletzt hat und im Wundfieber schon auf den Tod darniederliegt! Du aber brauchst nur die Ly-Wurzel!«

Der geheimnisvolle Alte kochte Leichhardt den Absud einer heilkräftigen Wurzel. Und schon am nächsten Morgen blieb Leichhardts Hose wieder trocken. Im Busch entscheidet manchmal nur das Wissen um eine Wurzel das Überleben – wenn noch so harter Wille und Mut versagen!

Leichhardt fand am Rande der Wildnis manchmal auch

eine Farm, auf der die Frau fehlte. Dann gab es statt eines sauberen Holzhauses nur eine schmutzige Bude auf vier eingerammten Pfählen, die den Bewohner vor der nächtlichen Bodenkälte, Schlangen und Ameisen schützen sollten. Ein paar Schafe genügen für den Lebensunterhalt mit Milch und Fleisch. Die übrigen Bedürfnisse des einst in der Gemeinschaft gesittet lebenden Menschen blättern wieder ab – zuletzt unterscheidet manchen Squatter nur noch die hellere Hautfarbe von dem australischen Ureinwohner.

Begleitet jedoch auch eine Frau den Mann in die Wildnis, wächst die abgelegene Farm förmlich von selber in eine menschliche Ordnung hinein. Möbel, Geschirr werden in die Einsamkeit geschafft; Leichhardt entdeckte sogar noch Bücher in Farmhütten, hinter denen alle Pfade endeten...

Ludwig Leichhardt lebte zwanzig Monate lang forschend und immer fernere Landschaften erkundend hinter den Küstenregionen zwischen dem 34. und dem 25. südlichen Breitengrad. Nach seiner späteren Schätzung legte er dabei rund 4000 Kilometer allein und stets ohne Begleiter im Sattel zurück. Er hatte sich in dieser langen Zeit zu einem erfahrenen und ausdauernden »Buschläufer« entwickelt. Allerdings hatte sich nach diesem langen Aufenthalt im Busch auch seine Haltung und sein Aussehen verändert. Seine große, dürre Gestalt bewegte sich etwas vornüber geneigt. Die Ränder seiner Hose hingen zerfranst und ausgerissen, sein Wollhemd hatte mehr Flicken als den früheren roten Stoff. Mancher ehrliche Squatter erschrak zuerst, wenn der hagere Besucher sich durch die Tür bückte, weil er ihn für einen entflohenen Deportierten hielt, den wohl nur der Hunger wieder aus dem menschenleeren »scrub« in bewohnte Gegenden zurückgetrieben hatte.

Ludwig Leichhardts letzter Forschungs-Ausritt galt den Darling-Downs, einem noch unbegangenen Hochland hinter einem Steilanstieg von 500 Metern über der Küstenebene.

Grasbäume (Gemälde von John Skinner Prout)

Hinter der Einsattelung des Cunningham-Passes war gegen den fernen Westen hin des weißen Mannes Land zu Ende.

Als Leichhardt die Paßhöhe erreicht hatte, suchte er sich in der völlig pfadlosen Landschaft eine windfreie Stelle für sein erstes Nachtlager. Zum Sonnenuntergang im Südwesten umfloß die ferner aufsteigenden Bergketten ein roter Purpurnebel, als flatterten Brände aus dunstigen Tälern empor. Er legte sich in der Gewißheit auf den harten, trockenen Erdboden zum Schlafen hin, daß noch kein Weißer vor ihm diese unerhörte Naturerscheinung über der lockenden und auch wieder drohenden Tiefe Australiens erlebt hatte. Wie ein unwiderstehlich starker Magnet zog ihn diese ferne Welt an!

Aber als er am nächsten Morgen erwachte, war sein Reitpferd, das er nur leicht angepflockt hatte, fort und nicht mehr aufzufinden. Sein größtes Versäumnis war, daß er abends dem Pferd die leichten Sattelpacken nicht abgenommen hatte – er war einfach zu rasch in den Schlaf gesunken. Ohne Nahrungsmittel und nur mit seinem Gewehr konnte er zu Fuß nicht die diesmal für Wochen geplante Erkundungsreise durchhalten. Zwei Tage lang suchte er nach dem verschwundenen Reitpferd, dann blieb ihm nichts anderes übrig, als umzukehren, und er stieg noch einmal zwei Tagesreisen weit in die Moreton-Bay hinab.

Er besaß kein Geld mehr zum Kauf eines neuen, kräftigen Reittiers – so mietete er auf der ersten Stockman-Farm einen billigen Klepper, der nur so ungefähr von den wilden Stockmans zugeritten worden war. Zweimal warf der Gaul seinen neuen Reiter ab – aber endlich lenkte ihn Leichhardt wieder den Cunningham Paß hinauf zu neuen Forschungsabenteuern.

So weit gegen Nordwesten war vor Leichhardt noch kein Weißer gekommen. Er ritt auf dieser letzten Erkundung vor der Rückkehr nach Sydney über 90 Meilen (145 Kilometer) bis an die nördliche Schleife des Condamine-River.

In seinem erhaltenen Forschungsbericht schrieb der Reisende: »...Die grasbedeckten, baumlosen und nur ganz schütter mit offenem Wald bedeckten Höhenwellen ergeben in der Zukunft ein Weideland von Millionen Morgen Ausdehnung, sobald dieses Land kartiert und vermessen ist. Dieses hochgelegene Land ist der Schafzucht besonders günstig...«

Alle seine bisherigen Forschungsreisen in das Innere Australiens hatte Ludwig Leichhardt ohne einen Auftrag durchgeführt. Es hatte ihn ja auch Sir Mitchel trotz eines empfehlenden Schreibens aus London nicht als Landvermessser in seinen Dienst genommen.

Aber ein rätselhaft glühender, unablässig vorandrängender Antrieb ließ Ludwig Leichhardt nicht mehr los. Ein Bekenntnis, das er bisher noch zurückgehalten hatte, das aber für seine Zukunft das wichtigste werden sollte, schrieb er in einem seiner Briefe an die Freunde in London: »...Je mehr Erfahrungen ich auf meinen Forschungsritten an die Grenzen des Unbekannten sammelte, desto stärker wuchs mein Wunsch, die ganz grosse, die wirkliche Forschungsreise vom Süden der Moreton-Bay bis an die Nordküste Australiens zu unternehmen, durch die Tausende Meilen Land, die auf der Karte Australiens bis heute noch als mächtiger weisser Fleck eingezeichnet sind. Entweder gelingt mir der Durchbruch, oder über meine Forschungsreise durch Inner-Australien legt sich Schweigen – umkehren werde ich nicht mehr...!«

Einige Wochen lang hielt sich Ludwig Leichhardt noch bei seinem treuen Freund und Förderer Walker Scott auf der Farm von Glenton auf. Da nun sein Plan einer großen Forschungsreise feststand, reiste er zu Anfang des Jahres 1844 wieder nach Sydney zurück.

Vorbereitung zur großen Reise

Ludwig Leichhardt konnte nach seiner Rückkehr von Moreton-Bay nach Sydney bald feststellen, daß die Idee einer Land-Expedition bis nach Port Essington an der Nordküste Australiens die Aufmerksamkeit sehr vieler Menschen gewonnen hatte und diese immer stärker beschäftigte. Es schrieben mehrmals auch die Zeitungen darüber und ergingen sich in phantastischen Vermutungen über das Abenteuerliche, aber auch über den wirtschaftlichen Wert eines solchen Unternehmens für die Zukunft. Auch die gesetzgebenden Körperschaften setzten diese Frage auf die Tagesordnung ihrer Beratungen. Der Chef der Landvermessung, Sir Thomas Mitchel, schlug die Subventionierung einer solchen Expedition mit 1000 Pfund Sterling vor, um ihre Ausrüstung rasch voranzutreiben.

In diese noch allgemeinen Beratungen brachte die Meldung aus dem Staatssekretariat für Kolonien, daß auch ein Kapitän Sturt von Adelaide in Südaustralien aus die Vorbereitungen für eine Forschungsreise quer durch den Kontinent nach Norden treffe, eine neue Aufregung. Das gab den letzten Anstoß für Leichhardt, gestützt auf seine zweijährigen Erfahrungen über die Schwierigkeiten des Reisens in gebirgigen und – wie zu erwarten war – oft auch wasserlosen Gegenden, nun sofort diese Reise zu wagen. Allerdings mußte noch die Bedingung der öffentlichen Unterstützung bei den zur Ausrüstung nötigen Kosten erfüllt werden. Es mußten ebenso erst die richtigen Begleiter gefunden werden, die sich freiwillig und ohne besondere Entlohnung dem Unternehmen anschließen und auch geduldig manchen Mangel der Ernährung während der Reise auf sich nehmen würden.

Während der Aussprachen Leichhardts mit seinen Bekannten in Brisbane und der Umgebung hatte sich allgemein die

Meinung herauskristallisiert, daß dieser Reiseplan durchaus real ausführbar wäre. In Sydney jedoch erhob sich anfangs gegen eine Reise unter der Leitung Ludwig Leichhardts eine ziemlich heftige Opposition. Andere wieder bedauerten, daß sich Leichhardt nicht einen näher liegenden Wirkungskreis innerhalb der Grenzen von Neu-Südwales schaffen wollte – die Aussicht auf eine leitende Stellung im öffentlichen Dienst dieser Provinz erschien nun durchaus gegeben.

Viele aber sahen offen dieses Unternehmen als eine Tollheit und Folge eines blinden Enthusiasmus an, der nur durch eine vernunftwidrige Ruhmsucht genährt wurde, die sich als ein Hang für die Wissenschaften ausgab. Und die größten Gegner rieten davon ab, weil sie ein solches Unternehmen für einen glatten Selbstmord hielten, der verhindert werden müsse.

In seinen späteren Aufzeichnungen schilderte Ludwig Leichhardt die damalige Situation, ihr Hin und Her zwischen Ablehnung und Zustimmung, wörtlich:

»... Ich war für die Schwierigkeiten der Reise nichts weniger als blind. Im Gegentheil! Und ich hoffe, meine Leser werden glauben, dass ich es aufrichtig meine: Ich dachte, diese würden mannigfach und gross – in der That grösser, als sie sich wirklich auswiesen. Aber während meiner in der letzten Zeit unternommenen Exkursionen in dem *Squatting-Districte* hatte ich mich so an ein vergleichsweise wildes Leben gewöhnt und die Gewohnheiten der Ureinwohner so genau beobachtet, dass ich mich versichert hielt, die einzigen wahrhaften Schwierigkeiten, auf die ich stossen könnte, würden nur einen localen Charakter haben. Ich war überzeugt, dass ich bei vorsichtigem Verfahren ... im Stande sein würde, meine Begleiter auf einem grasbewachsenen und wohlbewässerten Wege zu führen... Und ich hielt mich versichert, dass die Reise ... mit unserer Ankunft in Port

Essington endigen müsse. Durch dieses Bewußtsein gehoben ... begann ich meine Vorbereitung, welche, soweit es meine eigenen schwachen Mittel und die Beiträge wohlwollender Freunde gestatteten, ziemlich bald bis zum 13. August 1844 vollendet waren ...«

Ludwig Leichhardt besaß fast keine eigenen Mittel. Deshalb mußte er auf manche nützlichen Instrumente, wie Barometer, Kochapparat, verzichten. Seine einzigen Hilfsmittel waren: ein Sextant, ein Chronometer, ein Handkompaß, ein kleiner Thermometer und Arrowsmith's Landkarte des »Continents von Neu-Holland« (Australien).

Die schwierigste Aufgabe aber war die Auswahl von fünf Begleitern, deren Zahl wegen der geringen Mittel auf keinen Fall überschritten werden sollte. Da nun der Plan öffentlich bekannt geworden war, offerierten viele junge Leute ihre Dienste, die meisten wohl in der Erwartung eines großen Abenteuers. Leichhardt wählte und schwankte lange, bis er sich endgültig entschieden hatte.

Es soll seiner eigenen Niederschrift gefolgt werden:

»Als ich Sydney verliess, waren meine Begleiter James *Calvert,* John *Roper,* John *Murphy*, ein Jüngling von ungefähr 16 Jahren, William *Phillips,* ein Krongefangener (entlassener Häftling) und Harry *Brown,* ein Eingeborener vom Newcastle-Stamm ...«

Über die Seefahrt bis nach Brisbane schrieb Leichhardt später:

»Wir verliessen Sydney in der Nacht des 13. August, um mit dem Dampfer ›Sovereign‹ unter Capitain *Cape* nach Moreton-Bay zu gehen. Es macht mir viel Vergnügen, die uneigennützige Freundlichkeit von ›Hunter's River-Dampfschifffahrts-Compagnie‹ zu bestätigen, die mir für meine Gesellschaft, unser Gepäck und dreizehn Pferde freie Fahrt bewil-

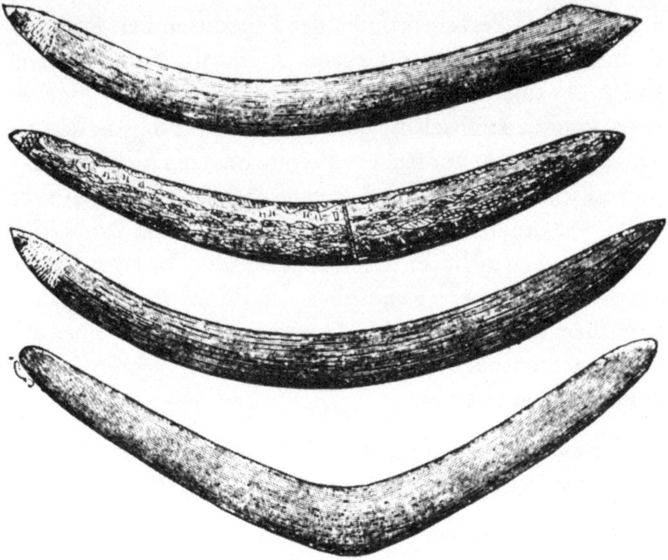

Bumerangs

ligte. Die Ueberfahrt dauerte ungewöhnlich lange. Anstatt in drei Tagen in Brisbane anzukommen, waren wir eine Woche zur See, sodass meine Pferde Mangel an Futter und Wasser litten.

... In Brisbane angekommen, wurden wir mit der grössten Freundlichkeit von unsern Freunden, den ›Squatters‹, aufgenommen. Diese und die Einwohner von Brisbane überhäuften mich mit freundlichen Beiträgen sosehr, dass ich mich genöthigt sah, vieles abzulehnen oder zurückzulassen. So musste ich auf den Vortheil manches erwünschten Artikels wegen der beschränkten Transportmittel verzichten ...«

Hier boten sich aber auch neue Teilnehmer der Expedition an. Leichhardt entschloß sich schließlich, noch vier Teilnehmer zu chartern. Seine Vorräte waren sosehr angewachsen, daß er diese Änderung wagte. Er berichtet selber darüber:

»... Folgende Personen traten der Expedition bei: Pomperdon *Hogson,* in dieser Gegend wohnhaft, *Gilbert,* dann *Caleb,* ein amerikanischer Neger, und *Charley,* ein Eingeborener vom (australischen) Bathurst-Stamm. Hogson konnte ich aus Rücksicht auf frühere Verpflichtungen nicht zurückweisen; da er überdies bei botanischen Forschungen sehr eifrig war, konnte er mir nützlich sein. Gilbert kannte ich durchaus noch nicht. Er war in Diensten des Zoologen Gould gewesen, der unsere Kenntnisse der Fauna von Australien bereichert hatte. Jene zwei Männer rüsteten sich selber aus und brachten auch vier Pferde und zwei Ochsen in das Unternehmen mit...«

Doch der Aufbruch aus Brisbane wurde das Schwierigste der bisherigen Vorbereitungen. Leichhardt schrieb darüber:

»... Es war viel Regen gefallen, der alle Creeks (Wasserläufe) überfüllte und den Weg so sumpfig und schlüpfrig machte, dass er fast unbegehbar geworden war. Es erforderte einen ganzen Tag, die menschliche Begleitung, das Vieh und die Vorräthe über den Fluss zu bringen. Bis Sonnenuntergang war diese Arbeit noch nicht beendet. Da aber die Nacht schön und mondhell und meine Station nicht weit jenseits des Flusses war, beschloss ich die Abreise.

...Glücklicherweise hatten mir meine Freunde einen Ochsenwagen geliehen, um einen Theil unseres Gepäcks weiter bis zu den *Darling-Dünen* zu fahren. Da ich ausserdem einen leichten Federwagen erhandelt hatte, wurde auch dieser beladen. Mir schmeichelnd, dass wir leicht und schnell vorwärts kommen würden, gab ich Befehl zum Marsch. Wir kamen nach Ueberwindung fortwährender Schwierigkeiten, die uns beim Treiben unserer Pferde und beim Tragen der Wagen durch die sumpfigen Stellen des Weges begegneten, um ein Uhr morgens in *Cowpers Ebenen,* ungefähr zehn Meilen von Brisbane, an...«

Der gespendete leichte Wagen mit den gefederten Achsen, der Leichhardt anfangs fast wie ein Traumgefährt erschien, auf welchem er in guten und leicht passierbaren Expeditionsstrecken seiner schwerfälligen Marschgruppe vorauseilen könnte, um stets die schönsten Lagerplätze zu erkunden, spielte allerdings diese phantastische Hoffnungsrolle bald zu Ende. Ein Intermezzo, das Leichhardt am besten selber schildern soll:

»... Ich fand bald, dass mein Wagen unserm Vorwärtskommen hinderlich sei. Aber er war ein kostbarer Artikel, und ich zweifelte nicht, dass er mir mehr Nutzen gewähren würde, nachdem wir die sumpfigen Gegenden überschritten haben würden.

... Einige Tage danach entschied gleichwohl der Zufall die Frage. Die Pferde liefen mit ihm davon; dabei war die Deichsel gebrochen, sowie eine Wagenfeder beschädigt worden, sodass ich genötigt war, ihn zurückzulassen. Ich tat es mit Vergnügen, da es stets leichter ist, sich der Nothwendigkeit zu fügen, als eine scheinbar beschwerliche Massregel aus eigenem freien Willen zu ergreifen. Wir schritten mit Erleichterung nach *Campbells Station,* die Gastfreundschaft der Ansiedler in Anspruch nehmend.

... Ich war so glücklich, meinen zerbrochenen Wagen gegen drei Mastochsen umzutauschen, und ich kaufte später noch fünf Zugochsen, um sie in das Tragen von Packsatteln einzugewöhnen. Ich hatte mich bereits überzeugt, dass wir uns zum Transport der Ladung auf die Pferde nicht verlassen durften. Weder meine Begleiter noch ich selbst kannten die Ochsen gut genug; und es bedurfte langer Zeit, bis wir uns mit der gefährlichen Nachbarschaft ihrer Hörner versöhnen konnten. Zuletzt wurden wir durch die Gewohnheit mit unsern öfter widerspenstigen »Compagnons de voyage« bekannt und gewissermassen vertraut...«

Auf Campbell's Station wurde der gesamte Expeditionstroß, die Bekleidung und Verproviantierung abgeschlossen. Statt diese einfach aufzuzählen, soll auch hierin wieder Leichhardt das Wort gegeben werden:

»Durch ein Geschenk der Herren *Campbell* und *Stephens* von vier jungen Stieren und eines Ochsen von Herrn *Isaacs* stieg unser Bestand an Rindern auf 16 Stück. Dazu hatten wir 17 Pferde. Unsere Gesellschaft bestand aus 10 Individuen.

... An Proviant führten wir 1200 Pfund Mehl, 200 Pfund Zucker, 80 Pfund Thee, 20 Pfund Gelatine und andere Artikel von geringerer Wichtigkeit mit. An Munition gab es 20 Pfund Pulver, 4 Beutel Schrot von verschiedener Grösse. Jeder von uns hatte auf meinen Wunsch sich mit zwei Paar festen Beinkleidern, drei derben Hemden und zwei Paar Schuhen versorgt. Ferner hatten einige sich Ponchos (Dekken) aus leichtem Calico, die sich geölt sehr brauchbar gegen die Feuchtigkeit erwiesen, zugelegt. So sahen wir uns für sieben Monate wohl ausgerüstet, welche Zeit, wie ich damals sanguinisch glaubte, zu unserer Reise hinreichend sein würde. Unsere Berechnungen hinsichtlich des Proviants waren fast ganz richtig, denn unser Mehl dauerte bis zum Mai, dem achten Monat unserer Reise. Aber in der Zeit, die dafür nöthig sein würde, hatten wir uns sehr getäuscht ...«

Die Reit- und Packsättel für die Tiere bestanden zwar aus gutem Material, doch diese waren den Tieren nicht eigens angepaßt worden. Sie litten bald unter wunden Rücken. Als die Pferde zu sehr davon behindert wurden, mußten die Packsättel für die viel weniger empfindlichen Ochsen umgenäht werden.

Auch darüber, was den Ochsen als Traglast zugemutet werden konnte, mußten erst Erfahrungen gesammelt werden. Auf weite Strecken waren sie nur fähig, 150 Pfund statt der erhofften 250 zu tragen. Leichhardt berichtet weiter:

»... Das tägliche Beladen der Ochsen und Pferde nahm gewöhnlich zwei Stunden in Anspruch. Eine während des Marsches locker gewordene Ladung verursachte häufig, dass die Ochsen diese abwarfen, die Gurte zerrissen und grosse Unruhe schafften, wenn wir sie wieder fangen und beladen mussten. In der Nacht wollten sie beständig fort und in das letzte Lager zurück. Häufig hatten wir bis zum Mittag zu warten, bis Charley und Brown, unsere Hirten, die Herumstreicher wiederbrachten ...«

So vorbereitet, oftmals niedergedrückt schon bei den Einübungen zur großen Reise ins Unbekannte, schloß Ludwig Leichhardt seine Aufzeichnungen mit den Worten: »... Aber ich eile nun, zur Erzählung unserer Reise zu kommen ...!«

Eine Ochsenkarawane auf dem Treck nach neuen Weidegründen

Ludwig Leichhardts Tagebuch

Dornige Pfade

Es war gegen Ende September 1844, als wir die nöthigen Vorbereitungen zu unserer Reise getroffen hatten und die Station der Herren Campbell und Stephens verließen, um langsam nach dem fernsten Punkte, an dem sich der weiße Mann angesiedelt, vorzurücken. Wir kamen am 30. September zu Jimba an, wo wir der Civilisation Lebewohl sagen mußten.

Diese Stationen sind an den Creeks angelegt, die von den West-Abhängen der Küstengebirge – sich hier in einer Richtung von Nord nach Süd erstreckend – herabkommen und sich durch die mehr oder weniger ausgedehnten Ebenen schlängeln, um sich mit dem *Condamine*-Fluß zu vereinigen, der, ebenfalls den Küstengebirgen entspringend, alle Gewässer der Gegend westlich von den Gebirgen in sich aufnimmt. Der Condamine bildet in einer großen Entfernung die Scheide zwischen der Sandstein-Gegend im Westen und den reichen Basalt-Ebenen des Osten. Diese Ebenen, ebenso berühmt wegen des Reichthums ihrer Weiden als der Vortrefflichkeit der Schafe und des Viehs, das auf ihnen gezogen wird, sind gleich merkwürdig als der Fundort von Überresten erloschener Thiergattungen, von denen mehrere von gigantischer Größe gewesen sein müssen. Die Station des Herrn Isaacs ist an solchen fossilen Resten besonders reich.

1844 Oktober 1. – Nachdem wir das Geschirr etwas ausgebessert, das durch unsere widerspenstigen Ochsen zerbrochen worden war, und meine Begleiter ihre Vorbereitungen vollendet hatten, verließen wir Jimba und betraten, von Hoffnung getragen, die Wildnis Australiens. Das Herz manches Mannes würde wie das unsrige geschlagen haben, wenn er uns gesehen hätte, wie wir auf unserem Wege um die erste Anhöhe jenseits der Station herumzogen, in vollem Chore ein »God save the Queen« anstimmend. Kaum eine Meile von Jimba kreuzten wir den Jimba-Creek und gingen in einer NW-Richtung über die Waterloo-Ebenen ungefähr acht Meilen vorwärts, wo wir an einer Reihe Weiher unser erstes Lager aufschlugen. Charley lieferte einen Beweis seiner wunderbaren Sehkraft, indem er jeden Riemen der Packsättel, die entzwei gegangen waren, in dem hohen Grase der *Waterloo-Ebenen* wiederfand.

Oktober 5. – Wir verfolgten die Lagunen-Reihe ungefähr sieben Meilen in W bei S-Richtung, die Gegend zu unserer Rechten war meist schön, vereinzelte Bricklow-Büsche mit Myal und Vitex in voller Blüthe, von Lichtungen mit der reichsten Gras- und Kräuterdecke umgeben; in den Akaziengebüschen die Rebhuhntaube (Geophaps scripta) im Überfluß. Wir hörten den Gesang der Wonga-Wonga (Leucosarcia picala Gould). Enten und zwei Pelikane wurden gesehen. Eingeborene waren kurze Zeit vorher hier gewesen; eine Menge großer Uniomuscheln, Gräten vom Codfisch und Gehäuse der Frischwasser-Schildkröte zeigten, daß sie keinen Mangel an Nahrung litten. Ein kleiner Orangenbaum, ungefähr 5–8′ hoch, wuchs entweder gruppenweis oder vereinzelt, eine blätterlose Staude, zu den Santalaceen gehörig, in den länglichen, niedrigen Dickichten zerstreut. Chenopadiaceen waren überall, wo der Myal wuchs, häufig. Unser Lager befand sich unter 26° 56′ 11″ Breite.

Oktober 7. – Indem wir der Lagunenkette westlich folgten, kamen wir nach einem Marsche von wenigen Meilen zu dem *Condamine*, der nordwestlich floß. Er hatte ein breites, sehr unregelmäßiges Bett und war zu jener Zeit wohl mit Wasser versorgt – ein träger Strom von gelblichweißer, trüber Farbe, hier und da mit Rohr bewachsen.

Die wohlbekannten Spuren der Eingeborenen waren überall sichtbar; so war die Rinde frisch von den Bäumen geschält, die knorrigen Stämme der Apfelbäume zu Fahrzeugen, um über das Wasser zu setzen, losgehauen, Honig ausgeschnitten; auch sah man frische in die Stämme gehauene Stufen, um jene der Opossums wegen ersteigen zu können. Das Thermometer zeigte bei Sonnenaufgang 41½° Fahrenheit; aber zwischen 12 und 2 Uhr stand es im Schatten auf 80°. Die Hitze war sehr groß, obschon eine leichte Brise und vorüberziehende Wolken die Macht der brennenden Sonne etwas mäßigten.

Oktober 8. – Während der Nacht hatten wir ein fürchterliches Gewitter gegen Westen mit vielem Donner und Blitzen. Der Fluß lief sehr gewunden, so daß wir nicht weiter als 7 oder 8 Meilen vorwärts kamen. Das Bricklow-Gebüsch nötigte uns häufig, in dem Flußbett zu gehen. Schön mit Gras bewachsenes Waldland wechselte mit Bricklow- und Myal-Gebüschen ab. Der Boden ist reich, schwarz und fest. Jener der Bricklowbüsche ist ein steifer Lehm, in dem vom Regen flache Rinnen ausgewaschen sind, den Ansiedlern unter dem Namen Melon-holes (Melonengruben) bekannt....

Oktober 11. – Gegen Nord-West weiterreisend, kamen wir an ein Dickicht Cypreßfichten, das die Außenseite eines Bricklow-Busches bildete. Dieser Busch war zuerst ungewöhnlich offen, und ich dachte, er würde von geringer Ausdehnung sein. Ich war jedoch sehr im Irrthum; die Bricklow-Akazie, Casuarinen und ein verkrüppelter Theestrauch bildeten ein so undurchdringliches Dickicht, daß die Ochsen, indem sie sich einen Weg hindurch erzwangen, die Mehlsäcke zerrissen, ihre Lasten abwarfen, die Gurte zersprengten und die Geduld meiner Begleiter hart auf die Probe stellten, da diese fast fortwährend damit beschäftigt waren, eins oder das andere der unruhigen Thiere wieder zu beladen. Nachdem wir fünf Meilen darin vorgedrungen und noch ohne Aussicht auf sein Ende waren, beschloß ich, nach unserem letzten Lager zurückzukehren. Es war nicht ganz bis zum Ablaufe von zwei Tagen, als wir unsere Spuren wieder betraten und die Lagune, die wir verlassen hatten, wieder erreichten. Wir hatten ungefähr 143 Pfund Mehl verloren, Herr Gilbert sein Zelt eingebüßt und seinen Flintenschaft beschädigt. In derselben Nacht begann es zu regnen, und dies dauerte den ganzen nächsten Tag fort. Der Regen kam in schweren Güssen mit Gewittern gegen Nord und Nord-West, machte den Boden sehr weich und ließ uns eine Überschwemmung befürchten, da die Lagune sehr schnell anschwoll. Unser Zelt war ein vollständiger Sumpf. Die Pferde und das Vieh waren kaum fähig zu gehen... Der Flaschenbaum (Sterculia), merkwürdig wegen einer Erweiterung seines Stammes ungefähr drei Fuß über dem Erdboden, wurde innerhalb des Busches bemerkt... Wir unterschieden während des Regens drei verschiedene Frösche, die ein sehr unharmonisches Concert anstimmten.

Oktober 17. – Der Erdboden war zu schlüpfrig und morastig, als daß er uns gestattet hätte, gestern aufzubrechen; außerdem waren drei Pferde fort und konnten nicht wiedergefunden werden. In der letzten Nacht brachte Herr Roper drei Enten und eine Taube, womit er allen höchst willkommen war. Charley war einige Zeit sehr trotzig gewesen, wenn ich ihn nach dem Vieh ausgeschickt hatte; diesen Morgen drohte er sogar, Herrn Gilbert erschießen zu wollen. Ich entließ ihn augenblicklich aus unsern Diensten und nahm ihm all die Sachen, welche er unter der Bedingung empfangen hatte, daß er bei uns aushielte.

Oktober 18. – Gegen Abend kam Charley und bat um Verzeihung. Ich gab ihm zu verstehen, daß er besonders Herrn Gilbert beleidigt hätte. Er wendete sich deshalb an ihn, und mit dessen Übereinstimmung trat Charley wieder in unsere Dienste. John Murphy und Caleb, der amerikanische

Neger, gingen nach dem Creek, den Herr Hodgson zuerst gesehen hatte. Der Creek war nicht vier Meilen weit. Sie kehrten indes nicht zurück; um neun Uhr hörten wir gegen Nord-Ost schießen. Wir antworteten durch ein gleiches Signal, aber sie kamen nicht. Ich schickte nun Herrn Hodgson und Charley ab, um sie zurückzubringen. Wenn sie ihren Pferden die Zügel hätten hängen lassen, würden diese sie ohne Zögern zurückgebracht haben; aber beide verirrten sich wahrscheinlich.

Die Lagune, die ich *Kents Lagune* nach F. Kent Esq. nannte, lag unter 26° 42′ 30″ Breite. Wir suchten während der hellen Mondnacht Oppossums zu fangen, bekamen aber nur den gemeinen Beuteldachs.

Unsere Pferde gingen frei im Busche umher, um sich von den kleinen Fliegen, von denen sie gepeinigt wurden, zu befreien. Das Wetter war sehr schön. Während der hellen Nächte thaute es sehr stark; der Morgen war kalt, das Wasser in den Lagunen 8 bis 10° wärmer als die Luft.

Wir haben unsere Ladungen genau, jeden Sack Mehl zu 120 Pfund, abgewogen; deren hatten wir acht, die von vier Ochsen getragen wurden. Die Chocolade und Gelatine war uns jetzt sehr angenehm, da wir nur wenig Wildbret erlegen konnten. Die Gegend war noch immer äußerst morastig. Fußstapfen der Eingeborenen wurden überall gesehen; sie selbst aber erschienen in diesem Theile des Landes selten. Obgleich wir kein Wildbret fanden, waren die Fährten von Känguruhs sehr zahlreich und deuteten auf Thiere von bedeutender Größe. Ein paar Emus wurden gesehen.

Oktober 19. – Herr Hodgson und Charley, die ich ausgeschickt hatte, John und Caleb zurückzubringen, kehrten mit einem Känguruh in das Lager zurück. Ich sandte sie mit Herrn Roper unverzüglich wieder ab, um die unglücklichen Leute zu suchen, deren Abwesenheit mir die größte Besorgnis verursachte. Die Herren Roper und Gilbert hatten eine

Taube und eine Ente als Tagesbeute gebracht, die uns mit dem Känguruh ein gutes und erwünschtes Abendessen abgaben. Während des Abends und der Nacht wurde ein kurzes Brüllen gehört, wahrscheinlich von Känguruhs herrührend, deren Herr Gilbert einige von neun Fuß Höhe gesehen zu haben erklärte. Brown brachte eine Teppichschlange, wie eine andere mit gelbem Bauche.

Herr Gilbert brachte mir von dem Orte, an dem er den Creek am 10. Oktober gekreuzt hatte, ein Stück Steinkohle. Sie kommt hier sowohl wie an der Ostseite mit Sandstein zusammen vor. Kiesel von rother Farbe waren am Creek sehr häufig und ebenso in dem Busche, den ich Flourspill (Mehlverschütter) nannte...

Oktober 20. – An diesem Morgen um neuneinhalb Uhr kehrten die Herren Roper, Hodgson und Charley mit John Murphy und Caleb zurück. Diese waren ungefähr zwölf Meilen irre gegangen, ohne zuletzt selbst zu wissen, wo sie sich befanden. Ihre Spuren hatten über sieben Meilen weit geführt, bevor sie jene trafen, und sie würden unfehlbar umgekommen sein, wäre Charley nicht fähig gewesen, ihnen der Spur nach zu folgen. Es war in der That ein Umstand, den wir der Vorsehung verdanken mußten, daß er uns nicht verlassen hatte. Ihrer Ansicht nach ist die Gegend ganz frei, von einem schönen Creek bewässert, der in den Condamine fließt. Es ist derselbe, den wir am 10. October passierten, und den ich *Charley's Creek* nannte.

Oktober 22. – Ich verließ gestern Kent's Lagune. Nach einem Marsche von ungefähr drei Meilen durch offenen Wald trafen wir auf Hodgson's Creek, an dem John Murphy und Caleb gefunden worden waren. Der Creek bestand hier aus einer dichten Kette schöner, felsiger Wasserlöcher.

An den Ufern von Hodgson's Creek wuchs eine Dampiera mit zahlreichen blauen Blumen ... Jacksonia (Dogwood, Hundeholz), die Cypreßfichte mit hellem, amberfarbigem

Känguruh (Kupferstich nach einem Gemälde von George Stubbs)

Harz; Charley brachte mir schönes, claretfarbiges Harz, und ich war erstaunt, als ich fand, daß es einer andern Art Cullitris angehörte. Gefleckte Gummi- und Eisenrinden-Bäume bildeten den Wald; weiterhin Wasser-Gummi-Bäume (flooded-gum).

Tauben- und Mutton-Vögel sind häufig und versorgen uns mit verschiedenen Mahlzeiten; Leguane werden als große Delikatesse angesehen. Heut wurden mehrere schwarze Känguruhs getroffen.

Oktober 23. – Wir setzten unsere Reise durch ein Casuarinendickicht in nordwestlicher Richtung fort, kamen aber bald wieder in einen schönen, offenen Eisenrinden-Wald, hier und da mit dichtem Unterholz; ein Bricklow-Gebüsch zu unserer Rechten liegen lassend, gelangten wir an einen trockenen Creek mit einem tiefen Canal, den ich wegen des hier herrschenden Überflusses von mehreren Arten Akazien den *Akazia-Creek* nannte. Nicht eine Meile weiter kamen wir an einen zweiten Creek mit fließendem Wasser, den ich wegen einiger Jacksonia-Büsche in der vollsten Pracht ihrer gelben Blumen den *Dogwood-Creek* (Hundeholz-Creek) nannte.

Oktober 24. – Da der Creek sumpfig war, mußten wir ihm mehrere Meilen abwärts folgen, um eine Furth zu finden. An dieser fiel ein Pferd, das den Thee trug, rückwärts ins Wasser, während es das entgegengesetzte Ufer zu ersteigen suchte, und durchnäßte seine wertvolle Ladung.

Oktober 25. – ... Die Ruhe der Mondnacht wird weder durch das Geschrei des Opossums und fliegender Eichhörnchen, noch durch den monotonen Ruf des Spottvogels und der kleinen Eule unterbrochen; auch der heimische Hund umheult während des kühlen Morgens unser Lager nicht. Das Heimchen allein zirpt längs der Wassergräben, und der melodische Ruf eines unbekannten Vogels, ähnlich wie »Gluck, Gluck« klingend, viele Male wiederholt und mit einem Triller endigend, wie das melancholische Klagen des Brachvogels, werden in dem nächsten Busche gehört.

Oktober 26. – Unsere Reise wurde fortgesetzt. Auf der anderen Seite des Thales sahen wir entfernt Bergreihen gegen Nord-West und Nord. Der Busch war hin und wieder offener. Schöne große Flaschenbäume traten auf. Das junge Holz derselben, das zwischen seinen Fasern eine bedeutende Menge Stärkemehl enthält, wurde von unseren Reisemitgliedern häufig gekaut. Fusanus war häufig und voller Früchte; diese, von der Größe eines kleinen Apfels, liefern, wenn vollkommen reif und abgefallen, eine sehr angenehme Speise.

Die Fleischschicht, die den dicken rauhen Kern umgibt, ist indes sehr dünn.

Oktober 28. – ... Die blaue Brunonia war sehr häufig, das Gras fünf Fuß hoch, in voller Frucht, gleich einem Getreidefelde wogend. Der Boden ist indes sandig und locker...

Hodgson und Caleb gehen nach Moreton-Bay zurück

November 3. – In der vergangenen Woche war es während des Tages drückend heiß, dagegen in der Nacht öfter außerordentlich kalt gewesen. Zwei oder drei Stunden vor der Dämmerung und eine Stunde nach Sonnenuntergang war es gewöhnlich angenehm, besonders innerhalb des Wirkungskreises eines lustigen Cypreßfichten-Feuers, das die Luft mit dem angenehmen Dufte des brennenden Harzes erfüllte.

Jetzt war es mir auf eine schmerzliche Weise klar geworden, daß ich in meinen Berechnungen zu sanguinisch gewesen war, wenn ich hoffte, stets eine hinreichende Menge Wildbret zu finden, um meine Begleiter mit animaler Kost versorgen zu können, und daß der Mangel desselben unsere Mittel und Kräfte sehr beeinträchtigen mußte. Auch waren wir genöthigt gewesen, eine bedeutendere Menge von unserem Mehle zu gebrauchen, als ich es wohl gewünscht, und ich sah klar, daß meine Reisegesellschaft, die ich bei meiner Ankunft in Moreton-Bay nur mit Widerwillen vergrößert hatte, für unsere Vorräthe zu bedeutend war. Ich eröffnete deshalb meinen Begleitern, daß es absolute Notwendigkeit sei, unsere Zahl zu verringern. Alle schienen indes gleiches Verlangen zu tragen, die Reise fortzusetzen; deswegen war es billig, daß die, die sich zuletzt uns angeschlossen, uns verließen. Herr Gilbert jedoch, der dieser Anordnung zufolge hätte zurücktreten müssen, fand einen Ersatzmann in Herrn Hodgson, der wohl unter den anhaltenden Beschwerden am meisten gelitten hatte, sodaß er und Caleb, der amerikanische Neger, sich auf ihre Rückkehr nach Moreton-Bay vorbereiteten. Zuvor unterstützten sie uns jedoch beim Schlachten eines Ochsen, dessen Fleisch wir in Streifen schnitten und an der Sonne trockneten. Dieser unser erster Versuch, von dessen Gelingen der Erfolg unserer Reise abhing, erhielt uns während seines Verlaufs in einem Zustande der größten Aufregung. Es glückte indes zu unserer großen Freude und flößte uns Vertrauen für die Zukunft ein. Der kleine Stier gab uns 65 Pfund getrocknetes Fleisch und ungefähr 15 Pfund Talg. Die Operation schloß damit, daß wir unseren Gefährten Lebewohl sagten, und obgleich unser Besitzthum um zwei Pferde vermindert wurde, überließ uns Herr Hodgson den größten Theil seiner eigenen Vorräthe. Die tägliche Ration der Gesellschaft wurde nun auf vier Pfund Mehl mit drei Pfund trocknen Fleisches festgesetzt, was wir dazu vollkommen hinreichend fanden, uns unsere Kräfte zu bewahren.

So oft es notwendig war, einige Zeit an einem Orte zu bleiben, verursachten uns unsere Ochsen und Pferde große Unruhe; sie wollten beständig in der Richtung, aus der wir gekommen, zurück, und häufig mußten wir sie fünf, sieben, ja selbst zehn Meilen weit wieder holen.

Am 30. October wurden wir aus dem Busche von Eingeborenen angerufen; aber mit Ausnahme eines hielten sie sich uns außer Gesicht. Dieser Mann kannte einige englische Worte und sprach den Dialect der Darling-Dünen. Er schien mit der Gegend um Jimba bekannt zu sein und bat um die Erlaubnis, in unser Lager kommen zu dürfen. Diese gab ich ihm indes nicht. Sie liefen, als sie uns unsere Gewehre ergreifen und zwei Pferde aus dem Lager bringen sahen, in den Busch zurück.

Am 3. November besuchten sie uns wieder und unterhiel-

Ein Eingeborener

ten sich mit uns auf sehr freundschaftliche Weise, zeigten uns in einem der nächsten Baumstämme Honig, unterstützten uns beim Ausschneiden desselben, aßen auch etwas davon und baten uns um Tabak. Es war uns indes nicht möglich, ihnen Geschenke zu machen, da wir in jeder Hinsicht sparsam sein mußten. Besonders bewunderten sie unsere rothen Decken. Beim Erblicken eines Degens wurden sie von Schrecken ergriffen und baten zitternd, ihn in die Scheide zu stecken. Sie erstaunten über das Thicken der Uhr und die Bewegung ihrer Räder. Größten Theils waren es junge Männer von freundlicher Gemütsart und gefälligem Äußeren. Die Kinder blieben in einiger Entfernung; Frauen sah ich nur zwei.

Ihren Angaben zufolge erstreckt sich der Busch bis zu dem Condamine.

Der Busch war in allen Richtungen von Spuren der Känguruhs durchkreuzt, von denen wir indes keines zu Gesicht bekommen konnten.

Zur Erinnerung an unsere Beschäftigung nannte ich den Creek *Dried Beef-Creek.*

November 5. – Nahe an unserem Lager bemerkten wir das Grab eines Eingeborenen. Es war ein einfacher, conischer Sandhügel, der über dem von den Wilden wahrscheinlich in einer hockenden Stellung zusammengedrückten Leichnam errichtet war. Da es aber unser Zweck und Vortheil erheischte, ruhig und ohne den Eingeborenen zu Ärgernissen Anlaß zu geben, zu reisen, zerstörten wir es nicht. Bemerkenswerth ist es indes, daß wir während unserer ganzen Reise mit Ausnahme eines Schädels, den ich in einem späteren Abschnitt erwähnen werde, nie wieder Gräber noch auch nur Überreste von Schwarzen antrafen. In der Nachbarschaft unseres Lagers befanden sich mehrere isolierte conische Hügel.

November 6. – Die Anordnung, nach der unsere Ladungen

Feuerbestattung

verpackt waren, setzte mich in den Stand, stets einen meiner Begleiter, dem es besonders viel daran lag, reiten zu lassen. Im Sommer, als es regelmäßig schön war und kein Gewitter die Atmosphäre abkühlte, wurden, als wir den Condamine verließen, die Beschwerden des Wanderns während des Tages sehr drückend. Von Jimba waren wir mit wenigen unbeladenen Pferden aufgebrochen, die uns nur erlaubten, abwechselnd zu reiten; als sich aber der Bestand unserer Vorräthe nach und nach verringerte, bestieg einer nach dem andern sein Pferd, und an diesem Tage hatte ich die Freude, jeden von uns beritten zu sehen.

Wir setzten längs des Flußthales ungefähr zehn Meilen unsere Reise fort. Buxbaum- und Apfelbaum-Ebenen lagen zu beiden Seiten des Creek, der nun die Bezeichnung ›Fluß‹ verdiente und von mir *Dawson* genannt wurde, in Anerkennung der freundlichen Unterstützung, die ich von R. Dawson Esq. erhalten hatte.

November 7. – Die Gegend war außerordentlich schön, das Tal von zwei oder drei Meilen Breite mit üppigem Grase, hier und da mit Apfelbäumen, Wassergummi und Bastardbuxbäumen bewachsen.

Wild war sehr zahlreich. Herr Gilbert trieb ein großes Känguruh auf, eins von denen unter dem Namen »Alter Mann« bekannt, das in einem Wasserloche Zuflucht suchte und dort erlegt wurde, leider aber mit dem Verluste von zwei oder drei Känguruh-Hunden, die tödlich verwundet worden waren. Als wir uns zum Mittagessen gesetzt hatten, kam ein halbausgewachsener Emu langsam auf uns zu, als habe er wissen wollen, was wir an seinem einsamen Aufenthaltsorte zu tun hätten. Unglücklicherweise wurde er durch das Bellen unseres kleinen Dachshundes erschreckt und entkam in das nächste Dickicht.

November 8. – Wir verfolgten den Dawson abwärts. Vielleicht vier Meilen von unserem Lager vereinigte er sich von Nord-Ost her mit einer Reihe Weiher. In der Regenzeit ist wahrscheinlich das ganze Tal mit Wasser bedeckt. Wir bemerkten oft die Zeichen der von den Bergen herabfließenden Ströme.

November 10. – Der Fluß teilte sich in einzelne Arme, die mit den seichten Gräben der von den Hügeln hier und da herabkommenden Ströme das ganze Thal mit einem Gewirr von Canälen durchzogen, aus dem wir uns nur mit der größten Schwierigkeit herauswinden konnten. »Einen solchen Fluß habe ich in meinem Leben noch nie gesehen«, sagte mein schwarzer Charley.

In der Lagune wurden große Fische bemerkt. Muscheln waren immer häufig. Die Gunyas der Eingeborenen sahen wir überall, obgleich sich kein solcher zeigte ... Hier war es, wo ich auf den dürren Hügeln zum ersten Male eine Bauhinia entweder als Strauch oder als kleinen dichtbelaubten Baum mit gespreizten Ästen antraf. Ihre Schoten waren flach, von abgestumpfter Form, fast einen Zoll breit und drei bis vier Zoll lang...

Bis zum 14. November folgten wir dem Dawson abwärts... Ich machte es zum unabänderlichen Gebrauch, das Fleisch, das nach dem Verbrauch der Tageskost übrig geblieben, zu trocknen. Es trug viel dazu bei, unser vorräthiges Fleisch zu schonen und das Leben unserer Ochsen zu verlängern. Die größte Sparsamkeit war nothwendig, denn wir waren beständig Verlusten ausgesetzt, welche durch die Ochsen, die ihre Lasten abwarfen, veranlaßt wurden – ein in jener Zeit häufig vorkommender Unfall und Folge der Unruhe der durch Stiche der Hornissen gereizten Thiere, die eine Wiedervergeltung der Beschädigungen waren, die ihren an den Ästen hängenden Nestern von den darunter hinweggehenden Ochsen häufig zugefügt wurden.

November 14. – ... Das behagliche Gefühl, das mich überkam, wenn ich aus einem Bricklow-Busch, der noch unentwirrbarer war als gewöhnlich, heraustrat und das frische Grün des Sumpflandes, das einen kleinen See umgab, um den rings umher die einheimischen Reiher einherstolzierten, mit Schwärmen in seinem Wasser spielender Enten, im Hintergrunde von offenem Walde begrenzt, in welchem die edle Corypha-Palme sich auszeichnete, sich plötzlich meinen Blicken darbot – war ebenso unbegrenzt wie unbeschreiblich. Voller Freude kehrte ich zu dem Lager zurück, um die ganze Gesellschaft vorwärts zu bringen, was jedoch nicht ohne bedeutende Mühe bewerkstelligt werden konnte. Meiner Berechnung nach kreuzte ich *Gilbert's Range*, die Berge, die nach meinem Begleiter Gilbert benannt waren. Das Thal des *Palm-Creek* erstreckte sich ungefähr neunzehn Meilen von West nach Ost. Die Gebirgsketten, die es gegen Süd begrenzten, nannte ich nach meinem Freunde R. Lynd Esq. *Lynd-Range.*

November 17. – Die schöne Wasserstelle, die ich für unser

Lager auswählte, war nicht nur von herrlichen Corypha-Palmen und blühenden Gummibäumen beschattet, sondern der hängende Callistemon, die Creek-Melaleuca und die Casuarina verliehen ihm den Charakter der Flüsse und Creeks des Moreton-Bay-Districtes. In der Wasserstelle befanden sich Judenfische und Aale im Überfluß; von den letzteren erhielten wir eine gute Mahlzeit und trockneten noch drei andere, die sich sehr gut aufbewahren ließen ... Die Krone der Corypha-Palme schmeckte sowohl in heißer Asche gebacken als auch roh gut. In der Nähe der Sümpfe des Palm-Creek bemerkte ich ein Gras, dessen Ähre den größten Samen hatte, den ich je bei einem Grase traf. Auch meine Schwarzen waren über seine merkwürdige Größe erstaunt.

November 18. – ... Während des Abends und des ersten Theils der Nacht wurden wir von Sandfliegen und Moskitos sehr belästigt und geplagt. Aber die helle Nacht wurde so kalt, daß diese Hauptfriedensstörer des angenehmen Buschlebens bald erstarrten.

November 20. – ... Wir betraten nun eine gebirgige Gegend. Die Ufer des Flusses waren zuweilen sehr steil und von schmalen Spalten unterbrochen, die das Vorwärtskommen langsam und schwierig machten. Der Weg wand sich durch enge Täler und Gebirgsanhöhen, deren Abhang sehr steil und gefahrdrohend war ... Sehr lästig war der Überfluß von Stechgras, das sich an unsere Kleider und Decken anheftete und selbst in die Haut drang.

Dem Anschein nach waren die ersten Erhebungen der Gebirge ein beliebter Versammlungsort der schwarzen Eingeborenen. Die Überreste jüngst abgehaltener Mahlzeiten von Muscheln waren an den großen Wasserlöchern herum zerstreut, und als ich ein Lager traf, das erst kürzlich verlassen worden war, fand ich unter wenigen Stücken Rinde vier schöne Känguruhnetze, aus der Rinde der Sterculia verfertigt, ebenso einige Bündel Stöcke, die gebraucht wur-

Tal des Mitta-Mitta (Gemälde von Eugène de Guérard)

den, jene aufzuspannen. Da ich an Schnüren den größten Mangel litt, nahm ich zwei dieser Netze und ließ einen Degen mit schön poliertem Messinggriff, vier Fischangeln und ein seidenes Tuch dafür zurück, worüber sie, wie ich überzeugt war, ebenso erfreut sein würden, wie ich über ihre Netze...

Bis vor kurzem hatten wir alle heftig an der Diarrhoe gelitten, deren Ursache ich mir auf keine andere Weise erklären konnte, als daß ich sie dem Wechsel der Diät zuschrieb. Leguane, Opossums und Vögel aller Art, die früher mit Freuden für unsere Schmortöpfe bestimmt worden waren, wurden jetzt nicht genommen. Vom getrockneten Känguruhfleisch, sonst für uns ein Leckerbissen, aßen wir nur, nachdem es lange genug gekocht war, die ausgezeichnete Brühe, an die wir gewöhnlich ein wenig Mehl taten.

Einer unserer Ochsen hatte einen Mehlsack zerrissen, und dadurch waren ungefähr fünfzehn Pfund seines Inhaltes auf dem Boden zerstreut. Wir gingen alle daran, so viel wie möglich davon aufzuschaben, wozu wir trockene Gummiblätter als Löffel zum Zusammenbringen gebrauchten. Wir sammelten ungefähr sechs Pfund davon, das mit trockenen Blättern und Staub ziemlich vermischt war, und kochten daraus eine Suppe – ein Gericht, nachdem etwas Gelatine hinzugefügt war, das jeder von uns sehr gern aß... Die Trichterameise gräbt ein perpendiculäres Loch in den Erdboden und umgibt die Öffnung mit einem erhabenen, nach außen wie ein Trichter schräg in die Höhe gehendem Rande. Die Gegenwart dieser Insekten zeigte gewöhnlich weichen, lockeren Boden an, in welchem Pferde und Ochsen bis über die Fußgelenke versanken... Große Hornissen von glänzend gelber Farbe mit einigen schwarzen Zeichen bauten ihre Papiernester an die Baumzweige oder hingen sie an die trockenen Äste. Die meisten von uns waren mehrmals von ihnen heftig gestochen worden. Wenn wir sie in der Nähe unseres Lagers fanden, töteten wir sie gewöhnlich, indem wir schnell ein Feuer von trockenem Grase unter ihnen anzündeten.

November 25. – ... Auf meinem Ausfluge kreuzte ich den bedeutendsten Arm von *Robinson's Creek* und fand die Gräben seines rechten Ufers ebenso steil und unübersteiglich als die des linken. Wasser war sehr selten. Die ganze Gegend besteht aus feingeadertem Sandstein ... Zum Abendbrot für jeden eine schöne Taube, ein seltener Fall während unserer Reise.

November 27. – Während der Nacht ein Gewitter, das indes an der anderen Seite der Gebirgskette vorüberzog. Nach einem kurzen Windstoß bekamen wir einige leichte Regenschauer, durch das unsere Beschäftigung, Känguruhfleisch zu trocknen, nicht unterbrochen wurde ...

Unsere Reise fortsetzend, genossen wir von der äußersten Spitze der Berge eine sehr schöne und ausgedehnte Aussicht. Gebirgsreihen mit ausgedehnten Peacs, Kuppen und steilen Felswänden erstreckten sich in verschiedener Entfernung von West nach Nord-Nord-West. Die entfernteste Kette war besonders auffallend und imposant. Ich nannte sie die *Expedition's Range*. Einem schön geformten Berge unter N 68° W gab ich den Namen *Nicholson* zu Ehren des Dr. Charles Nicholson, der zuerst die Idee einer Land-Expedition nach Port Essington bei dem gesetzgebenden Concil von Neu-Süd-Wales in Anregung gebracht hatte.

... Darauf stiegen wir unter großen Schwierigkeiten in das breite Thal hinab, das von beiden Seiten durch schöne Abhänge und Bergrücken, offen mit silberblättrigen Ironbark-(Eisenrinden-)bäumen bestanden, eingeschlossen war ... Wir beschäftigten uns damit, Fett von dem erlegten Emu zu gewinnen. Es war von gelber Farbe und sehr gut zu gebrauchen, die Schlösser unserer Feuergewehre einzuschmieren. Es wird als antirheumatisches Mittel angesehen, als welches ich es zuweilen benutzte.

Weihnacht im Busch

Dezember 1. – ... Auf meinem Rückweg gerieth ich in ein neues System Gräben, südlich von dem Creek, den ich verlassen, und östlich von dem, an dem sich unser Lager befand, und den ich den *Creek of the ruined castles* genannt hatte, weil hohe Sandsteinfelsen, zerspalten und zerklüftet gleich Pfeilern, Wällen und hohen Bogen der Burgruinen in Deutschland, auf den breiten und sandigen Gipfeln einiger Hügel zu beiden Seiten des Thales sich erhoben ... Ich brach mit Herrn Gilbert am 2. Dezember auf. Unsere Bewunderung stieg mit jedem Schritte, den wir im Thale vorwärts thaten. Das ganze System der Creeks und Gräben müßte sich ausgezeichnet für eine Niederlassung zur Viehzucht eignen. Mit Ausnahme der schmalen Schlucht, durch welche der bedeutendste Creek fließt, ist es überall von unübersteiglichen Felsen umgeben. Schönes Gras, Überfluß an Wasser in dem niedern Theile des Creek und Nutzholz vereinigen sich, diesen Ort zu jenem Zwecke zu empfehlen. Nachdem wir einen felsigen Bergrücken, mit geflecktem Gummi bestanden, erstiegen hatten, von dem die merkwürdigen Gestaltungen des Landes rund um uns – der flachgipfelige Bergwall, die isolierten Säulen, die immensen Massen auf den Berggipfeln aufgetürmter Trümmer – sichtbar waren, gingen wir einen Abhang mit silberblättrigen Eisenrinden-Bäumen hinab und kamen an eine Kette von Wasserlöchern, die nach Osten abflossen ... In nordwestlicher Richtung unsere Reise fortsetzend, waren wir gezwungen, mit unserm alten Feinde, dem silberblättrigen Bricklow und einer stachligen Akazie mit gefiederten Blättern zu streiten.

Die merkwürdigste Form der Vegetation war jedoch eine baumartige Zamia mit einem Stamm von sieben bis acht und zehn Fuß Höhe und ungefähr neun Zoll Durchmesser, mit länglichen Zapfen, die jetzt noch nicht reif waren. In der Folge des häufigen Vorkommens dieser Pflanze nannte ich den Creek *Zamia-Creek*. Auf den Fette-Hennen-Ebenen, über die wir kamen, indem wir dem Lauf des Zamia-Creek folgten, fand ich zu meinem Erstaunen Erythrina, die ich gewöhnlich nur in den Creeks und an den Dickichten der Gebirgsausläufer in der Nähe der Seeküste gefunden hatte. Bei meiner Rückkehr zu dem Lager fand ich, daß die Gesellschaft Ausflüge gemacht, um Känguruhs zu schießen, und auch drei gebracht hatte. Das fliegende Eichhorn wurde geschossen.

Wir hielten uns an dem Burgruinen-Creek länger auf, in der Absicht mehr Känguruhs zu bekommen. Herr Gilbert und unsere sämtlichen guten Schützen gingen ihr Glück zu versuchen. Es gelang ihnen, sieben zu erlegen.

Dezember 5. – Ich wendete mich mit meiner ganzen Gesellschaft nach dem Zamia-Creek. Wir trafen bald ein schönes, rohrbewachsenes Wasserloch, das Schwärme kleiner Finken umflatterten. Die Nacht war trübe, der Morgen sehr schön und der Tag äußerst heiß.

Dezember 6. – ... Die Pferde waren nach dem Burgruinen-Creek, ungefähr 21 Meilen weit zurückgegangen, sowie die Ochsen zu unserem letzten Lager, daß Charleys Aussage nach Schwarze besucht und augenscheinlich aufs Genaueste untersucht hatten. Es war klar, daß sie uns beobachteten, obgleich sie sich nie zeigten.

Dezember 7. – ... Während ich mich dazu vorbereitete, in der Umgebung zu recognoszieren, kam Charley, den ich nach meinem Pferde geschickt hatte, in vollem Laufe zurück und brachte die Nachricht, daß die Wilden unsere Pferde mit Spießen erstochen hätten. Glücklicher Weise waren die Herren Gilbert und Calvert gerade zurückgekehrt. Daher bestiegen drei von uns ihre Pferde und eilten, die übrigen von der Gesellschaft zum Bewachen des Lagers zurücklassend, nach dem Orte, wo Charley die Schwarzen gesehen hatte. Wir fanden, daß eins unserer Pferde eine tiefe Wunde in die Schulter erhalten hatte; glücklicher Weise waren aber die andern unverletzt und grasten ruhig. Charley sah nur zwei Schwarze sich in den Busch zurückziehen, hatte aber eine große Menge derselben bemerkt, als er zu dem Platze kam. Dieses Ereignis gab uns die Nothwendigkeit zu erkennen, stets wachsam zu sein, wenn wir vermutheten, daß Schwarze in unserer Nähe wären...

Der Himmel war von einem schwachen Dunste überzogen, der durch häufige Buschfeuer verursacht wurde. Wir freuten uns auf keine Mahlzeit so sehr als auf den Thee und das kalte Frühstück zwischen zwölf und zwei Uhr beim Lagern.

Die ganze Vegetation schien die Hitze einer meist senkrecht niederstrahlenden Sonne zu empfinden. Von neun Uhr an war es sehr heiß bis um elf, um welche Zeit sich eine kühlende, nördliche Brise erhob.

Dezember 10. – Von Charley begleitet, ging ich einen Weg über die Berge zu suchen... Es war dies ein schönes Thal, eine flache Gegend mit Ebenen, isolierten langgezogenen Hügeln, in weiterer Entfernung von Bergreihen abgegrenzt, deren höchste Punkte 77° O und 76° W liegen. Da ich hoffte, sie zur Weihnachtszeit zu erreichen, nannte ich sie *Christmas Ranges*... Nach einem ermüdenden Ritte war ich glücklich genug, die Quelle des Creek zu treffen, an der unsere Gesellschaft lagerte. Der Knall einer Büchse brachte mir die angenehme Gewißheit, daß unser Lager nicht sehr entfernt war. Mein schwarzer Begleiter verließ mich an der Gebirgskette, wie er es bereits früher bei ähnlichen Gelegenheiten gethan hatte, und es war zu augenscheinlich, daß ich in Zeiten der Gefahr und bei Schwierigkeiten nicht auf ihn zählen konnte. In dem Busche am Gebirge fanden wir fünf bis sechs neu erbaute Hütten von Eingeborenen. Diese waren wahrscheinlich hierhergekommen, um Honig zu suchen und kleine Fels-Känguruhs zu fangen, die in den Sandsteinschluchten sehr häufig waren. In dem Graben, den ich herabgekommen, war ein Strauch mit dunkelgrünen Blättern und roten Beeren, ein oder zwei Samen enthaltend, ziemlich häufig. Die Beeren waren von der Größe einer Kirsche und sehr schmackhaft. Der schuppige Stamm der Zamia bog sich vor dem Winde bis zur Erde, um darauf seine schöne Krone wieder zu erheben.

Dezember 12. – ... Unser Fleisch war ganz aufgezehrt, aber wir wünschten unsere Ochsen für das Weihnachtsfest zu behalten, das für jeden von uns so innig mit Erinnerungen an glückliche Tage und erlebte Vergnügen verknüpft war, daß ich beschlossen hatte, das nahende Fest so lustig, als es uns die Umstände gestatteten, zu begehen. Dieser Bestimmung zufolge ließ sich ein jeder mit schmaler Kost begnügen und suchte Wildbret zu schaffen.

Dezember 15. – ... Charley kehrte mit dem umherstreifenden Vieh sehr spät zurück und berichtete, daß er den Rauch von Feuern der Eingeborenen längs der westlichen Gebirgskette gesehen hätte. Dies war eine willkommene Nachricht, da wir von früher wußten, daß ihre Gegenwart das Dasein einer schönen Gegend anzeigte. Gestern hatten wir eine große Menge reifer Limonen gesammelt, von denen wir, da es ein Sonntag war, beabsichtigten, eine Torte zu bereiten. Da aber meine Begleiter abwesend waren, wurde der Schmaus bis zu ihrer Rückkehr am Montagmorgen aufgeschoben, an dem wir sie zu einem Gericht sehr ähnlich einer Stachelbeerkaltschale verwendeten.

Die Reihen Wasserstellen in dem Busche waren mit steifem Sterngrase bedeckt, das eine große Menge von der Spitze des

Stengels sich erhebender Ähren hatte. Charley tötete eine Diamantschlange, größer als wir je zuvor eine gesehen. Er benutzte nur das Fett, wovon eine merkwürdige Menge in ihr enthalten war. Die Leguane hatten eine schwach bläuliche Färbung um den Kopf wie im Nacken.

Dezember 18. – Unter sehr großen Schwierigkeiten brachten wir das Vieh und unsere Pferde zusammen. Einen der Packochsen, der sich im Busch verlaufen hatte, konnten wir aber nicht finden. Der ungünstigen Lage unseres Ruheplatzes wegen waren wir genöthigt, ihn preiszugeben. Die alten Ochsen kümmerten sich, wenn sie müde waren, sehr wenig um Gesellschaft und zogen sich gern an eine einsame Stelle zurück, wo sich gutes Futter und Gras fand. Häufig wenn wir das Ende einer Station erreichten, wurden wir durch ein Gewitter aus Süden überrascht, dem ein anderes aus Westen mit viel Regen folgte. Dies war der erste starke Regen, dem wir während der Tagereise ausgesetzt waren, während Gewitter meist erst nach vier Uhr aufzogen, zu welcher Zeit wir uns gewöhnlich unter unsern Zelten in Sicherheit befanden.

Die schönen Lagunen, die ich nach ihrem Entdecker *Brown's Lagunen* nannte, und das gute Futter in ihrer Umgebung veranlaßten mich, hier in der Absicht zu bleiben, den fetten Ochsen, den uns Herr Isaacs gegeben, zu schlachten, um ihn wie den Charqui der Amerikaner zu trocknen, anstatt damit bis Weihnachten zu warten, wie wir es ursprünglich beabsichtigten, besonders da wir mit dem Charakter der Gegend vor uns nicht bekannt waren. Demgemäß wurde der Ochs am 18. um fünf Uhr morgens geschlachtet und in dünne Streifen geschnitten, die vor Einbruch der Nacht durch die starke Hitze der beinahe senkrecht niederstrahlenden Sonne ziemlich getrocknet waren. Wir freuten uns bei dieser Gelegenheit sehr und verspeisten verschwenderischer Weise die Leber zum Frühstück, das gefüllte Herz zu

Mittag und ein schönes Stück und die Nieren zum Abendbrot. Wer lange Zeit wie wir von so geringer Kost gelebt hat, wird begreifen, mit welch epicuräischer Lust die Mahle gehalten wurden.

Dezember 19. – Wir beendigten unsere Arbeit, indem wir das Talg schmolzen, womit wir unsere Sättel, Zügel und das Ledergeschirr tüchtig einschmierten. Am Vormittage kehrten Calvert und Charley, die nach dem Ochsen ausgesendet worden waren, mit diesem zurück. Sie hatten ihn in einem Bricklow-Wäldchen, in der Nähe einer Wasserlache, ruhig kauend gefunden.

Dezember 21. – Da unser Fleisch noch nicht ganz trocken war, hielt ich es für rathsam, einen Tag länger zu bleiben, der dadurch sehr nützlich angewendet wurde, daß wir das Talg in Säcke verpackten, die aus der Haut des Thieres verfertigt worden waren.

Dezember 22. – Wir legten heut ungefähr fünf Meilen zurück und schlugen unser Lager an dem Creek auf, an dem wir die Hütten der Eingeborenen gesehen hatten. Ich machte mit Charley Ausflüge und fand, daß der Creek bald von Busch umgeben war. Der Busch wurde umso dichter, je mehr er sich dem Fuße der Gebirge näherte. Diesen Erscheinungen nach beschloß ich, meine Gesellschaft wieder nach Brown's Lagune zurückzuschicken, während ich mit Herrn Calvert und Brown die Ausdehnung des Busches, in den wir verstrickt waren, ermitteln wollte.

Dezember 23. – Während der Nacht hatten wir ein schreckliches Gewitter gegen Süd mit heftigem Regen, der bis nach Mitternacht anhielt und dem ein Orkan aus Ost folgte. Wir beobachteten einen merkwürdigen Meteor von schöner bläulicher Farbe, beinahe parallel mit den Gewitterwolken schwebend.

Die Laube des Kragenwürgers ward in dem Busche gesehen. Sie ist von trockenem Grase gemacht, seine Gänge waren an einem Ende mit Schneckenhäusern und Feuersteinen bestreut, die von dem Vogel mit großem Fleiß gesammelt sein mußten, deren Zweck wir indes nicht errathen konnten.

Der Creek, dem wir abwärts folgten, verschwand fast ganz, aber fünf Meilen weiter wurde sein Canal wieder so tief als vorher und vereinigte sich mit einigen von den Weihnachtsbergen kommenden Gräben... Hier begann die Gegend in großen Buxbaum-Ebenen, die sich zu beiden Seiten ausdehnten, offener zu werden. Ein wenig weiter kamen wir an Anhöhen der Basaltformation.

Dezember 24. – Wir kehrten nach dem Lager zurück, hielten uns aber aus Unachtsamkeit zu weit östlich. Hier durchdrangen wir einen ausgedehnten Myal-Wald, den schönsten, den ich je gesehen, mit Hainen der einheimischen Orange untermischt, von denen einige stets so viel Früchte trugen, um uns einige Erfrischung zu bieten. Auch Reihen von Wasserlöchern kreuzten wir, die kürzlich ein Gewitterregen gefüllt und Tausende von Fröschen ins Leben gerufen hatte, die durch ein unaufhörliches Quaken ihre Zufriedenheit mit diesem angenehmen Wechsel kund gaben.

Dezember 25. – Wir kehrten zu Brown's Lagunen zurück und trafen bei unserm Lager gerade ein, als sich unsere Gefährten zu einem Mahle von Pudding und gedämpftem Kakadu niedergesetzt hatten. Der Tag war trübe und schwül.

Am heiligen Weihnachts-Abend hatten wir ein heftiges Gewitter gehabt.

Dezember 26.–27. – ... Um zehn Uhr hellte es sich auf, und wir benutzten die vier Stunden schönen Wetters zum Reisen ... Obgleich wir unsere Pferde mit Steig- und anderen Riemen gekoppelt hatten, waren sie doch während der Nacht in der offenen Gegend umhergestreift, auf der sie sich voneinander getrennt hatten, um Futter zu suchen, sodaß es drei Stunden wegnahm, bis Charley den größten Theil derselben fand.

Eine Eingeborenenfamilie in ihrem Lager

Dezember 28. – Wir kamen über die Buxbaumebene, bis wir den freien Basaltrücken erreichten, längs dessen Fuße wir uns hielten ... Das sandige Bett des Creek war ganz trocken, und wir mußten nach einem langen und beschwerlichen Marsche ohne Wasser unser Lager aufschlagen, bekamen auch kein heftiges Gewitter, das uns damit versorgt hätte. Wir fingen das Regenwasser, das von unsern Decken träufelte, in den Pfannen auf.

Das Gewitter war vorüber und die Sonne untergegangen, als Brown, mein schwarzer Begleiter, plötzlich die Decke, unter der wir saßen, zurückwarf und mir am westlichen Himmel einen Cometen zeigte. Ich erfuhr später, daß dieser Comet schon vor dem 1. Dezember beobachtet worden war. Aber das ununterbrochene Reisen im hohen Walde hatte uns gehindert, ihn früher zu sehen. Der Creek erhielt den Namen *Comet-Creek.*

Dezember 29. – ... An dem Creek wachsend sahen wir einen kleinen rothblättrigen Feigenbaum und die einheimische Portulaca. Diese gab einen ausgezeichneten Salat, war aber viel herber, als ich sie in anderen Theilen der Gegend gefunden. Die Melone wuchs auch hier. Während unserer Rückkehr zum Lager wehte aus Süd-West ein heißer Wind über die *Albinia-Dünen,* deren bedeutende Ausdehnung die Ursache der hohen Temperaturen hinreichend erklärte. Das einzige Thermometer, das ich besessen, war unglücklicher Weise, bald nachdem wir abgereist, zerbrochen. Dieser Verlust wurde auf der ganzen Reise von mir hart empfunden.

Dezember 30. – Unsere Jäger erlegten auf den Albinia-Dünen zehn Emus und ein Känguruh. Aber die moorige Beschaffenheit des Bodens verhinderte, sie zu erlangen. Qual genug für unseren hungrigen Magen!

Dezember 31. – ... Brown begleitete mich zum Erforschen der Gegend. Wir waren kaum zwei Meilen längs des Creek gekommen, als meine Aufmerksamkeit durch die Trümmer einer Hütte angezogen wurde, die aus einer aufgerichteten Stange und zwei gabeligen Pfählen ungefähr sechs Fuß hoch bestanden, beides mit einem scharfen, eisernen Tomahawk gehauen. Keiner von uns zweifelte, daß dies das Werk eines weißen Mannes war, wahrscheinlich eines Flüchtlings aus der (Straf-)Colonie von Moreton-Bay ... Indem wir uns wenige Meilen weiter um eine Krümmung des Creek wendeten, sahen wir eine Säule dichten Rauches von seinem linken Ufer an einer schönen Wasserstelle aufsteigen. Es war augenscheinlich, daß ein Lager der Eingeborenen vor uns lag. Wir wurden von einem Wilden sehr bald entdeckt, der, indem er uns einen Augenblick angestarrt, einen Schrei ähnlich den Worten: »Weißer Mann! Weißer Mann!« ausstieß und eilig davon lief, indem ihm die ganze Gesellschaft folgte. Wir gingen darauf zum Lager und fanden ihr Mahl, aus zwei Eiern der Talegalla, gerösteten Opossums, Beuteldachsen und Leguanen bestehend. In ihren Dillis (kleinen Körben) befanden sich einige Wurzeln oder Knollen von länglicher Form, ungefähr einen Zoll lang und einen halben Zoll dick, die, wenngleich ungekocht, von angenehmem Geschmacke und gleichem Geruche waren. Auch Thonkugeln als Schmuck für sich selbst waren darin. Hübsche Opossum-Mäntel, Känguruh-Netze, Dillis, aus Koorajong-Rinde nett geflochten, lagen umhergestreut, ebenso einige Lanzen aus Bricklow-Akazien-Holz verfertigt. Ich konnte der Versuchung nicht widerstehen, die Eier zu kosten und fand sie ausgezeichnet. Brown glaubte, daß einer von ihnen wie ein Mulatte ausgesehen hätte, und da sie uns etwas zugerufen hatten, was wie »Weißer Mann« klang, war ich überzeugt, daß entweder ein Weißer bei ihnen sei oder ganz vor kurzem unter ihnen gelebt hatte.

Durst

1845 Januar 1. – Nach einem Ritte von ungefähr vier Meilen am Creek abwärts kamen wir an eine tiefe Wasserstelle, die sich durch späte Gewitter gefüllt hatte. Ich fand eine rote Passiflora mit dreigelappten Blättern um den Stamm eines Gummibaumes gewunden. Eine neue Bauhinia mit großen weißen Blüthen, in kleinen Wäldchen oder besonders im Busche zerstreut, zeichnete sich durch ihre Eleganz aus und bildete den größten Schmuck der Gegend. Sie ist ein Baum von ungefähr fünfundzwanzig Fuß Höhe und hat lange hängende Äste. Das Laub ist von prächtig grüner Farbe und gewährt angenehmen Schatten.

Januar 4. – Ich sah bisher nie so viel Kakadus als am Comet-Creek. Schwärme derselben flogen zwei bis drei Meilen weit von Baum zu Baum vor uns her, die Luft mit ihrem unaufhörlichen Geschrei erfüllend, und kehrten dann zu ihren Lieblingsplätzen zurück, von denen wir sie aufgescheucht... In den Wasserlöchern lebte eine ansehnliche Zahl kleiner brauner Schlangen. Sie wurden gewöhnlich in seichtem Wasser mit den Köpfen über der Oberfläche gesehen, tauchten aber bei unserem Erscheinen in die tiefsten Stellen unter. Unsere tägliche Ration Mehl wurde jetzt auf drei Pfund herabgesetzt. Die Vorräthe nahmen reißend ab, und die Abnutzung unserer Kleider und des Geschirrs war sehr bedeutend.

Januar 14. – Nachdem wir unseren Weg längs des *Mackenzie-River* fortgesetzt, machte dieser eine plötzliche Krümmung gegen Westen. Ein bedeutender Creek, von Norden kommend, vereinigte sich fast unter einem rechten Winkel mit ihm. Indem wir vorwärts schritten, trafen wir plötzlich zwei schwarze Frauen, die schnell aus dem Wasser eilten, aber nachdem sie eine Entfernung hinter sich hatten, in der sie sich sicher glaubten, uns anstarrend stehen blieben, während wir unsern Weg langsam und ruhig fortsetzten. In dem Bett des Flusses, der hier breit und sandig war, wurde eine Bohne gesammelt, die blaßrothe Blüthen trug und ihren langen dünnen Stengel auf dem Erdboden hinstreckte oder ihn um Sträuche und Bäume wand. Ihre Schoten waren drei bis fünf Zoll lang, ungefähr einen halben Zoll breit und enthielten vier bis sechs den Pferdebohnen sehr ähnliche Samen. Diese Pflanze wurde später in den sandigen Betten oder längs der Ufer fast aller breiten Flüsse gefunden. Der Samen lieferte uns, nachdem wir ihn geröstet und zermalmt, ein sehr angenehmes Surrogat für den Caffee.

Wir trafen einige sehr hohe Felsen, die einen schönen geologischen Durchschnitt horizontaler Schichtungen von Sandstein und Kohlenschiefer zeigten. Auch einige Lager sehr guter Kohle waren darunter.

Nachdem wir einen Platz bestimmt, das Zelt aufgeschlagen und uns etwas erfrischt hatten, brach ich mit meinen zwei schwarzen Begleitern wieder auf, um den Lauf des Flusses weiter zu untersuchen. Wir kamen über einige sehr schöne Niederungen mit Bastard-Buxbaum, silberblättriger Eisenrinde, weißem Gummi und einzelnen zerstreuten, durch ihr hängendes Laub merkwürdigen Akazien. Weiterhin trafen wir wieder Busch, der den Rand des Hochlandes nach dem Flusse hin gleichmäßig bedeckte. Hier in dem Busche trafen wir an der Seite nach der offenen Gegend hin einige verlassene Lagerstellen der Eingeborenen, die ihrer Beschaffenheit nach als Obdach gegen das Wetter oder als Zufluchtsstätte gegen Feinde gedient zu haben schienen. An einigen Plätzen hatten augenscheinlich *Corroborris* wie auch Gefechte stattgefunden. (Fußnote der Übersetzung von Ernst A. Zuchold: Der Corroborri ist eine Art religiöser Ceremonie, die zuweilen

Eingeborenenzeichnung – Kriegstanz

die Bedeutung einer Totenfeier hat, mehr aber ein Dankgottesdienst für die dem Wilden nützlichen Gaben der Natur oder, sofern er überhaupt eine Idee von einem höheren Wesen hat, ein Ausdruck seines Abhängigkeitsgefühles ist, gegen den Schöpfer und Erhalter, als welcher er regelmäßig zur Zeit des Vollmonds gefeiert wird. – Von den Weibern gesondert beginnen die Männer, mit Schild und Lanze bewaffnet, abenteuerlich bemalt, in langsamem Tempo einen durch Zusammenschlagen zweier Stäbe geregelten Tanz, den jene am Feuer gekauert mit Geschrei begleiten. Bald wird dies lauter, der Rhythmus schneller und schneller. Die Gebärden der Tänzer werden lebhafter und grotesker, bis zuletzt die schwarzen Gestalten in rasender Eile mit starrem vorgebeug-

tem Oberkörper, aber heftig bewegten, fast fibrierenden Knien eine Reihe Rasender bilden, in denen man kaum noch Menschen erkennt. – Nur eine kurze Pause gönnen sich die Ermatteten, um das Spiel von neuem zu beginnen. – Siehe H. Behr, Über die Urbewohner von Adelaide.)

An der Stelle, wo sich der Fluß wendete, lief ein Basaltdamm quer durch denselben. Der Fluß enthielt schöne ausgedehnte Flächen Wasser. Auf einer schwamm ein Pelikan dahin, ohne sich durch unsere Gegenwart stören zu lassen. Große Haufen Muschelschalen, welche den aufeinander folgenden Generationen von Eingeborenen Nahrung geliefert hatten, bedeckten die steil abfallenden Ufer des Flusses und zeigten, daß diese Gegend sehr bevölkert ist. Die Spuren der

Eingebornen bildeten förmliche Bahnen. Die Feuerstätten ihrer Lagerplätze waren zahlreich. Die ganze Gegend hatte in Feuer gestanden. Dampfende Stämme, in allen Richtungen zerstreut, wurden von der Nachtbrise häufig wieder angefacht und ließen uns glauben, die Eingeborenen hätten sich zahlreich um uns versammelt – dies größten Theils an der entgegengesetzten Seite des Flusses –, wozu noch kam, daß das unaufhörliche Plätschern zahlreicher großer Fische viel dazu beitrug, unsere Besorgnis zu vermehren. Als Vorsichtsmaßregel banden wir indes unsere Pferde in der Nähe unserer Schlafstellen an und sammelten das Gras, das längs des Randes des Wassers wuchs, um sie zu füttern. Der Tag war noch nicht angebrochen, als unsere Besorgnis schwand.

Januar 15. – Nachdem ich außer Zweifel gestellt, daß der Mackenzie gegen Nord-Ost fließt, kehrte ich nach dem Lager zurück und beschloß, ihn zu verlassen und meinen Weg gegen West-Nord-West und Nord-West wieder aufzunehmen. Es war aber äußerst zweifelhaft, ob wir Wasser finden würden, wenn wir durch eine Gegend ohne einen Hauptstrom kämen, und da wir uns keine hinreichende Menge Wild verschaffen konnten, beschloß ich, die günstige Gelegenheit, einen Ochsen zu schlachten, zu benutzen, bevor wir den Fluß verließen.

Januar 16. – ... Gerade in dem Augenblicke, als wir den Ochsen erschießen wollten, hörten wir Eingeborne rufen, und in kurzer Zeit zeigten sich zwei Männer sich nähernd und anscheinend mit dem Verlangen, ein Gespräch mit uns anknüpfen zu wollen. Der Ältere, ein wohlgebauter Mann, hatte auf der linken Seite die Zähne verloren, während der jüngere die seinigen noch besaß. Er war von muskulöser und kräftiger Gestalt, hatte aber gleich dem größten Theile der australischen Ureinwohner ziemlich dünne Beine. Sein Schnurbart war prächtig. Sie redeten eine von jener der Eingeborenen der Darling-Dünen gänzlich verschiedene

Sprache. Yarrai bedeutete indes stets Wasser... Bei Sonnenuntergang schlachteten wir unseren Ochsen, und während des 17. und 18. beschäftigten wir uns damit, das Fleisch zu zerschneiden, es in der Sonne zu trocknen, den Talg auszulassen, die Haut zuzubereiten und unser Geschirr einzuschmieren...

Am Morgen des 23. hatten wir dunkle, zusammenfließende Wolken. Ich war überzeugt, daß die Regenzeit in der Nähe der Seeküste eingetreten war. Da sie aber über einen weiten Strich trockenen Landes ziehen mußten, so war ihr Inhalt vergossen, denn die Ostwinde waren zu schwach, um sie schnell nach dem fernen Binnenlande zu führen.

Am 23., 24. und 25. Januar bewegte sich die Gesellschaft durch die Gegend, die ich untersucht hatte, nach einem Orte ungefähr fünfundzwanzig Meilen Nord-West von *Stewart's Creek* und vierunddreißig vom Mackenzie. In der Nähe einiger Lagerstellen fand Charley mehrere Nester der einheimischen Biene voll des süßesten und aromatischsten Honigs, den wir je gekostet. Der wilde Majoran, welcher hier im Überfluß wuchs und seinen Wohlgeruch der Luft mitteilte, schien die Hauptquelle zu sein, aus der die Bienen ihren Honig zogen. Wir sammelten eine große Menge Majoran und mischten ihn unter unsern Thee in der doppelten Absicht, seinen Geschmack zu verbessern sowie unsern Vorrath zu schonen. Häufig benutzten wir ihn auch zum Würzen unserer Suppe.

Januar 26. – Ich verlegte mein Lager an den rohrbewachsenen Teich von gestern, von unserem letzten ungefähr fünf Meilen West bei Nord entfernt. Herr Calvert und Charley begleiteten mich. Nachdem wir einige Bergkämme überstiegen hatten und an einen Busch kamen, schlugen wir eine Richtung gegen Norden ein. Nachdem wir die Sandsteinanhöhen am Ursprung von *Newman's Creek* erstiegen, befanden wir uns auf einem Tafellande, von dem aus wir auf die

Peaks zuwanderten. Es ist schwer, den Eindruck zu beschreiben, welchen die Reihen der edlen Peaks, die sich so plötzlich von der verhältnismäßig ebenen Gegend erhoben, auf uns machten. Wir waren so viel in dem eintönigen Waldlande gereist, hatten nur dann und wann einen Blick durch zufällige Lichtungen in dem gleichförmigen Busche auf entfernte Gebirge werfen können, daß einige Abwechslung uns nur zu sehr erfreute. Hier lag eine ganze offene Gegend – bedeckt mit Gras und anscheinend gegen Westen unbegrenzt; dann sich erhebend zuerst in schöne Hügelreihen und dann in eine Folge meist einzeln stehender gigantischer, mit kuppelförmiger Spitze versehener Berge, die mit ihrer flachen, ungeteilten Basis auf der Ebene zu ruhen schienen – vor unsern entzückten Blicken ausgebreitet. Der plötzliche Wechsel der Scene erfüllte uns daher mit Gefühlen, die ich nicht versuchen werde, zu beschreiben.

Die Brise erhob sich gewöhnlich heftig und scharf um ein Viertel nach acht Uhr; die Nacht war hell und kühl, der folgende Morgen unaussprechlich schön.

Wir genossen zum Abendbrot ein Gericht Kakadu, die Gegend hatte Überfluß an denselben.

Januar 27. – Charley kehrte zurück, um unsere Gesellschaft nachzubringen, während ich mit Herrn Calvert fortfuhr, die Ebenen an den Peaks zu erforschen und mich zu überzeugen, ob ich an ihrem Fuße Wasser finden würde. Beim Heraufrücken des Tages, als der schwarze Boden die Hitze der fast senkrechten Sonne einsog, wurde die Gluth von oben und unten fast unerträglich... Indem wir auf der Ebene vorwärts kamen, eröffnete sich uns eine sehr interessante und merkwürdige Aussicht auf eine große Zahl Peaks und Kuppen gegen NNW und NW. Dort war kein Ende der anscheinend isolierten Berge zu sehen, die, da sie der Kette erloschener Vulkane in der Auvergne glichen, irrig leicht für solche angesehen werden könnten. Aber nach ein wenig verändertem Standorte nahmen sie das Aussehen ungeheurer Zelte mit kurzen Stangen an. Dem merkwürdigsten derselben, der das Aussehen eines riesigen Domes hatte, gab ich den Namen *Gilbert's Dom* nach meinem Begleiter.

Alle Creeks, die wir untersuchten und die gegen Süd-West Gefälle hatten, waren gänzlich trocken. Links von *Calvert's Peak* einige Basalthügel übersteigend, kam ich an einen Creek mit seichtem Bett, der sich gegen Nord-Ost hinschlängelte. Diese Hügel waren licht mit Holz bestanden und mit einem Überfluß trockenen Grases bedeckt. Dunkelgrüne Stellen Busches feuerten von Zeit zu Zeit unsere Pferde an und belebten unsern Schritt. Aber vergebens, denn Wasser war nirgends zu finden. Ermüdet und vor Durst halb verschmachtet, sehnten sich Reiter und Pferd darnach, baldigst Halt zu machen. Wir stiegen daher ab und fesselten unsere Pferde. Sobald ich meinen Sattel zurecht gelegt, sank mein Haupt zwischen den Taschen desselben nieder, und ich schlief fest, bis mich die kühle Nachtluft und das glänzende Mondlicht weckten. Ich fand meinen armen Gefährten Herrn Calvert sehr vom Durste angegriffen, in der That in höherem Maße, als es bei mir der Fall war. Er litt unglücklicherweise an einer Diarrhoe, die auch meine Festigkeit erschöpfte. Am Morgen waren, um unser Elend zu vermehren, unsere Pferde nicht zu finden. Herr Calvert machte, um sie wiederaufzusuchen, einen Weg von vier Stunden. Die armen Thiere waren umhergestreift, um Wasser zu suchen, hatten aber keines gefunden. Mein Begleiter war so sehr erschöpft, daß ich beschloß, zum Lager zurückzukehren, jedoch auf einem anderen Wege. Wir fanden nicht einen Tropfen Wasser. Indem wir über die versengten Ebenen kamen, fingen unsere Pferde an zu ermatten. Weder Peitsche noch Sporen vermochten ihren schneckenähnlichen Schritt zu beleben. Sie schienen zu erwarten, daß der Schatten eines jeden belaubten Baumes ihnen einen Halteplatz gewähren sollte, und nur mit der größten Mühe konnten wir sie dahin bringen, vorwärtszuschreiten. Es war in der Tat zum Umsinken heiß. Mit offenem Munde vorwärtsgehend suchten wir jeden kühlen Lufthauch aufzufangen. Unsere Lippen und Zungen waren vertrocknet, die Stimme wurde heiser, die Sprache unverständlich. Um meinem Pferde einige Erleichterung zu gewähren, versuchte ich zu gehen. Nach wenigen Schritten sah ich aber, daß es mir unmöglich war – ich war einfach zu erschöpft.

In diesem qualvollen Augenblicke trafen wir endlich auf die Spuren unserer Pferde und Ochsen, wußten also, daß wir in der Nähe unseres Lagers waren, das sich uns kurze Zeit darauf zu unsrer Freude zeigte.

Januar 29. – Nachdem wir gefunden, daß die eine Wasserstelle am Lager ausgetrocknet und die andere sehr schlammig war, kehrten wir zu den größeren zwei Meilen gegen Süd-West zurück. Als wir diese erreicht, schickte ich Herrn Gilbert und Charley den Creek herab, um sich mit dessen Laufe bekannt zu machen und zu sehen, ob das Hochland der Bergreihe gegen Westen zu umgehen sei. In der letzten Nacht wehte ein heftiger Wind, den ich als ein Vorzeichen vom Wechsel des Wetters oder von Regen ansah.

Januar 30. – In der letzten Nacht zogen sich gegen Süd-West Wolken zu einem Gewitter zusammen, das jedoch mit sehr wenigem Regen vorüberging. Am Morgen waren einzelne Wolken über den ganzen Himmel zerstreut. Dies war der erste trübe Tag, den wir während der letzten drei Wochen hatten.

Januar 31. – Gegen Westen hatten wir ein Gewitter, Gewitterwolken in allen vier Himmelsgegenden, wie gewöhnlich aber wenig Regen. Herr Gilbert kehrte von seinem Forschungsausfluge zurück und bestätigte, daß sich die Ebenen weit gegen Westen hin ausdehnten und in dieser Richtung eine Folge von Terrassen bildend anstiegen, alle

Creeks gingen gegen Süd oder Süd-West herab, daß er aber kein Wasser fand, ausgenommen eine schöne Lagune ungefähr fünfzehn Meilen gegen SW, die von Enten bevölkert war. Er hatte das Zeichen eines Ankers oder breiten Pfeiles bemerkt, das mit einem Tomahawk in einen Baum gehauen war und von dem er annahm, daß es entweder von einem durch Schiffbruch verunglückten Matrosen oder von einem von Moreton-Bay entlaufenen Sträfling herrühre, da dies eine Strafcolonie war.

Da ich zum Reisen zu schwach war, schickte ich Herrn Roper und Brown ab, die Gegend gegen Nord und Nord-Ost zu erforschen.

Die schwarzen Begleiter trennen sich

Februar 2. – Nachdem ich mich wieder hinreichend erholt hatte, folgte ich mit den beiden Schwarzen dem Wasserlaufe, der sich von den Peaks gegen Norden ergoß. Ungefähr zwei oder drei Meilen abwärts fanden wir in einem tiefen Felsenbassin im Bett des Flusses Wasser.

Nachdem ich Brown zurückgesendet, um die Gesellschaft zur Wasserstelle zu bringen, setzte ich den Creek verlassend meinen Weg gegen Norden fort. Die Basalthügel sowohl als die Ebenen waren mit schönem trockenen Gras bedeckt; die Sandsteinhöhen aber häufig sehr arm. Die Verschiedenheit der Sandsteingegend und der Basalt-Ebenen und Hügel ist sehr bezeichnend für die Menge Wasser, das sie enthalten. Auf den letzteren wird der Regen von dem rissigen, porösem Boden unmittelbar eingesogen, der einen sehr bedeutenden Grad Nässe erfordert, bevor er ein Abfließen gestattet. Hingegen der Sandstein bildet schräge Abhänge und saugt den Regen nicht so schnell auf, sodaß das Wasser an jenen herabläuft und sich in den Vertiefungen, die am Fuße der Hügel mit den Creeks parallel liegen, sammelt.

Februar 3. – Charley kehrte zum Lager zurück, ich setzte meine Forschungen gegen Nord-West fort. Nachdem ich über eine Sandsteinhöhe gekommen, gelangte ich an einen Creek, der durch den letzten Gewitterregen mit Wasser gefüllt war. Es war eine schöne Gegend, denn überall gab es hinreichend Vorrath von Wasser. Ich kehrte nun nach der Stelle zurück, wohin ich Charley beauftragt hatte, das Lager nachzubringen. Da aber die Gesellschaft noch nicht eingetroffen war, befürchtete ich, daß sich ein Unfall zugetragen haben könnte, und ritt deshalb zurück. Ich fand die Verzögerung durch das Weglaufen der Pferde verursacht, die sich jenseits des Gebirges zerstreut hatten.

Darauf gingen wir ungefähr sechs Meilen genau gegen Norden vorwärts, die Richtung auf einen schönen Berg mit imposantem Charakter zu einschlagend, den ich nach meinem Begleiter *Phillip's Mountain* nannte, und schlugen unser Lager auf.

Acacia farnesia wächst in kleinen Gruppen längs der Ebenen, ihre biegsamen Äste auf dem Boden ausbreitend, Mimosa terminalis war sehr häufig, auch grader und mehr aufrecht gewachsen als gewöhnlich. Eine Art Verbena mit grauem, flaumhaarigem Blatte und Stengel war ebenfalls im Überfluß vorhanden... Jetzt wurde unsere Mehlration, da wir uns noch so weit gegen Osten befanden, mit allgemeiner Zustimmung meiner Begleiter wieder verringert, und zwar auf ein und ein halbes Pfund für sechs Mann auf den Tag, wovon täglich mit etwas Fett ein Damper bereitet wurde, sobald wir unser Lager aufgeschlagen hatten...

Februar 8. – Ich kehrte in der letzten Nacht zu dem Creek zurück. Am Morgen setzten wir unsere Reise nach den Wasserstellen fort, die ich im Norden von Phillip's Berg gesehen hatte. Nach unserem Mittagsmahle brach ich mit meinen beiden Schwarzen wieder auf, nicht allein um Wasser zu suchen, sondern auch um das Tafelland zu übersteigen und dann einen westlichen Weg einzuschlagen... Das Reisen durch diese Sandsteingebirgsreihen mit ihrer dichten Vegetation, ihren tiefen Schluchten und Tälern war ungemein beschwerlich. Die Ochsen warfen häufig ihre Lasten ab, indem sie an den Abhängen auf- und abkletterten, wodurch unser Vorwärtskommen sehr langsam vonstatten ging. Dieser Übelstand veranlaßte mich, den Weg gegen Westen aufzugeben und eine für's Reisen günstigere Gegend gegen Osten zu suchen, indem ich voraussetzte, daß sich Wasser in noch größerem Überfluße finden würde, wenn wir uns der Küste näherten.

Februar 12. – Ein Umstand, der mir jetzt auffiel und der wie es schien, für den guten Ausgang der Reise nichts Gutes versprach, verursachte mir viel Unruhe und Besorgnis. Meine zwei Schwarzen, die Begleiter auf meinen Forschungsausflügen, fingen an, augenscheinliche Zeichen der Unzufriedenheit oder Böswilligkeit an den Tag zu legen und einen Geist des Ungehorsams zu offenbaren, der für unsere Sicherheit gefährlich werden mußte. Auf meinem zuletzt unternommenen Ausfluge verließen mich beide in einer sehr unwirtlichen Gegend und nahmen die Mundvorräte mit sich. Sie waren ungeduldig darüber geworden, daß sie sich gegen Nacht ohne Wasser befunden hatten. Am Morgen, während ich dem Gebirge folgte, nahmen sie die Gelegenheit wahr, meinem Wege auszuweichen und stiegen in die Schluchten hinab, sodaß ich mich wider Willen genöthigt sah, nach dem Lager zurückzukehren. Ich war sicher, daß sie zurückkehren würden, wenn sie Honig und Opossums gefunden hätten. Um sie jedoch zu der Überzeugung zu bringen, daß wir von ihren Diensten unabhängig wären, brach die Gesellschaft am nächsten Tage wie gewöhnlich auf. Nachdem ein schönes Thal erreicht worden war, wurden an einem grünen, sonnigen Abhange drei Emus gesehen. Herr Roper ließ sofort den Hund los und machte Jagd auf sie. Nach kurzer Zeit kehrte das Pferd ohne Reiter und Sattel zurück und verursachte uns einen augenblicklichen Schreck darüber, daß unserem Gefährten ein Unfall zugestossen sein möchte. Kurz darauf freuten wir uns indes, ihn zu uns zurückkommen zu sehen, mit einem jungen Emu über der Schulter. Wir verloren keine Zeit, eine Mahlzeit von frischem Emufleische zu bereiten. Während wir damit beschäftigt waren, erschienen die Schwarzen, nachdem sie den Leib gefüllt und sich ihre böse Laune gelegt hatte, beide bedeutend in Unruhe ihres üblen Verhaltens wegen. Charley brachte ungefähr ein Maß Honig gewissermaßen als Friedensgabe mit. Beide waren gegen meine Gefährten ungewöhnlich gefällig und aufmerksam. In jener Zeit litt ich viel durch einen derben Schlag eines Ochsen. Ich wollte ihnen eine Strafe ertheilen, willigte jedoch ein, die Sache mit einer bloßen Ermahnung hingehen zu lassen. Spätere Ereignisse bewiesen mir, daß mir eine entschiedene und strenge Strafe große Unruhe erspart hätte.

Der Rauch ausgedehnter Buschfeuer wurde unterhalb *Lord's Gebirge* und längs der Bergketten beobachtet. Als wir unserer Lagerstelle näher kamen, badeten sich einige Schwarze in den Wasserstellen, flohen aber, sobald sie uns erblickten.

Hier wurden wir durch eine kleine schwarze Ameise sehr beunruhigt. Unsere Vorräte während des Tages zerstörend und auf unsern Körpern herumlaufend, biß sie uns während der Nacht sehr heftig. Eine Krähe wurde geschossen und gebraten ausgezeichnet zart gefunden, was wir als eine sehr wichtige Entdeckung ansahen. Wir versäumten keine Gelegenheit, soviel als möglich davon zu erlegen. Einige schöne Gerichte Portulak genossen wir auch.

Februar 12. – Ich ging von Herrn Roper und Charley

Eine Lagerstelle

begleitet in nördlicher Richtung, um die Gegend zu erforschen. Nachdem wir die Nacht ohne Wasser lagern mußten, setzten wir am Morgen den Weg an einen trockenen Wasserlauf kommend fort, in der Hoffnung, Wasser zu finden. Er führte uns zu dem breiten, tiefen, jetzt ganz trockenen Canal eines Flusses. Da der Fluß von einiger Bedeutung zu sein schien, nannte ich ihn den *Isaacs* in Anerkennung der freundlichen Unterstützung, die wir von Herrn Isaacs Esq. auf den Darling-Dünen empfangen hatten.

Als wir den Fluß erreichten, wurden die wohlbekannten Schläge eines Tomahawk gehört, und von diesem Schalle geführt, bekamen wir bald drei schwarze Frauen zu Gesicht, von denen zwei eifrig bemüht waren, Wurzeln auszugraben, während die dritte auf dem Gipfel eines hohen Wassergummis entweder einen Opossum oder ein Bienennest heraushieb. Sobald sie uns erblickten, fingen sie an, schrecklich zu schreien, indem sie ihre Stöcke schwangen und damit gegen die Bäume schlugen, als wenn wir wilde Thiere gewesen wären, die sie wegzujagen suchten. Wir machten alle möglichen Friedenszeichen, aber vergebens. Die zwei Wurzelgräberinnen liefen davon, und die Frau auf dem Baume weigerte sich, herabzusteigen. Als wir nach Wasser – Yarrei – Yarrei – fragten, zeigte sie den Fluß hinab und antwortete: Yarrai ya. Wir fanden später, daß ihr Bescheid richtig war. Als wir den Baum erreichten, fanden wir ein Kind in Streifen Theebaumrinde gewickelt auf dem Erdboden liegend und drei oder vier große Yams. Eine bedeutende Zahl Eingeborner, Männer, Jünglinge und Kinder, die durch das Geschrei angezogen worden waren, kamen auf uns zugelaufen. Als wir unsere Pferde in scharfen Trab setzten und auf sie losritten, zogen sie sich in den Busch zurück. Die Yams erwiesen sich als die Knollen eines Rankengewächses mit blauen Beeren. Beide, Knollen und Beeren, hatten einen beißenden Geschmack. Die ersteren enthielten jedoch eine wässrige Flüssigkeit, die unseren vertrockneten Gaumen äußerst willkommen war.

Februar 15. – Da sich der Fluß östlich wendete, brach ich mit Herrn Gilbert und Brown auf, um ihn bis zu seinem Ursprunge zu erforschen. Des Nachts gelangten wir zu einem kleinen Pfuhle, hatten aber keinen Erfolg dabei, Wasser in einem der zahlreichen Creeks zu finden, die von *Coxen's Range* oder aus dem Buschstreifen kamen. Es zeigte sich hier weder Rauch oder Wasser noch irgend ein Zeichen von der Nähe der Meeresküste. – Alles war eine unermessliche See von Wald und Busch. Nicht ein Kiesel, nur Sandstein wurde in den zahlreichen Creeks und Gräben gefunden. Stücke versteinerten Holzes waren in dem Bett des Isaacs häufig ... Auf den Kämmen der Sandberge waren die Waldeiche und der Rostgummi häufig.

Im Schatten eines großen Buxbaumes entdeckte Brown ein Känguruh. Es schien durch die Hitze der Nachmittagssonne ermattet zu sein und von uns so wenig Notiz zu nehmen, daß

Brown im Stande war, sich ihm hinreichend zu nähern, um es schießen zu können. Es war ein Weibchen mit einem Jungen. Wir kochten das letztere und schickten Brown mit dem Alten zum Lager, wo es meine Gefährten mit großer Freude empfingen, da unser getrocknetes Fleisch jetzt ganz verbraucht war und alles, was sie zum Abendbrot und Frühstück hatten, in einem strohfarbigen Ibis, einer Ente und einer Krähe bestand.

Indem Herr Gilbert und ich dem Fluße weiter folgten, bemerkten wir zahlreiche Spuren von Eingebornen, Dingos, Emus und Känguruhs in einem sandigen Bett. Eine kurze Strecke von der Stelle, wo wir die schwarzen Frauen gesehen hatten, zog das laute Geschrei von Kakadus unsere Aufmerksamkeit auf sich. In dieser Richtung kamen wir an eine Stelle mit Wasser im Bett des Flusses an seiner Vereinigung mit einem breiten von Norden kommenden Creek. Die Eingebornen hatten die Wassergrube ringsum mit Ästen eingezäunt, um zu verhüten, daß sie sich mit Sand anfüllte, und in der Nähe kleine Wälle aufgeworfen, augenscheinlich, um reineres und kühleres Wasser zu erhalten, indem es so durch den Sand filtriert wurde. Am nächsten Morgen, als wir unser Frühstück einnahmen, ergötzten wir uns sehr daran, einen Flug von fünfzig und mehr Rebhuhntauben zu sehen, die längs des sandigen Flußbettes hinliefen, zum Wasserrande hinabstiegen und zurückkehrten, nachdem sie ihren Durst gelöscht hatten.

Wir setzten unsern Ritt sechs Meilen den Fluß aufwärts fort, ohne Wasser zu finden, in einigen von den Eingebornen gewöhnlich da angelegten Brunnen ausgenommen, wo sich Gräben oder Creeks mit dem Fluß vereinigten. An diesen Orten wurde die Feuchtigkeit meist durch eine dichte Stelle grünen Rohres angezeigt.

... Somit schlachteten wir am 17. Februar den Ochsen des Herrn Gilbert, ein schönes, schweres Thier, das uns einen ansehnlichen Vorrath an fettem Fleische und Talg lieferte. Wir waren früher in dem Wahne gewesen, daß sich das fette Fleisch nicht trocknen und aufbewahren ließe, und hatten deshalb sorgfältig den Talg von Fleische getrennt. Einige Stücke zeigten uns indes zufällig, daß es sich viel schöner als das magere Fleisch hält. Wir schnitten deshalb auch das Fett in Streifen wie das Fleisch. Die einzige Unannehmlichkeit, die wir dabei erfuhren, war ein langer Aufenthalt, denn wir mußten vier Tage bleiben, bevor alles zum Einpacken fertig war. Am 19. Februar unmittelbar nach dem Frühstück verließ Charley das Lager und kehrte vor Nachmittag nicht zurück. Es wurde beständig über ihn geklagt, daß er Opossums und Honig suchte, während wir unsere Pferde und Ochsen versorgten. Da ich fest entschlossen war, dies nicht mehr zu dulden, sagte ich, daß er von mir nicht die geringste Speise erhalten würde, wenn er sich solchen Betragens wieder schuldig machte. Darauf fuhr er in der heftigsten Sprache auf und drohte, »mir den Mund stopfen zu wollen«, wie er sich ausdrückte. Da ich es indes für nothwendig hielt, meine Autorität zu behaupten, ging ich auf ihn los, um ihm den Weg aus dem Lager zu zeigen, als mir der Bursche einen heftigen Schlag ins Gesicht gab, daß zwei meiner Zähne gelockert wurden. Als er wegging, sagte Brown, daß er mitunter zu ihm kommen und mit ihm schlafen würde.

Ich war indes entschlossen, daß nicht einer aus dem Lager irgend mit ihm eine Verbindung unterhalten sollte, und sagte deshalb Brown, daß er entweder ganz bei mir oder bei Charley bleiben müßte. Er erwiderte, er wolle gänzlich bei Charley bleiben und ging weg.

Vor diesem Vorfalle hatte Charley während meiner Abwesenheit vom Lager eine Zusammenkunft mit Eingebornen, welche ihm einige Geschenke machten, unter denen sich zwei schöne sauber gearbeitete Calebassen zum Wasserholen befanden. Die größere war birnförmig, ungefähr einen Fuß

Eine Familie auf Nahrungssuche
(Kupferstich von William Blake)

hoch, hatte an ihrer weitesten Stelle neun Zoll im Durchmesser und hielt ungefähr drei Maß. Die Eingebornen betasteten seinen Kopf, seine Haare und Kleider, zogen sich aber unverzüglich zurück, wenn er von Herrn Calvert, der zu Pferde war, begleitet zu ihnen umkehrte.

Wir brachen am 21. Februar von unserer Schlachtstelle auf und legten eine bedeutende Strecke zurück. Der Tag war sehr warm und die Hitze des sandigen Bodens unerträglich. Unser kleiner Dachshund, der alle Beschwerden so gut ertragen hatte, starb, und der uns gebliebene Känguruhhund wurde nur dadurch gerettet, daß ihn Herr Calvert zu sich auf sein Pferd nahm. Es war ein Tag ganz dazu geeignet, den Schwarzen den Unterschied zwischen Reiten und Gehen sowie den zu zeigen, nach einer beschwerlichen Tagereise ein ordentliches Mahl zu finden oder sich selbst nach Nahrung umsehen zu müssen. Brown kam zu Herrn Roper heran und äußerte den Wunsch, sich meiner Gesellschaft wieder anschließen zu wollen, da er an der Verbannung und dem Buschleben vollkommen genug hätte. Noch vor Sonnenuntergang kam er ganz erschöpft zu unserm Lagerplatze und bat mich um Verzeihung.

Februar 22. – ... Bei meiner Rückkehr in der Nacht mußte ich an Charleys Lager vorbei, das ungefähr hundert Schritte von dem unsrigen entfernt war. Er rief mir nach, und als ich anhielt, kam er zu mir und fing an, Entschuldigungen vorzubringen und mich um Verzeihung zu bitten. Meine Begleiter hatten ihn den ganzen Tag unter einem Baume sitzen und einige Orangen essen gesehen, welche er von Eingebornen erhalten hatte. Ich fühlte Erbarmen für ihn und nach Berathung mit meinen Gefährten erlaubte ich ihm, zu uns zurückzukehren unter der Bedingung jedoch, daß er uns seinen Tomahawk geben sollte. Sein Geist war gänzlich gebrochen, und ich würde wahrscheinlich nie wieder über ihn zu klagen gehabt haben, hätten nicht andere auf ihn eingewirkt.

Februar 24. – ... Das hohe Gras war alt und trocken oder aber so vollständig verbrannt, daß nicht das geringste Zeichen von Vegetation da war. Mehrere Meilen weit trug der Wald die Spuren eines Feuers, welches durch ihn gewüthet hatte. Die ganze Gegend bot einen trostlosen und elenden Anblick. Brown war so vorsichtig gewesen, Charleys große Calebasse mit Wasser zu füllen, sodaß wir in den Stand gesetzt waren, uns während der brennendsten Hitze des Tages einen Becher Thee bereiten zu können. Gegen Sonnenuntergang hörten wir zu unserer großen Freude lärmendes Geplauder von Eingebornen, was uns die Nähe von Wasser voraussetzen ließ. Ihre zahlreichen Spuren führten mich bald zu zwei von hohem Rohre umgebenen Quellen, an denen wir unseren Durst löschten. Mein Pferd wurde durch die große Menge Hornissen, die über dem Wasser herumsummten, äußerst in Schrecken gesetzt. Nachdem wir unsere Calebasse gefüllt, untersuchten wir im Lager der Eingebornen die Dinge, die sie liegen gelassen hatten. Wir fanden einen Schild, vier Calebassen, von welchen ich zwei mitnahm, dafür aber einen recht blanken Penny als Bezahlung zurückließ. Ferner fand sich ein kleines wasserdichtes Körbchen mit Akaziengummi sowie etwas noch nicht aufgelöste faserige Rinde, die dazu gebraucht wird, den Honig auszupressen, ein Feuerstock, der sehr zierlich mit Theebaumrinde zusammengeknüpft war, ein Känguruhnetz und zwei Tomahawks, einer von Stein und ein kleinerer von Eisen, anscheinend aus einem Hammer verfertigt, ein Zeichen, daß die Schwarzen einigermaßen mit der Küste in Verbindung standen.

Der Donner rollte über uns, und ein Windstoß überraschte uns, ehe wir eine halbe Meile von dem Lager weg waren, sodaß wir nur noch soviel Zeit hatten, unsere Zeltdecken über einige Stangen zu werfen und darunter zu kriechen, als der Regen in Strömen niedergoß. Das Gewitter kam aus Westen, ein anderes war gegen Osten sichtbar, zu blitzen schien es überall. Als der Regen nachließ, trafen wir Anstalten, Feuer zu machen und einen Topf Thee zu kochen, ebenso wärmten wir etwas Suppe von Gelatine.

Um acht Uhr ging der Mond auf, und da das Wetter hell war, beschloß ich, nach dem Lager zurückzukehren. Die Frösche quakten sehr lustig in den Gruben, die ich wenige Stunden zuvor vollständig trocken gesehen hatte. Der Gewitterregen hatte aber so strichweise getroffen, daß in einer Entfernung von drei Meilen kaum ein Tropfen gefallen war. Wir trafen ungefähr um ein Uhr Mitternacht im Lager ein, und am Morgen des 25. Februar führte ich meine Reisegesellschaft zu den Wasserstellen, welche die gütige Vorsehung in der Absicht gefüllt zu haben schien, uns über das dürre und trockene Land zu helfen. Unsere Ochsen hatten von der Hitze viel zu leiden, der Talg schmolz, und die Talgsäcke ließen ihren Inhalt fließen. Alles schien sich unter dem Einfluß einer mächtig wirkenden Sonne aufzulösen.

Februar 26. – In dem rohrbewachsenen Bett des Flusses fanden wir Brunnen der Eingebornen, nicht einen Fuß tief, aber reichlich mit Wasser gefüllt. Ungefähr zehn Meilen von den Brunnen trafen wir einen Buschcreek tiefer mit Wasser gefüllt auf der rechten Seite des Flusses. Sein Bett war mit Rohr bewachsen und voll von Stücken Kalksteinconcretionen und merkwürdigen Stämmen fossilen Holzes. Hier fanden wir den Schädel eines Eingebornen, das erste Mal, daß wir auf unserer Reise Überreste eines menschlichen Leichnams gesehen.

Februar 27. – Herr Gilbert, den ich von den Brunnen der Eingebornen aus zurückgeschickt hatte, um das Lager nachzubringen, war durch einen unserer Ochsen aufgehalten worden. Er war einige Meilen zurückgelaufen, wahrscheinlich um besseres Wasser zu suchen, da er in dieser Hinsicht etwas wählerisch war.

Die Eingebornen hatten während meiner Abwesenheit meine Gefährten besucht, sich dabei sehr ruhig verhalten und ihnen mit Emufedern, Wurfkeulen (Bumerangs und Waddies) Geschenke gemacht. Herr Phillips gab ihnen eine auf die Krönung Ihrer Majestät der Königin Viktoria geprägte Denkmünze, die sie für sehr wertvoll zu halten schienen. Es waren schöne, starke, wohlgebaute, meist junge Leute. Eine etwas ältere Frau, welcher weiße Kreise ins Gesicht gemalt waren, blieb in einiger Entfernung. Sie waren über die weiße Haut meiner Gefährten sehr erstaunt und betasteten sie wiederholt voll Verwunderung. Ihre Antworten nach Wasser blieben sich nicht gleich. Sie schienen alles vermeiden zu wollen, was uns veranlassen konnte, den Fluß abwärts zu gehen.

Des Mittags hielten wir am *Schädel-Creek,* der vierzehn Meilen entfernt war. Einzelne Haufenwolken stiegen während des Nachmittags herauf und schützten uns dann und wann vor der sengenden Sonne. Um vier Uhr bildeten sich gegen Ost und West Gewitter und ergossen sich in so heftigen Regen über uns, daß wir bis auf die Haut durchnäßt waren, uns jedoch wie die Pferde und Ochsen erfrischten, da alles vor Durst und Hitze keuchte. Die Vorräthe waren mit derb getheerter Leinwand bedeckt und litten keinen Schaden.

Februar 29. – Sobald wir unsere eigensinnigen Pferde gefunden hatten, welche mehr als acht Meilen weit durch dichten Bricklow-Busch fortgegangen waren, brachen wir auf. Ungefähr neun Meilen weit von Schädel-Creek bricht sich der Isaacs durch eine lange Reihe Sandsteinhügel, jenseits welcher sich die Gegend in Ebenen mit zerstreuten Gruppen Busches, Dünen und der ihnen eigenthümlichen Vegetation sowie sehr offenem Waldland ausdehnt. Der Fluß theilt sich in zwei Arme, von denen der eine von Ost und der andere von Nord kommt. Es regnete während des Tages anhaltend, sodaß wir bis auf die Haut durchnäßt waren.

Der erhöhten Beschwerden des Tages wegen gestattete ich, daß einige Stück Talg zum Braten des Fleisches genommen wurden. Kaum vierzehn Tage früher hatten meine Begleiter jenes, das zum Dämpfen des Fleisches verwendet wurde, mit Ekel gesehen und es von ihren Tellern weggeworfen. Jetzt indes hielt ein jeder von uns die Zuthat für eine besondere Begünstigung, und nicht einer zögerte, das flüssige Fett zu trinken, nachdem das Fleisch gegessen war. Der Geschmack daran steigerte sich in dem Maße, als unsere Ochsen magerer wurden, und wir konnten es nie erwarten, die Beschaffenheit eines geschlachteten Thieres zu untersuchen wie die Eingebornen, deren Gewohnheit wir früher lächerlich gemacht hatten.

Kontakte mit Aborigines

Ich wurde an dieser Stelle vom 1. bis zum 4. März durch einen heftigen Rückenschmerz-Anfall zurückgehalten, welchen ich mir dadurch zugezogen, daß ich mich unvorsichtiger und unnöthiger Weise auf meinen botanischen und anderen Ausflügen dem Wetter zu sehr ausgesetzt hatte. Am 4. März hatte ich mich so weit wieder erholt, daß ich mein Pferd besteigen und die Gesellschaft zur Wasserstelle, die Roper ostwärts gefunden hatte, begleiten konnte. Auf den Ebenen zeigte sich Basalt, die Hügel am Flusse sowie das Bett gehörten zur Sandsteinformation. Längs des Flusses wuchs ein gelber und blaßrother Hibiscus häufig.

März 5. – In den Felsengrotten sah Brown gemeine Känguruhs mit langen glatten Schwänzen. Sie waren dessen Aussage nach neu und »schienen Affen ähnlicher zu sein als Känguruhs«, wie er sich ausdrückte. Herr Gilbert und Charley trafen zwei Herden Emus und erlegten zwei Junge. Charley stürzte indes mit seinem Pferde und zerbrach ein doppelläufiges Gewehr, ein für uns sehr herber Verlust, um so mehr als er das Unglück gehabt, nicht lange zuvor ein einfaches zu verderben. Das Wetter blieb regnerisch.

Wir haben unsern Weg sieben Meilen längs des Isaacs fortgesetzt. Wenn man die Ausdehnung der Bastardbuxbaum- und schmalblättrigen Eisenrinden-Ebenen, sowie die Anhöhen mit silberblättriger Eisenrinde an seinem linken

Auf Känguruhjagd (nach G. Wood)

Ufer und die schöne offene Gegend zwischen den beiden Bergreihen betrachtet, so findet man wahrscheinlich keine Gegend, welche sich zum Betriebe der Viehzucht besser eignet.

März 7. – Ich brachte mein Lager durch den Gebirgspaß, der beim Übersteigen ziemliche Schwierigkeiten darbot, da sich große Sandsteinblöcke und Dickichte von schmalblättrigem Theebaum in dem Flußbett befanden. Gegen Norden öffnete sich die Gegend in schöne Abhänge und Hügelreihen mit Eisenrinde, zwischen denen sich die Quellen des Isaacs befanden. Sie schienen der Lieblingsaufenthalt der Emus zu sein, denn es wurden drei Herden solcher von zehn, dreizehn und sechzehn Vögeln gesehen. Ungefähr vier Meilen von dem Passe kamen wir zu den Quellen eines anderen Creek, welchen ich *Suttor-Creek* nach Suttor Esq. nannte, der mir ein Geschenk von vier Ochsen gemacht hatte, als ich die Reise antrat. Vier oder fünf Meilen weit herab fanden wir schöne Wasserstellen in ihm. Die Hügelreihen waren mit eisenfarbigen Quarzstücken bedeckt, an denen sich unsere Ochsen die Füße verletzten.

Während der letzten zwei Tage hatten wir Staubregen. Das Wetter war angenehm kühl, der Wind wehte sehr häufig aus Osten.

März 13. – Ich schickte Herrn Roper und Charley den Fluß abwärts. Charley hatte einen Schwarzen angerufen und sich ihm genähert, dieser hatte jedoch augenblicklich einen Baum erklettert, als er Herrn Roper gesehen hatte. Die hochschwangere Frau des Wilden erstieg einen anderen Baum. Als Herr Roper um den Baum herumging, um dem Eingebornen ins Gesicht zu sehen und mit ihm zu sprechen, vermied es dieser sorgfältig, von Herrn Roper gesehen werden, indem er sich gleich einer Eidechse um den Stamm herumwand. Zuletzt indes antwortete er auf die Frage nach Wasser, indem er gegen WNW zeigte. Auch die Frau wendete ihr Gesicht von dem weißen Manne ab. Am Fluß weiter hinabgehend sahen sie Eingeborne an einer Wassergrube gelagert. Diese flohen jedoch eiligst in den Busch, sobald sie die beiden Reiter bemerkten, indem die Männer die laut schreienden Frauen und Kinder vor sich hertrieben. Als Herr Roper ihnen nachgallopierte, wendete sich ein Wilder von athletischer Gestalt um und drohte, einen Wurfspieß auf jenen zu schleudern. Infolge dieses feindseligen Zeichens kehrte Herr Roper wohlweislich um.

März 17. – ... Die Anhöhen in der Nähe der Wasserbehälter, an welchen sich unser Lager befand, bestanden aus plutonischem Gesteine, das viel Eisen enthielt, mit welchem das Wasser in dem Grade geschwängert war, daß unser Thee davon schwarz wie Tinte gefärbt wurde. In dieser Gegend waren die Eingebornen sehr zahlreich, ihre Pfade überall sichtbar. Auf sehr deutlichem Pfade gelangten wir zu einer tiefen Wassergrube mit üppigem Gras umgeben, aber nur einen geringen Vorrath von Wasser enthaltend. Weiterhin kamen wir zu einem besser gefüllten, dann noch zu einem dritten, und zuletzt rief Charley: »Sehen Sie Herr! Welch schönes Wasser!« Ein großer, weiter Wasserspiegel dehnte sich in verschiedenen Krümmungen zwischen dichtem Bauhinien- und Bricklow-Busch aus, der die steilen Ufer einnahm. Es ist das Eigenthümliche dieser Gegend, daß sich so oft solche Extreme zusammenfinden. Der jämmerliche Busch mit den offenen Ebenen und dem prächtigsten Waldlande; die grenzenlose dürre Gegend mit der köstlich bewässerten!

Schwärme Enten bedeckten die Oberfläche des Sees, Pelikane schwammen, jedoch außer Schußweite, in seinen Buchten, Landschildkröten tauchten in seinem Wasser. Ich nannte ihn *Suttor-Lake*.

Wir setzten am 21. März unsere Reise fort. An jeder Wasserstelle, zu der wir kamen, befanden sich neue Lagerplätze von Eingebornen. Von einem zum andern führten betretene Steige. In einer Wasserstelle war ein Wehr aus Stöcken zum Fischfange angelegt. Gräten von großen Fischen, Schildkrötengehäuse und große Haufen Muscheln lagen rings um die Feuerstellen zerstreut.

Herr Roper und Brown gingen sieben Meilen am Fluße herab und fanden, daß er wieder ein breites, regelmäßiges, wohl mit Wasser gefülltes Bett bekommt, und die Gegend offener wird. Sie trafen unerwartet zwei Frauen, welche Muscheln kochten. Jene liefen davon, indem sie ihre Speisen den unwillkommenen Besuchern überließen, welche die erwünschte Stärkung schnell zu sich nahmen.

Herr Gilbert und Charley trafen zwei Weiber, welche über den ungewohnten Anblick sofort in den Busch entflohen. Die Männer, welche sich dabei befanden, fingen ein Gespräch an, unterbrachen dasselbe jedoch häufig, indem sie ausspuckten und einen Laut hören ließen wie Puh! Puh!, anscheinend, um ihren Widerwillen damit auszudrücken.

März 23. – Der Morgen des Ostersonntags war hell und heiß. Sobald wir den Tag mit einem Gericht Fettdämpfer und diesmal versüßtem Thee gefeiert, brach ich mit Charley auf und ging ungefähr sieben Meilen weit am Fluß herab. Wasser fand ich nicht allein in Menge in dem Bett des Flusses, sondern auch in Reihen neben ihm liegender Lagunen. Während wir am Ufer unseren Weg fortsetzten, sahen wir eine alte Frau vor uns, welche langsam durch den Wald schritt, indem sie ihren mageren, dem Äußeren nach entkräfteten Körper mit einem lange Stocke stützte, wie ihn die Frauen zum Wurzelgraben gebrauchen. Vor ihr her lief ein Kind. Befürchtend, daß sie sehr erschrecken würde, wenn ich plötzlich zu ihr träte, da weder unsere Stimme während des Gespräches noch das Getrappel unserer Pferde ihre Aufmerksamkeit erregte, rief ich sie freundlich an. Nachdem ich dies zwei- oder dreimal wiederholt, wendete sie den Kopf um, hob vor Schreck die Arme in die Höhe und fing an, mit denselben in der Luft herumzuschlagen, als wenn es Flügel gewesen wären. Darauf durchschritt sie, nachdem sie das Kind ergriffen, jämmerlich schreiend eiligst den Fluß und entfloh in die jenseits liegenden Hügel. Sie mochte glauben, wir wären eins der eingebildeten Wesen, mit denen der Zauberer ihres Volkes in seinen Sagen die Kinder, welche sich vor denselben fürchten, gehorsam macht und deren unbekannte Gestalten und geheimnisvollen Thaten meist den Gegenstand der Unterhaltung der Eingebornen bilden, wenn sie des Nachts um ihre Feuer gelagert sind.

März 26. – Wir setzten die Reise bis 20° 53′ 42″ Breite längs des Flusses fort. Sein Lauf ist meist genau gegen Süden gerichtet. Gestern kamen wir auf der Entenjagd plötzlich zu einem Lager Eingeborner, welche bei dem Knalle unserer Gewehre nicht im geringsten erschraken. Sie folgten uns mit

Mutter und Kind

lautem Geschrei. Heut kamen wir mit unserm ganzen Lager zu ihrer Lagerstelle. Merkwürdiger Weise hörten und sahen sie uns nicht, bis wir dicht bei ihnen waren. Die jungen Leute liefen fort. Ich stieg vom Pferde und ging zu einem alten Manne, der dageblieben war und dem sich bald ein anderer zugesellte. Lange versuchten wir vergebens, uns verständlich zu machen, da weder Charley noch Brown ein einziges Wort ihrer Sprache kannten. Über die Verschiedenheit von Charleys schwarzer Haut und der meinigen waren sie sichtbar erstaunt. Phillips wünschte seine Jacke gegen einen ihrer Opossummäntel umzutauschen. Ich forderte ihn deshalb auf, jene auf den Erdboden zu legen, nahm dann den Mantel und legte ihn neben die Jacke. Darauf zeigte ich auf Phillips, und nachdem ich beide Gegenstände aufgehoben, gab ich den Mantel diesem und die Jacke unserm alten Freunde, welcher sehr wohl verstand, was ich meinte. Kurz darauf drückte er sein Verlangen aus, den Mantel zurückzuempfangen, aber auch die Jacke behalten zu wollen. Ich gab ihm aber zu verstehen, daß er zwar den Mantel erhalten sollte, jedoch nur unter der Bedingung, daß er die Jacke zurückgäbe.

März 28. – ... Wir lagerten ungefähr zwei Meilen von dem Fuße eines von uns aus gegen NO liegenden Berges. Der Ort bot jede Bequemlichkeit, einen andern Ochsen zu schlachten und das Fleisch zu trocknen, dar. Deshalb blieben wir bis zum 2. April hier. Das Wetter war unserm Vorhaben günstig. Ich stellte zweimal Mondbeobachtungen an, von denen mir die erste für die Länge 146° 1′ und die zweite 145° 58′ ergab.

Ich ging auf die Ostseite des Flusses und kam zu der Vereinigung des Suttor mit dem neulich entdeckten Fluß, welchen ich in Anerkennung der großmüthigen Unterstützung, die ich bei der Ausrüstung der Reise von Herrn Burdekin in Sydney erhalten hatte, den *Burdekin* nannte. Ich glaube, daß er in der Nähe des Cap Upstart in die See mündet. Fluthmerkmale fünfzehn bis achtzehn Fuß über dem Ufer zeigten, daß zuweilen ungeheure Wassermassen in seinem Bett hinabströmen.

April 3. – Wir setzten unsre Reise an dem Burdekin abwärts in Nord-Nord-West-Richtung fort. Die Waldvegetation glich der am untern Theile des Suttor. Zwischen Gebüschen, welche besonders an den Mündungen der größeren Creeks in den Fluß gefunden wurden, sahen wir einen fünfzig bis sechzig Fuß hohen stattlichen Feigenbaum mit reichem schattigem Laube und mit Früchten bedeckt. Die Feigen von der Größe eines Apfels hatten reif einen angenehmen Geschmack, waren aber voll kleiner Fliegen und Ameisen. Diese Bäume waren sehr zahlreich und ließen sich leicht durch die Pfade der Eingebornen entdecken, welche zu ihnen führten, was beweist, daß die Frucht eine ihrer Lieblingsspeisen bildet.

Zuerst blieben wir an der rechten Seite des Flusses, aber seine Ufer wurden so bergig und steil, die Gräben so tief, daß wir uns genöthigt sahen, ihn an einer Stelle zu überschreiten, an welcher unsre Pferde und das Vieh schwimmen mußten. Mehreres war naß geworden, und wir waren genöthigt zu halten, um es zu trocknen.

April 5. – Wir kreuzten den Fluß an einer nicht sehr tiefen Stelle wieder und setzten den Weg fort...

April 9. – ... Unser Lager war an dem Fuße einer Reihe kegelförmiger Porphyrhügel aufgeschlagen worden. Ein bedeutenderes Gebirge gegen Süden bestand gleichfalls aus sehr hartem Porphyr, welcher von Quarz durchsetzt war und kleine fleischfarbige Feldspathkrystalle enthielt. Auf den Ebenen zwischen diesen beiden Gebirgen trat Grauwacke auf. Von dem höheren hatte ich eine sehr weite Aussicht.

An den felsigen Abhängen sprangen viele Känguruhs zu den grasigen Schluchten hinab. Die Hügel waren mit einer krüppeligen silberblättrigen Eisenrinde bedeckt.

April 13. – ... Das Rufen von Eingebornen wurde nur

während der Reise an den Ufern des Burdekin gehört. Spuren ihrer früheren Anwesenheit wurden nicht häufig getroffen. Große mit Fischen und Muscheln gefüllte Lagunen üben mehr Anziehung auf sie aus als ein Strom, welcher für große Fische zu seicht und seines Triebsandes wegen nicht geeignet ist, bedeutende dauernde Vertiefungen zu bilden. Trafen wir jedoch irgendwo eine schöne Wasserfläche, so waren wir sicher, zahlreiche Fußstapfen Eingeborner zu finden, die umso häufiger sind, je mehr ihnen eine dichte Vegetation Schutz vor ihren Feinden darbietet.

April 17. – ... Der Fluß wand seinen Lauf von einer Seite des breiten sandigen Bettes zur andern. Die Stellen, wo er floß, waren gewöhnlich sehr steil und mit einer dichten Vegetation bedeckt. Auf der entgegengesetzten Seite verflachten sich die Ufer in breiten Sandbänken.

Meine Schwarzen brachten einige Gerichte Enten. Brown hatte ein Stück Schiefer mit Abdrücken von Wasserpflanzen gefunden.

April 19. – Nachdem wir die Ebene zwischen dem Creek und dem Flusse überschritten, sahen wir einen Eingebornen damit beschäftigt, das Gras abzubrennen, was seine ganze Aufmerksamkeit in Anspruch zu nehmen schien. Sein Vorhaben hatte einige Krähen herbeigelockt, welche die von ihren durch das Feuer erhitzten Ruheplätzen vertriebenen Insekten und Eidechsen fangen wollten. Herr Calvert, Brown und Charley gingen zu dem Manne hin, bevor er ihr Herannahen bemerkt hatte. Er sprang auf und floh in der größten Bestürzung.

Felsige Anhöhen traten häufig bis zu dem Flusse heran, zu dem tiefe steile Schluchten von jenen herabliefen. Unser Vorwärtskommen wurde dadurch sehr erschwert, und oft waren wir genöthigt, einen Hügel von bedeutender Höhe zu erklimmen, um seine gegen den Fluß gerichteten Abhänge zu vermeiden, welche zu steil waren, als daß wir hätten an ihnen hingehen können. Als Lohn für das äußerst mühsame Steigen hatte ich die Freude, auf den Gipfeln einige sehr interessante Pflanzen zu finden...

April 22. – Drei Meilen weiter vereinigt sich ein Fluß ebenso groß oder noch bedeutender als der Burdekin mit diesem. Ich war zweifelnd, welchem der beiden Flüsse ich folgen sollte, fand jedoch bei einer genauen Untersuchung, daß der Nord-West-Arm strömte, während der südwestliche nur lange, breite, jedoch unzusammenhängende Wasserflächen enthielt. Demnach beschloß ich, dem Nord-West-Arme zu folgen.

April 23. – Wir kamen gegen Nord-West bis zu 19° 4′ 41″ Breite über einige schöne Ebenen, von welchen eine fast nur mit Pappelgummi bestanden war, stets ein Zeichen von gutem, festem Boden. Die Ebenen waren von schmalen Gräben und einigen Casuarinencreeks durchschnitten. Diese kommen wahrscheinlich von den Bergen, welche die beiden Flüsse trennen... Während unserer Reise am Burdekin sahen wir mit Ausnahme einiger Enten und einzelner Känguruhs sehr wenig Wild. Gestern dagegen kamen am einmündenden Fluß *Clarke* zwei Herden der letzern an mir vorüber, ein Beweis, daß die Gegend doch nicht so arm an Wild ist, als ich geglaubt hatte...

April 25. – ... Nachdem die nöthigen Vorbereitungen getroffen worden waren, schlachteten wir einen unserer kleinen Stiere, der sich als ausgezeichnet erwies. Der Stier lieferte 120 Pfund getrocknetes Fleisch. Wir schmierten wie gewöhnlich unser Geschirr ein, obgleich diesmal nicht ohne vorherige Berathung, da es jeder lieber gesehen hätte, wenn das Fett hätte zum Essen verbraucht werden können, anstatt daß es für das Leder verwendet wurde. Zugleich besserten wir unsere Reit- und Packsättel aus und brachten alles für die Weiterreise in Ordnung.

Alltag des Lebens in der Wildnis

Mai 1. – Ich will hier einen Tag schildern, der als Beispiel dienen mag, wie uns alle übrigen verliefen. Ich erhob mich gewöhnlich, wenn ich den lauten Ruf des lachenden Jackass hörte, welcher seiner Pünktlichkeit wegen nicht unrichtig des Ansiedlers Uhr genannt wird. Darauf weckte ich meine Gefährten, beauftragte Brown, den Thee zu kochen, Herrn Calvert, das Fleisch mit Salz und Majoran zu würzen. Nachdem wir uns gewaschen, bereiteten wir das Frühstück, aus zwei und einem halben Pfund Fleisch bestehend, das die Nacht hindurch geschmort hatte. Dazu kam auf jeden von uns ein Quarttopf Thee. Herr Calvert theilte einem jeden seine Portion zu. Nachher kommt Charley gewöhnlich mit den Pferden, die zu ihrer Tagesarbeit zurecht gemacht sind. Nach dem Frühstück geht Charley mit Murphy die Ochsen zu holen, die dann gewöhnlich etwas nach sieben Uhr gebracht werden. Nun erfolgt das Beladen derselben, was wenig Zeit erfordert, da unsere Vorräthe sehr zusammengeschmolzen sind. Ungefähr um ein Viertel auf neun Uhr brechen wir auf und setzen den Weg vier Stunden weit fort, um uns dann nach einem Platze zur Lagerstelle umzusehen. Der Burdekin, welcher uns seines geraden Laufes und beständigen Stromes durch mehr als zwei Grad Länge und zwei Grad Breite wegen nichts zu wünschen übrig ließ, hat uns nicht immer ganz passende mit Wasser versehene Lagerstellen geboten. Seine Ufer bestanden gewöhnlich in steilen Wänden, die mit denen der mit dem Flusse parallel sich hinziehenden Wasserhälter eins bildeten und dicht mit hohem, steifen Grase bedeckt waren. Ein anderes gleich steiles Ufer, mit einem Dickicht von hängenden Theebäumen bestanden, trat bis zum Wasserrande hervor. Von meinen Gefährten waren einige mißbilligende Bemerkungen über meine Wahl des Lagerplatzes gemacht worden. Aber obgleich ich so viel Ungemach mit ertrug, erduldete ich es leicht, indem ich der Vorsehung für den klaren Wasserstrom dankte, mit dem wir jede Nacht versehen waren. Ich hatte natürlich einen starken Widerwillen gegen gesuchte Bequemlichkeit und »gourmandizing«, besonders auf einer Reise wie der unsrigen. Ich äußerte diese Abneigung oftmals vielleicht zu unfreundlich, was Unzufriedenheit hervorrief. Bei solchen Gelegenheiten wurde meine Geduld jedoch hart auf die Probe gestellt. Ich muß indes das Bild des Tages vollenden. Sobald das Lager aufgeschlagen ist und die Pferde und Ochsen von ihren Lasten befreit sind, haben wir jeder unsere bestimmte Arbeit. Das Feuermachen kommt mir zu. Browns Obliegenheit besteht darin, Wasser zum Thee zu holen. Herr Calvert wiegt ein und ein halbes Pfund Mehl zu einem Fettkuchen ab, welcher lieber als eine andere Speise gegessen wird. Nachdem der große Theetopf geleert ist, wiegt Herr Calvert zwei und ein halbes Pfund getrocknetes Fleisch ab, welches für unsere letzte Mahlzeit bestimmt ist. Während des Nachmittages folgt ein jeder seinen Geschäften, sei es, daß man Kleider wäscht oder ausbessert, die Sättel und Packsättel in Stand setzt oder das Gepäck ordnet. Meine Beschäftigung besteht darin, mein Tagebuch zu schreiben, meinen Weg zu vergleichen, eine botanische Excursion in der Umgebung des Lagers zu machen oder auf Erforschung der Gegend auszureiten. Meine Begleiter schreiben auch ihre Bemerkungen auf oder gehen aus, um Sämereien zu sammeln oder merkwürdige Steine zu suchen. Herr Gilbert nimmt sein Gewehr, um Vögel zu schießen. Gegen Sonnenuntergang rufe ich alle laut, um sie um das Tafeltuch zu vereinigen. Während wir unser Mahl genießen, bildet die Tagereise den Gegenstand unserer

Auf Straußenjagd (nach E. Delessert)

Unterhaltung. Herr Roper ist schweigsamer Natur, Herr Calvert spricht gern. Er steckt voll Schnurren und Anecdoten. Herr Gilbert ist viel gereist, hat daher einen reichen Schatz von impressions de voyage. Seine Unterhaltung ist gewöhnlich sehr angenehm und belehrend, indem er den Charakter der Gegenden, die Sitten und Gewohnheiten der Völker beschreibt. In der Ornithologie Australiens hat er ausgedehnte Kenntnisse. Wenn die Nacht anbricht, ziehen wir uns auf unsere Lager zurück. Die zwei Schwarzen und ich selbst breiten die unsrigen unter Gottes schönem freien Himmel aus, während die anderen ihre Zelte haben. Brown stimmt seine Corroborri-Gesänge an, bei denen ihn Charley begleitet. Brown singt angenehm, und seine melodische Stimme lullt mich in den Schlaf. Herr Phillips hat etwas sonderbare Gewohnheiten. Gewöhnlich schlägt er sein Zelt in einiger Entfernung von den übrigen unter einem schattigen Baume oder in einer Gruppe grüner Gebüsche auf, wo er sich so bequem einrichtet, als es ihm die Umstände erlauben, indem er Gras und Zweige unter seinem Lager ausbreitet und sein Zelt mit diesen bedeckt, um es schattig und kühl zu machen. Zugleich steckt er lilienähnliche Crinum-Stengel mit Blüthen vor seinem Zelte in die Erde, um sich die Aussicht aus demselben für die kurze Dauer unseres Aufenthaltes zu erheitern. Wenn die Nacht vorrückt, hören die Schwarzen zu singen auf. Murphys geschwätzige Zunge ruht, nachdem er Herrn Gilbert eingeschläfert, und zuletzt schweigt Herr Calvert, wenn Ropers kurze Antworten seltener und seltener erfolgen. Das Gewieher der angebundenen Pferde, der Klang der Viehglocken oder der Ruf eines Nachtvogels unterbricht dann allein in unserm Lager die Stille der Nacht. Das Feuer, welches so lange gebrannt, als es von den Corroborri-Sängern geschürt worden, erlischt allmählich oder flackert und dampft matt unter dem großen Topfe, in welchem unser Fleisch leise zischend kocht. Die glänzenden Sternbilder steigen unbeachtet über den Häuptern der träumenden Wanderer der Wildnis am Himmel herauf, bis sie der Ruf des lachenden Jackass wieder zu den Geschäften des anbrechenden Tages weckt.

Mai 5. – Ich brach mit Charley auf, um den oberen Theil des rohrbestandenen Baches zu untersuchen ... und fand, daß er in einem Thale herabkam, welches einen tiefen Einschnitt in das Tafelland bildete. Unsere Pferde konnten die scharfen Kanten des Gesteins nicht betreten, ohne sich an den Füßen zu verletzen. Auf der rechten Seite begrenzte ein Lavastrom die Ebene, welche mit dichtem Busche bedeckt war. An einem anmutigen Basaltabhang kamen wir zu seinen Quellen ... Der ganze Anschein dieser interessanten Gegend zeigte, daß der Lavastrom einer bedeutend neueren Periode angehörte als das Gestein des Tafellandes und daß das letztere wahrscheinlich unter Wasser gebildet worden war, hingegen die zellige schlackige Lava an der freien Luft ausgebrochen war.

Auf der Rückkehr nach unserm Lager sahen wir eine Menge Frauen und Kinder, die davonliefen und laut schrien.

Es wurden dadurch einige junge Männer herbeigerufen, welche sich unerschrocken uns näherten. Ich stieg vom Pferde und ging fünf Schritte von demselben weg, wo ich stehen blieb, da ich Sorge trug, mich nicht bei ihnen aufzuhalten, denn sie waren mit Speeren und Keulen bewaffnet. Sie gaben mir durch Zeichen zu verstehen, daß ich den Hut abnehmen und ihnen Geschenke machen sollte. Da ich aber nichts bei mir hatte, erwiderte ich ihnen durch Zeichen, daß ich ihnen etwas nach der Rückkehr zum Lager geben wollte. Sie schienen in keiner Hinsicht unfreundlich zu sein. Als ich im Lager eintraf, fand ich bereits die Schwarzen dort. Sie waren ziemlich ungestüm eingedrungen, wahrscheinlich, da von meinen Gefährten nur wenige anwesend gewesen waren. Diese hatten versucht, sie in guter Stimmung zu erhalten, indem sie ihnen auf ihre Fragen nach unserer Natur und unserm Vorhaben Auskunft ertheilten. Von jenen war eine der sonderbarsten die, ob die Ochsen unsere Weiber wären. Dies ereignete sich am letzten Abend. Des Morgens kehrten sie in großer Anzahl zurück und erkletterten die Bäume auf der anderen Seite des Bachs, um zu sehen, was wir im Lager vornähmen. Es war nöthig, ihnen unsere Überlegenheit zu zeigen, was wir dadurch zu thun versuchten, daß wir nach einem Habicht schossen, von denen eine Menge auf den nahestehenden Bäumen saß. Der Schuß mißglückte aber, und die Eingeborenen beantworteten den Knall des Gewehrs mit lautem Gelächter. Als wir jetzt jedoch von unserem Ausfluge zurückkehrten, wurden sie ruhig. Ich warf ihnen eine zinnerne Büchse hinüber, wofür sie mir eine Menge gerösteter Nymphäen-Früchte gaben. Es scheint, als ob die Samenkapseln und das Rhizom der Nymphaea die Hauptnahrung der Eingebornen ausmachte. Sie zogen sich bald darauf zurück. Herr Roper brachte traurige Nachrichten. Indem er an dem steilen Ufer des Flusses entlang geritten, war sein Pferd, unfähig auf dem lockeren Gestein Fuß zu fassen, gestürzt und hatte sich einen Schenkel gebrochen. Wir erschossen in derselben Nacht das Pferd. Ich schlug meinen Gefährten vor, da das Thier jung und gesund war, das Beste vom Fleisch zu verbrauchen, weil es außerdem dazu beitrug, die Ochsen noch zu sparen. Die Leber des Pferdes und die Nieren schmeckten so gut wie die von den Ochsen.

Mai 7. – Das Fleisch schnitten wir in Streifen und trockneten es. Obwohl man einigen Widerwillen gegen dasselbe hatte, war es sehr schwer, es von dem Ochsenfleisch zu unterscheiden.

Mai 10. – Wir hatten vom letzten Lager noch keine halbe Meile zurückgelegt, als wir unsere Glocke vermißten und fanden, daß Charley vergessen, sie dem Pferde um den Hals zu hängen und liegen gelassen hatte. Herr Calvert und Brown kehrten zurück, um sie zu suchen. Sobald sie die Stelle erreicht, wo sich das Lager befunden hatte, sahen sie die Eingebornen, welche jeden Theil desselben genau untersuchten, sich indes auf die andere Seite des Flusses zurückzogen, sobald sie die Reiter erblickten. Sobald diese die Glocke gefunden hatten und sich mit ihren Pferden umwendeten, folgten ihnen die Eingebornen und schleuderten ihnen drei Speere nach – ob aus Muthwillen oder feindlicher Absicht, kann ich nicht wissen, glaube jedoch das erstere. Jedenfalls war es eine Warnung für uns, ihnen nicht zu sehr zu trauen.

Roper betraf heut ein ernster Unfall, welcher ihn beinahe das Leben gekostet hätte. Es war ein gewöhnlicher Gebrauch, daß wir die Pferde, um sie zum Stehen zu bringen, wenn wir sie einfingen, beim Schwanze festhielten. Als er dies mit dem Pferde, das jetzt noch nicht an ihn gewöhnt war, that, schlug das Thier nach ihm und traf ihn mit beiden Füßen an der Brust. Glücklicher Weise erholte sich Roper von seiner vorübergehenden Schwäche wieder, litt jedoch mehrere Tage an äußerlichen Schmerzen.

Mai 11. – ... Nachdem wir das Pfingstfest mit Fettkuchen

und Thee mit Zucker gefeiert, brach ich mit Charley auf, um die Gegend gegen Westen zu erforschen. Aus der Natur der Steine und des Sandes in dem Bett des Creek schloß ich, daß der Basalt und die Lava verschwunden wären und der Durchgang gegen Westen möglich sein müßte. Ich nannte ihn den *Ameisenhaufen-Creek* der zahlreichen riesigen seltsamen Bauten der weißen Ameise wegen, welche ich von solcher Form und so bedeutender Größe zuvor nie gesehen hatte.

... Es war jetzt 3 Uhr p.m., und meine Schwarzen hatten mich wie gewöhnlich verlassen. Mein Pferd war lahm, und weder das arme Thier noch ich selbst hatten während der letzten Stunden getrunken. Unter diesen Umständen dachte ich daran, sobald als möglich zurückzukehren, obgleich ich sehnlich wünschte, eine der nordwestlichen Bergketten zu erreichen. Nach einer kurzen Rast, welche ich meinem Pferde gönnte, während ich einige Stücke getrocknetes Fleisch verzehrte, trat ich den Rückweg an und hielt gegen 9 Uhr, um das Nachtlager aufzuschlagen. Die Kühle der Nacht erinnerte mich stets an die Annehmlichkeiten eines Feuers. Der starke Thau, welcher fiel, bot meinem Pferde Erquickung, machte es jedoch unangenehm, auf der Erde liegen zu bleiben. Die nöthige Geduld ließ es mich indes überwinden, und ich streckte mich, hungrig und durstig, wie ich es war, an einem großen Eisenrinden-Stamme aus, während mein Pferd, lahm und gekoppelt, seinen Kopf über mich hängen ließ, wenig geneigt zu fressen oder herumzugehen. Am Morgen des 14. brach ich zeitig auf. Ich fand meine alte Spur nicht weit vom Ameisenhügel-Creek wieder. Bei dem Erblicken des Wassers, ohne welches wir volle fünfzehn Stunden zugebracht, eilten ich und mein Pferd gleichzeitig zu demselben und tranken, tranken und tranken immer wieder, ehe ich dazu kam, Feuer anzuzünden und etwas Thee zu kochen, der sich stets heilsam erwies und den Durst schneller stillte als das Wasser allein.

Jäger mit erbeuteter Schlange

In der Nähe des großen Wasserbeckens, an welchem ich hielt, befand sich eine frühere Lagerstelle Eingeborner. Diese Gegend ist ohne Zweifel stark mit Wasserstellen versehen, da diese aber durch keinen fließenden Canal verbunden sind, so wird der Reisende, geschieht es nicht durch Zufall, wenige derselben finden.

Indem ich an dem Ameisenhügel-Creek entlang zurückkehrte, traf ich einige eingeborne Männer vor ihren Gunyas (Hütten) sitzend, keine hundert Schritte von mir entfernt. Sie blieben still und bewegungslos stehen gleich den schwarzen

Baumstämmen neben ihnen, bis die ihnen unbekannte Erscheinung herangekommen war. Nach Sonnenuntergang, gerade als ich meinem Pferde den Sattel abnehmen wollte, hörte ich einen Ruf. Ich konnte es nicht für rathsam halten, in der Nachbarschaft der Eingebornen zu lagern, und fing an, die Gurte wieder fester zu schnallen, als sich der Ruf wiederholte und bald darauf Meister Charley erschien, auf seinem ermüdeten Pferd von den gegenüberliegenden Bergen herabkommend. Er hatte seit dem Morgen des Tages vorher nicht das geringste gegessen und war außerordentlich erfreut, mich zu treffen.

Mai 24. – Heute war der Geburtstag der Königin, welchen wir mit dem von uns Fettkuchen genannten Gerichte feierten. Dies war das einzige leckere Mahl, welches es überhaupt die Möglichkeit gestattete herzustellen. Es wurde aus vier Pfund Mehl und etwas Talg bereitet, dem letzten, welches wir zu diesem Zwecke aufgespart. Dazu ein Topf Thee mit Zucker. Wir besaßen nur noch zehn Pfund Zucker, welchen wir für Krankheitsfälle und festliche Gelegenheiten aufhoben. So nothwendig scheint es der menschlichen Natur zu sein, die Einförmigkeit des Lebens durch bestimmte Tage zu unterbrechen. Wir erfreuten uns dieser Tage noch mehr, als wenn wir von allen Segnungen der Civilisation umgeben gewesen wären, obschon ich offen gestehe, daß die Aussicht auf einen Fettkuchen und Thee mit Zucker uns mehr veranlassen mochte, das Herannahen solcher Festtage sehnlichst zu erwarten. Ich will hier noch einige andere dem Psychologen interessante Thatsachen erwähnen, welche die Wirkungen unseres Einsiedlerlebens und die Einförmigkeit desselben auf unsern Geist äußerten. Während des ersten Theiles unserer Reise war ich in meinen Träumen bei Begebenheiten vergangener Tage, in der Gesellschaft der Männer, mit denen ich kurz vor dem Antritt meiner Reise zusammen gelebt hatte. Dann kehrten meinem Geiste frühere Zeiten mit all den phantastischen Beigaben des Traumes wieder. Scenen aus England, Frankreich und Italien schwebten nacheinander an mir vorbei. Dann kamen Erinnerungen aus meinen Universitätsjahren, an meine Eltern und Verwandten und zuletzt die Tage des Knabenalters und der Kindheit – die Zeit, wo der Knabe beim Erblicken des Lehrers erschrickt. Während des letzten Theiles meiner Reise hatte ich gleichsam den ganzen Lauf meines Lebens nochmals durchlebt, und ich war jetzt in meinen Träumen fast unveränderlich in Sydney, indem ich meine Mittel erwog und mir einbildete, daß, obgleich ich das Lager verlassen, ich jetzt mit neuen Hilfsquellen zu demselben zurückkehren müßte, um unsere Reise zu Ende zu führen. Sehr merkwürdig ist es, daß meine Gefährten fast ohne Ausnahme das Ende unserer Reise vorausempfanden, indem sie träumten, sie hätten die Seeküste erreicht und Schiffe getroffen oder sie befänden sich in Port Essington und erfreuten sich der Genüsse des civilisierten Lebens... Während der letzten Augenblicke des Tages oder beim Einbrechen der Nacht, wenn wir um das Feuer saßen, schienen alle meine Gedanken auf den Fortgang und Erfolg unserer Reise gerichtet zu sein. Dies erhielt mich in einem Zustande der Aufregung, indem sie ein Mal Hoffnungen vorspiegelten, wenn man auf einen blauen Berg oder ein entferntes Gebirge zuritt oder den günstig scheinenden Krümmungen eines Flusses folgte, ein ander Mal aber Verzweiflung und alles Ungemach empfinden ließ, wenn man sich dem Fuß von Bergen näherte, ohne Wasser zu finden, das wieder neue Kraft zur Weiterreise verliehen haben würde. Mit gesunkenem Muthe läßt man den Kopf auf die geschwundenen Vorräthe sinken, während das Pferd, durch den übermäßigen Durst unwillig gemacht, an der Seite stampft und versucht, das trockene Gras zu verzehren. Wie oft habe ich mich selbst in den verschiedenen Zuständen der frohesten Hoffnung und des tiefsten Elends befunden, indem ich durstig, des Lebens überdrüssig, im Begriffe, vor Mattigkeit vom Sattel zu sinken, dahinritt. Das arme Pferd, ebenso müde wie sein Reiter, stolperte lahm über jeden Stein, lief kraftlos an den Bäumen an, wobei es meine Knie verwundete! Aber plötzlich wurde der Ton einer Grallina australis, der Ruf eines Kakadus, das Quaken eines Frosches gehört, und die lebhafteste Hoffnung kehrte zurück. Es ist ganz gewiß Wasser in der Nähe! Die Sporen werden dem durstigen Thier in die Seiten gedrückt, das bereits die Vorgefühle seines Reiters teilt und einen lebhafteren Schritt annimmt – und eine Lagune, ein Creek oder gar ein Fluß liegt vor ihm. Das Pferd ist in einem Augenblick abgeladen, gekoppelt und ordentlich gewaschen. Bald ist ein Feuer angezündet, der Theetopf darüber gesetzt, das Fleisch bereitet – und die Wonne des armen Wanderers ist ohne Grenzen.

Mai 26. – Wir setzten die Reise über die meist gebirgige und felsige Gegend fort. Die Höhenzüge selbst bildeten die Ufer des Flusses *Lynd* und traten ebenfalls in sein Bett vor, das nach und nach breiter wurde ... Der Fluß wandte sich mehr gegen Norden und schlängelte sich, nachdem er mehrere Gräben in sich aufgenommen, durch wilde felsige, wenngleich niedrige Berge. Sobald indes der Fluß die Basaltformation ganz verlassen hatte, lagen zu beiden Seiten an ihm weite Ebenen mit hellfarbigem Sandboden. Das Flußbett wurde sehr breit und war mit Sand, Rollsteinen und Geschieben von dem Gestein seines oberen Laufes bedeckt. Ich kam durch eine breite Felsschlucht, die ein von Ost nach West streichendes Gebirge durchschnitt. Zwei Meilen darüber hinaus gegen Nord-West schlugen wir unter 17° 54′ 40″ Breite unser Lager auf.

Indem ich mit Brown durch die Schlucht kam, trafen wir auf ein Lager von Eingebornen. Sobald sie uns erblickten, ergriffen die Männer die Speere und schwangen ihre Waddis, um uns zu erschrecken. Aber dann ließen sie all ihre Habe im

Bewaffnete Eingeborene (Kupferstich von T. Chambers)

Stich und flohen mit wunderbarer Gewandtheit, nur ihre Waffen mit sich nehmend, über die Felsen. Drei Kulimans (Wassergefäße aus fasriger Rinde) waren mit Honigwasser gefüllt. Ich nahm einen tüchtigen Schluck und ließ als Bezahlung einen Messingknopf dafür zurück. Dillis, Fischspeere, ein gerösteter Beuteldachs, eine Patate, Wachs, ein Bündel Theebaum-Rinde und trockene Späne, einige Kiesel, welche mit Menschenhaaren an die Enden von Stücken geknüpft waren und als Messer zum Zerschneiden des Felles und des Fleisches von Thieren gebraucht werden, eine Spindel, um aus Opossumhaaren Schnüre zu drehen, und andere kleine Werkzeuge fanden sich in ihrem Lager. Einer meiner Schwarzen fand in einem Beutel von ihnen einen schönen Bergkrystall, als wir am Tage darauf an der Stelle vorüber kamen. Die armen Leute hatten es bis jetzt jedenfalls nicht gewagt, zurückzukehren. (Es zeigt dies, wie weit der Gebrauch, den Bergkrystall als geheiligt zu betrachten, durch den Continent verbreitet ist. Entweder ist er von Geschlecht zu Geschlecht vererbt worden, oder der Eingeborne war stets geneigt, glänzende Steine zu sammeln, indem er glaubte, daß sie besonders gute Eigenschaften besäßen.)

Von den neuen Sträuchern und Bäumen, welche wir fast bei jedem Schritte trafen, erwähne ich ... den einheimischen Baumwollbaum von Port Essington, dessen prächtige, hellgelbe Blüthen und große, seidenartige Baumwolle enthaltende Kapseln unsere Aufmerksamkeit auf sich zogen... Eine strauchartige Leguminose von vier bis fünf Fuß Höhe mit purpurrothen Blüthen in endständigen langen Trauben würde eine Zierde unsrer Gärten bilden... Beim Weiterreiten erschien eine Bergkette von demselben Charakter nach der andern, in welche die Känguruhs um Schutz zu suchen flohen, wenn wir sie vom Flusse her aufgetrieben hatten. Der rothbrüstige Kakadu besuchte die Stellen, auf denen das Gras vor kurzem abgebrannt war, in großen Schwärmen. Trappen fanden sich auf den kleinen Ebenen zwischen den Basalthügeln in Menge.

Am Abend des 27. Mai schlachteten wir einen Ochsen, der auf der Reise mehr als die andern gelitten hatte, da er unsere Vorräthe trug. Sein bedeutendes Gewicht wurde durch große Rippenstücke vermindert, in denen sich Geschwüre gebildet hatten. Wir wurden sehr mißmuthig gestimmt, als wir nicht einmal soviel Fett fanden, um die Leber braten zu können, welche ein Lieblingsgericht von uns allen war. Das Knochenmark war auch verschwunden. Es war davon eine wässrige Masse übrig geblieben, welche sich, wenn sie über dem Feuer einige Zeit gestanden, um sie auszulassen, in eine gelbe Substanz, im Gechmacke gleich gebackenem Eidotter, verwandelte.

Mai 31. – Wir hatten kaum das Lager verlassen, als große Schwärme Krähen und Milane Besitz davon nahmen, nachdem sie uns ein wahres Gefecht geliefert, während wir das Fleisch getrocknet hatten.

Der Theil der Gegend, in welchem wir uns befanden, bot in meteorlogischer Hinsicht großes Interesse. In der Mitte der Halbinsel York zwischen der Ostküste und dem Golfe und an den Abhängen des letztern, wie sich annehmen läßt, wehten die nördlichen und östlichen Winde nicht, welche sich sowohl am Burdekin als auch auf dem Basalthochlande so regelmäßig nach Sonnenuntergang erhoben. Sie waren durch leichte westliche und östliche Brisen ersetzt, ohne bedeutend fühlbare Bewegung in der Atmosphäre. Westwinde wurden häufig und heftiger. Die windstillen Tage waren sehr heiß. In den bedeutend kalten Nächten thaute es heftig. Charley versicherte, er hätte bei unserm letzten Lager Eis gesehen.

In dem vorigen Lager verbrauchten wir unser letztes Salz.

Der Überfall

Juni 3. – Wir setzten die Reise ungefähr bis acht Meilen weit am Flusse herab fort. Sowie wir uns dem Gebirge wieder näherten, nahm der Wasservorrath auch zu. Jedoch traten die Berge auf beiden Seiten so nahe an die Ufer des Flusses heran und bildeten entweder steile Wände oder so steile Ebenen, daß wir diesen ohne Frage folgen mußten. Wir erstiegen deshalb die Hügel und Berge und kamen mit unsern lahmen Thieren über Strecken mit scharfen Porphyrstücken und krochen gleich Schnecken über die felsigen Hügel und durch die mit Felsbrocken und Geröll angefüllten Schluchten, bis ich es für nothwendig hielt, Halt zu machen und unsere armen Thiere ausruhen zu lassen... Die ganze Strecke der Gebirgsgegend, welche wir während der zwei letzten Tage zurückgelegt hatten, bestand aus Porphyr mit grauen Drusen von Quarz- und Felsspathkrystallen... Wir hatten eine Breite erreicht, welche uns nicht allein gestattete, die glänzenden Gestirne der südlichen, sondern auch die der nördlichen Halbkugel zu sehen, und ich werde nie das schöne Vergnügen vergessen, dessen ich mich erfreute und welches meine Gefährten äußerten, wenn ich sie gegen 4 Uhr morgens rief, damit sie die Ursa major sehen sollten... Jeder Neumond wurde von den Schwarzen mit Furcht begrüßt. Sie wetteiferten darin, die schmale Mondsichel zuerst zu entdecken, und wurden förmlich unwillig, wenn ich meine schwachen Augen vergeblich anstrengte, um den Schimmer seines matten Lichtes an dem prächtigen Himmel zu erblicken, welcher dem Untergang der Sonne folgte. Die Fragen: Wo waren wir beim letzten Neumonde? Wie weit sind wir seit demselben gereist? Und wo werden wir bei dem nächsten sein? – wurden unveränderlich von uns gegen einander wiederholt.

Bei unsern letzten Lagern hörten wir das Geschrei von Ziegenmelkern und den Ruf von Eulen während der ganzen Nacht; und unmittelbar nach Sonnenuntergang das Zirpen einiger Arten von Heuschrecken, deren Ton so metallisch klang, daß wir ihn für das Läuten unserer Glöckchen hielten... Die Bohne des Mackenzie war in dem sandigen Bett des Flusses sehr häufig. Einige von ihren Früchten rösteten und aßen wir, jedoch waren sie zu unverdaulich und verursachten Indigestionen. Herr Phillips zerstieß sie und gebrauchte sie anstatt des Caffees, wie ich sie auch dem Thee vorzog, denn dieser zeichnete sich zu der Zeit nicht durch seine Stärke aus. Ich stellte einige Versuche an, die Wurzeln genießbar zu machen, welche wir in den Lagern der Eingebornen gefunden. Aber weder Rösten noch Kochen mäßigte ihre Übelkeit erregende Bitterkeit. Zuletzt zerstieß und wusch ich sie und nahm das Stärkemehl derselben, welches gänzlich geschmacklos war, sich jedoch in heißem Wasser wie Kartoffelmehl schnell verdickte. Es war genießbar, nur fehlte uns Zucker, den wir uns dazu denken mußten, um es angenehm schmeckend zu machen.

Juni 9. – ... Wir sammelten einige Blüthen vom hängenden Theebaum, welche so viel Honig enthielten, daß sie, mit Wasser aufgegossen, diesem einen angenehmen Geschmack mittheilten. In den verlassenen Lagern der Eingebornen fanden wir häufig große Mengen aufgeweichter Blüthen dieses Baumes, woraus wir sahen, daß jene den Honig der Theebaumblüthen ebenso lieben, wie die Eingebornen auf der Ostküste den einiger Banksia-Arten.

Juni 10. – ... Brown erwies sich uns dadurch sehr nützlich, daß er Enten schoß, welche auf den Wasserhältern sehr zahlreich waren. Zuletzt glückte es ihm, auf einen Schuß sechs, acht oder zehn zu erlegen, welche sich gewöhnlich am Wassersaume zusammendrängen. Kraniche waren sehr zahlreich, jedoch ebenso wie die schwarzen Kakadus äußerst vorsichtig, wenn wir ihnen begegneten. Während wir mit unseren Ochsen durch das hohe Gras kamen, jagten wir häufig eine Menge gemeiner Känguruhs auf, von denen Charley und Murphy mit Hülfe eines Känguruhhundes zwei erlegten.

Juni 14. – ... Wir sahen eine sehr interessante Lagerstelle von Eingebornen, einige zweistöckige Gunyas enthaltend, welche auf folgende Weise errichtet waren: Vier starke gabelige Stangen waren in die Erde gesteckt und trugen in ihren Gabeln die kreuzweise übereinanderliegenden Enden von vier anderen, auf welchen eine hinreichend breite und dicke Schicht Rinde ausgebreitet war, sodaß ein Mann darauf liegen konnte. Über dieser Schicht waren nun noch andere ausgebreitet und bildeten ein gewölbtes Dach, welches

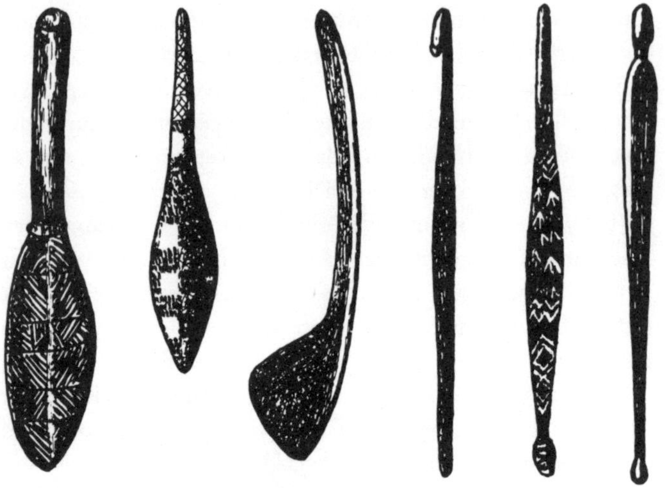

Drei Schlag- und Wurfkeulen; drei Speerschleudern

bequem einige Nässe abzuhalten vermochte. Auf der Seite eines von diesen Bauten wurden die Spuren eines großen Feuers beobachtet, um welches herum Muschelschalen zerstreut lagen. Alle Gunyas, welche wir am Lynd gefunden, waren aus großen Stücken fasriger Rinde der Eukalypte verfertigt, jedoch wurden diese nicht von Gabelstangen getragen, sondern waren krumm gebogen und mit den beiden Enden im Erdboden befestigt.

Juni 16. – Wir verließen den Lynd, an welchem wir uns von 17° 58′ bis 16° 30′ gehalten hatten. Herr Roper berichtete mir, daß der Lynd sehr schmal würde und daß vor der Vereinigung mit dem neuen Flusse seine Ufer sehr zusammenträten. Diesen nahm ich mir die Freiheit nach Sir Thomas Mitchell, dem talentvollen Generalvermesser von Neu-Süd-Wales zu benennen. Das Bett des *Mitchell* war sehr breit, sandig und frei von aller Vegetation, ein Zeichen der häufig wiederkehrenden Fluthen. Durch die Sandfläche wand sich ein schwacher Strom, welcher sich von Zeit zu Zeit in breite Wasserstellen ausdehnte. Der Fluß hatte auch einen geschlängelteren Lauf als der Lynd, welcher gewöhnlich auf weite Strecken dieselbe Richtung beibehielt. Der Mitchell kam von Osten und floß gegen West-Nord-West. Das Ufer war mit Blutholz-Bäumen, den Eukalypten mit der Faserrinde und Buxbaum bestanden. Die Ebenen waren von einem offenen Walde aus der Akazie der Expeditionsberge begrenzt. Der kleine Baum lieferte uns eine ansehnliche Menge hellen amberfarbigen Gummi, welchen wir zuweilen in rohem Zustande oder nachdem wir ihn durch Kochen aufgelöst, aßen.

Gegen Ende der Tagereise kamen wir zu einigen sehr schönen Lagunen, von denen eine mehrere Meilen lang war und wahrscheinlich mit dem Fluß parallel lief. Sie war außerordentlich tief, mit den breiten Blättern der Villarsia und Nymphaes bedeckt und enthielt zahlreiche Fische, welche ihr Dasein durch ein den größten Theil der Nacht hindurch dauerndes, unaufhörliches Plätschern kund gaben.

Als wir unser letztes Lager am Lynd verließen, wurde Murphys Pferd vermißt. Charley brach auf und brachte uns in das neue Lager die betrübliche Nachricht, daß er das arme Thier im Lynd auf dem Sande liegend mit aufgetriebenem Leibe und schleimabsondernden Nüstern gefunden hätte. Es war entweder von einer Schlange gebissen worden oder hatte von einer schädlichen Pflanze gefressen, welche glücklicher Weise von den andern Pferden gemieden worden war.

Unser Fleisch war wieder alles verbraucht. Ich war deshalb genöthigt zu bleiben, um einen unsrer kleinen Stiere zu schlachten. Er schien sehr fett zu sein und erlaubte, daß wir uns unser Lieblingsgericht, nämlich gebackene Leber, bereiteten. Obgleich wir alle wünschten, den Jahrestag der Schlacht bei Waterloo zu feiern, so war uns nichts geblieben, als die vom Zucker durchzogenen Lappen unserer Zuckersäcke. Diese hatten wir jedoch zu diesem Zwecke genommen und ließen sie von dem Thee ausziehen. Unser letztes Mehl war schon vor drei Wochen verbraucht, und an den Genuß eines Fettkuchens war deshalb nicht zu denken.

Juni 19. – Wir lagerten wieder an einer sehr tiefen Lagune. Indem wir an dieser hinabgingen, fand ich eine große Menge Grevillea-Samen. Als ich einige davon aß, fiel es mir ein, daß das Wasser, dem der etwas säuerliche Geschmack mitgetheilt würde, ein angenehmes Getränk geben müsse. Ich sammelte deshalb soviel ich konnte davon und kochte sie ungefähr eine Stunde. Das Getränk, welches sie lieferten, war in jedem Falle das beste, welches wir während unserer Reise genossen. Meine Gefährten waren nun den ganzen Nachmittag emsig beschäftigt, Samen zu sammeln und zu kochen.

Juni 21. – ... Wir trafen einige schöne Lagunen, reich geziert mit den großen prächtigen Blüthen einer weißen Nymphaea, deren Samengefäße einige Familien Eingeborner emsig sammelten. Nachdem die Blüthe auf der Oberfläche des Wassers verwelkt ist, wird das Samengefäß größer und schwerer und sinkt auf den Grund hinab, wo es verfault, daß seine Samen frei werden, um entweder von Fischen und Wasservögeln gefressen zu werden oder neue Pflanzen zu bilden. Die Eingebornen mußten deshalb tauchen, um die reifen Samengefäße zu erhalten, und wir sahen sie beständig unter dem Wasser verschwinden und an der Oberfläche derselben wieder erscheinen. Sie bemerkten uns nicht, bis wir dicht bei ihnen waren. Dann aber eilten sie aus dem Wasser, rafften einige Waffen zusammen und liefen davon, indem sie ihre Ernte an Nymphäensamen liegen ließen. Wir nahmen ein Netz mit Nymphäensamen und ließen dafür ein Stück Eisen zurück. Nach der Rückkehr zum Lager kochten wir die Samen, nachdem wir sie von den Kapseln befreiten. Es waren jedoch noch kleine Theilchen dabei geblieben, welche dem Wasser einen etwas bitteren Beigeschmack verliehen hatten. Da nun dieses Verfahren mißlungen war, wurden die gekochten Samen in Fett geschmort, wonach sie sehr schmackhaft und außerordentlich sättigend waren. Die beste Weise, sie zu kochen, war die von den Eingebornen befolgte, welche die ganze Samenkapsel rösteten.

Des Morgens und Abends war es stets sehr schön. Das Klima wurde von dem keiner Gegend übertroffen, durch welche wir gekommen. Es war ein reizendes Vergnügen, die wechselnden und erbleichenden Tinten des westlichen Himmels nach Sonnenuntergang zu beobachten und bei der erfrischenden Kühle der vorschreitenden Nacht die Sterne mit dem Auge zu verfolgen, wie sie nach und nach erschienen und ihre nächtliche Wanderung antraten. Unser Gesundheitszustand zeigte, welchen Einfluß das Klima auf die menschliche Constitution ausübt. Denn ohne die Bequemlichkeiten, welche der Civilisierte als zum Leben wesentlich nothwendig erachtet, ohne Mehl, ohne Salz, elend gekleidet, befanden wir uns wohl, obgleich wir zuweilen Nachtwachen und viele Beschwerden ertragen mußten. In der Nacht streckten wir uns auf dem Erdboden aus, fast ebenso unbekleidet wie die Eingebornen. Obgleich die meisten meiner Gefährten ihre Zelte noch immer gebrauchten, zeigte es sich später hinlänglich, daß der Mangel dieses Luxusgegenstandes mit keinen üblen Folgen für die Gesundheit begleitet war.

Nicht fern von unserm Lager hörten wir einige gedämpfte Rufe. Sie rührten, wie ich glaubte, von Eingebornen her, welche von ihren Ausflügen zurückkehrten und auf unser Feuer aufmerksam geworden waren. Ich schoß ein Gewehr ab, um ihnen unsere Gegenwart zu zeigen; jedoch hörte ich sie darauf nicht mehr.

Juni 23. – Wir kamen über einige Ebenen mit Bauhinia in voller Blüthe. Der steife Boden dieser Ebenen war hier und da mit sehr regelmäßigen fünf-, sechs- und siebeneckigen Spalten gezeichnet. In diesen Spalten sammelte sich das Wasser der zeitweisen Regengüsse besser als auf dem dazwischenliegenden Raume. Deshalb waren sie mit jungem Grase geschmückt, was diese mathematischen Figuren umso bestimmter hervortreten ließ.

Trappen waren sehr zahlreich. Die Harlekintaube wurde in großen Zügen gesehen. Känguruhs bevölkerten sowohl das hohe Gras der unebenen Gegend in der Nähe des Flusses als auch den Busch. Herr Roper schoß eines, dessen Hinterviertel 13½ Pfund wogen. Palmen waren zahlreich und standen bis zu vierzig und fünfzig Fuß Höhe da. Sie hatten einen in der Mitte verdickten Stamm, welcher nach oben und unten spitz zulief. Der Traubenfeigenbaum und der hängende Theebaum waren wie gewöhnlich vorhanden. Das Flußbett, eine unermeßliche Sandfläche, war vollkommen ein und eine halbe Meile breit; der Strom selbst dagegen nicht dreißig Schritt.

Juni 26. – ... Ich beschloß, den Mitchell zu verlassen, uns der Seeküste wenigstens so weit zu nähern, daß wir an einem leichten Vorwärtskommen nicht zweifeln durften, und dieser am Golfe herum zu folgen. Demzufolge gingen wir ungefähr sieben Meilen weit meist gegen West und schlugen unser Lager auf... Auf den Ebenen war in jeder Richtung Rauch von Feuern der Eingebornen sichtbar, solche sahen wir jedoch nicht. Brown kam einem Fluge Harlekintauben äußerst nahe und schoß zweiundzwanzig derselben, ebenso wurde ein junges graues Känguruh gefangen.

Juni 27. – ... Die Milane waren so keck, daß einer derselben den abgebalgten Körper eines neuen Honigvogels Herrn Gilbert aus einem Zinnkasten nahm. Wenn wir unser Mahl hielten, setzten sie sich auf die Äste der um uns stehenden überhängenden Bäume und schossen auf unser Geschirr herab, um uns etwas von unserem Essen zu rauben, trotzdem wir jenes in der Hand hielten.

Gestern und heut hatten wir einen kalten, trockenen Südwind, welcher bis gegen 11 Uhr a.m. anhielt, sich dann nach Süd-West umdrehte, sich in der Nacht jedoch wieder erhob, die Luft sehr abkühlte und sie trocken machte, sodaß der Thau gänzlich mangelte.

Heute ereignete sich ein Vorfall, welcher mir Sorge verursachte, da ich daraus ersah, daß die Eingebornen dieser Gegend nicht so freundlich gegen uns gesinnt waren, als die, welche wir bisher getroffen. Während nämlich Charley und Brown in der Nachbarschaft unseres Lagers auf die Jagd gegangen waren, bemerkten sie, wie sich ein Eingeborner zu den Ochsen jedenfalls in der Absicht heranschlich, sie einer Gesellschaft seiner schwarzen Genossen zuzutreiben, welche dieselben mit erhobenen Speeren erwarteten. Sobald die beiden diese Absicht entdeckt hatten, eilten sie hinzu, um dem Wegtreiben der Ochsen zuvorzukommen. Der Eingeborne gab ein Zeichen, und sogleich flohen alle davon mit Ausnahme eines lahmen Schwarzen, der die übrigen zu überreden suchte, Stand zu halten und von den Waffen Gebrauch zu machen. Charley schoß indes sein Gewehr ab, was die beabsichtigte Wirkung, sie zu erschrecken, hervorbrachte, und sie flohen.

Juni 28. – ... Am Ende unserer Tagesreise kamen wir an eine Kette seichter Lagunen, welche durch einen Canal in geringer Verbindung standen. Einige davon waren trocken. Da ich befürchtete, wir würden bei Fortsetzung der Reise kein Wasser finden, schlug ich an einer von den Lagunen das Lager auf. Sie enthielt etwas Wasser und war von einem schmalen Gürtel kleiner Theebäume mit steifen, breit lanzettlichen Blättern umgeben. Das Wasser füllte nur den untern Theil des Beckens, weshalb ich unser Gepäck an den obern brachte. Die Herren Roper und Calvert schlugen ihr Zelt in dem Streifen Bäume mit der Öffnung gegen das Gepäck hin auf, während Herr Gilbert und Murphy das ihre unter kleinen Bäumen mit dem Eingange nach dem Lager zu errichteten. Jenes des Herrn Phillips stand wie gewöhnlich

Rückkehr von erfolgreicher Jagd

von den andern getrennt auf der entgegengesetzten Seite des Wassers. Unser Feuer wurde außerhalb der Bäume am Ufer angezündet. Brown hatte sechs Laufenten und vier Krickenten geschossen, welche für uns ein gutes Essen lieferten. Während der Mahlzeit war der Hauptgegenstand unserer Unterhaltung die ungefähre Berechnung unsrer Entfernung von der Meeresküste, da wir hier zum ersten Male Stücke zerbrochener Seemuscheln von der Gattung Cytherea fanden. Nach dem Essen zogen sich die Herren Roper und Calvert in ihr Zelt zurück, und Herr Gilbert, John Murphy und Brown flochten sich aus Palmblättern Hüte, während ich selbst müßig am Feuer stand, ihnen zusah und mich gelegentlich an ihrer Unterhaltung betheiligte. Herr Gilbert freute sich über die Fortschritte, welche er im Erlernen des Flechtens machte. Als er beinahe eine Elle verfertigt, zog er sich mit John ins Zelt zurück. Dies war gegen 7 Uhr. Ich selbst legte mich wie gewöhnlich auf den Erdboden, ein Stück vom

Feuer, hin und verfiel in Schlaf, aus welchem ich plötzlich durch lautes Geschrei erweckt wurde. Ich hörte Calvert und Roper um Hilfe rufen. Eingeborne hatten uns plötzlich überfallen. Ohne Zweifel hatten sie während des Nachmittags unsere Bewegungen beobachtet, sich die Stellung der verschiedenen Zelte gemerkt, sobald es dunkel geworden war, sich an uns herangeschlichen und einen Hagel von Speeren auf die Zelte Calverts, Ropers und Gilberts, einige auf das Phillips und auch ein oder zwei nach dem Feuer geschleudert. Charley und Brown verlangten Mützen, welche ich ihnen eiligst gab, und schossen, sobald sie mit jenen versehen waren, ihre Gewehre auf den Haufen Eingeborne ab. Diese flohen eiligst, hatten aber Roper und Calvert durch Speere verwundet und mit ihren Waddies heftig geschlagen. Einige der Speere waren mit Widerhaken versehen und konnten nur unter den größten Schwierigkeiten herausgezogen werden. Ich hatte viele Mühe, einen aus dem Arm Ropers zu bringen, an welchem ich die Spitze abbrach. Einen andern mußte ich Herrn Calvert aus der Weiche schneiden. John Murphy war es gelungen, aus dem Zelte zu entkommen. Sich hinter einem Baum verbergend, von wo er auf die Wilden feuerte, verwundete er einen derselben schwer, noch ehe Brown abschoß. Da ich Herrn Gilbert nicht sah, rief ich diesen, wonach mir Charley sagte, unser unglücklicher Gefährte sei nicht mehr! Er war mit dem Gewehre sowie Kugeln und Pulver aus seinem Zelte gekommen, hatte dies Charley gegeben und war unmittelbar darauf todt zusammengesunken. Sobald ich diese betrübende Nachricht erfahren, eilte ich nach der Stelle und fand Charleys Aussage nur zu sehr bestätigt. Gilbert lag in geringer Entfernung vom Feuer auf der Erde. Als ich ihn untersuchte, fand ich bald zu meinem Kummer, daß jedes Zeichen von Leben fehlte. Der Körper war indes noch warm, und ich öffnete daher sowohl die Venen an beiden Armen als auch die Temporalis – jedoch vergebens; sein Leben war erloschen, und er gehörte zu den Todten.

Sobald wir uns vom Schrecke erholt, in welchen wir durch dieses unglückliche Ereignis versetzt worden waren, beobachteten wir jede Vorsicht, einem andern Überfalle vorzubeugen. Die Nacht hindurch blieben wir wach und löschten das Feuer aus, um den Eingebornen unsern Aufenthaltsort zu verbergen.

Ein heftiger Wind, welcher die Nacht sehr kühl machte, wehte von Süden her. Es war, als bliese uns derselbe durch und durch. Unter all diesen Übelständen, welche uns betrafen, verbrachten wir die lange Nacht in einem Zustande der peinlichsten Ungewißheit über das Schicksal unsrer am Leben gebliebenen Gefährten. Herr Roper hatte drei oder vier Lanzenstiche in die Kopfhaut erhalten. Ein Speer war ihm durch den linken Arm, ein anderer unter dem Jochbein in die Backe gedrungen, hatte die Augenhöhle getroffen und den Augennerv verletzt, sowie ein dritter in die Lende, abgerechnet einer Menge Schläge auf die Schultern. Herr Calvert hatte einige sehr heftige Waddie-Schläge erhalten, von welchen einer das Nasenbein, einer den Ellbogen und noch einer den Rücken seiner Hand getroffen, wie ihn außerdem ein Speer mit Widerhaken über der Hüfte und ein gleicher an einem Knie verwundet hatte. Man kann sich darnach leicht denken, daß beide heftige Schmerzen litten und kaum im Stande waren sich zu bewegen. Der Speer, welcher dem armen Gilbert das Leben gekostet hatte, war ihm zwischen dem Schlüsselbeine und dem Halse in die Brust gedrungen, obwohl er nur eine so unbedeutende Wunde gemacht hatte, daß wir sie zuerst gar nicht entdecken konnten. Der Richtung der Wunde nach zu urtheilen, hatte Gilbert den Lanzenstich erhalten, indem er sich gebückt, um das Zelt zu verlassen.

Der Anbruch des nächsten Morgens als am 29. war äußerst

willkommen. Ich fuhr fort, die Wunden meiner Gefährten sorgfältiger zu untersuchen und zu verbinden, als ich es in der Dunkelheit der Nacht hatte thun können.

Des Morgens hörten wir sehr zeitig das Rufen der Eingebornen, welche zu wehklagen schienen, denn einer aus ihrer Mitte war entweder getödtet oder schwer verwundet, wie es die Blutflecken zeigten, welche wir bei ihren Spuren fanden. Sie zogen sich indes sehr bald zurück, denn als ich mich um unsern Haltplatz umsah, bemerkte ich nichts mehr von ihnen. Am Nachmittag beerdigte ich die Leiche unseres unglücklichen Gefährten und hielt die Grabrede der Englischen Kirche über ihn. Über dem Grabe wurde später ein großes Feuer angezündet, um zu verhüten, daß es die Eingebornen entdeckten und die Leiche wieder ausgrüben. Unser Vieh und die Pferde waren glücklicher Weise nicht beunruhigt worden.

Der kalte Südwind hielt den ganzen Tag an. Gegen Nacht legte er sich. Es blieb nun bis zum Morgen des 30. Juni ruhig. Dann erhob sich ein heftiger Ostwind, welcher sich später gegen Nord- und Nord-West herumwendete.

Calvert und Roper erholten sich wunderbar schnell, wenn man die schweren Verletzungen, welche sie erhalten hatten, in Betracht zieht; und die Wunden, von welchen ich befürchtete, daß sie sehr gefährlich wären, versprachen bei Geduld und durch Sorgfalt zu heilen. Da es gewagt war, lange an der Stelle zu bleiben, denn die Eingebornen konnten in größerer Zahl zurückkehren und ihren Angriff sowohl auf uns selbst als auch auf unsere Thiere wiederholen, beschloß ich weiterzugehen und zu versuchen, ob es meine verwundeten Gefährten würden ertragen können, zu Pferde fortgebracht zu werden. In einem solchen Falle, wo das Leben aller gefährdet war, konnten die besonderen Gefühle und Wünsche der Leidenden unmöglich allein berücksichtigt werden. Ich fühlte für ihre Lage das größte Mitleid, welches man für seine

Mitgeschöpfe unter solchen Umständen nur hegen kann. Ich mußte, abgesehen davon, den Stand der Wunden untersuchen und auf die Folgen des täglichen Reisens, auf die Gesundheit der Leidenden Acht haben, entscheiden, wann wir die Reise fortsetzen oder etwas Halt machen konnten. Ich hatte Ursach zu erwarten oder war sanguinisch genug zu hoffen, daß, obgleich die jetzigen heftigen Schmerzen sie über meine Anordnungen mißgestimmt machten, sie sich doch genöthigt sehen würden, am Ende der Reise bei der Rückerinnerung jenen Gerechtigkeit widerfahren zu lassen.

Die beständige Aufmerksamkeit, welche sie erforderten, und die vermehrte Arbeit, welche unsrer geringen Zahl zur Last fiel, hatten mir kaum Zeit gelassen, über den Unglücksfall, welcher uns betroffen, und den unzeitigen Tod unseres unglücklichen Gefährten nachzudenken. Alle Spannkraft unseres Geistes war erregt. Wir befanden uns selbst in Gefahr und es war nothwendig, wir mußten jede Sehne anspannen, uns derselben zu entziehen. Ich war dessen gewiß, daß das Werk um so besser gelingen würde, mit je kühlerem Blute wir daran gingen.

Heilige Hölzer und Steine, die als magisches Tauschgut dienen

Weitermarsch mit den Verwundeten

Juli 1. – Wir verließen das Lager, in welchem Herr Gilbert ermordet worden war, und setzten die Reise in allem ungefähr vierzehn Meilen weit bis zu 16° 6′ Breite fort... Die Ebenen sowohl wie die Erhebungen waren mit thurmähnlichen Ameisenhügeln bedeckt, die entweder einzelne spitze Kegel von drei bis fünf Fuß Höhe und kaum einen Fuß Breite an der Basis bildeten oder in Reihen wie Gebäude von wunderbarem Aussehen dicht neben einander standen. Die Richtung der Reihen schien auf weite Strecken durch die Gegend hin dieselbe und von jener der vorherrschenden Winde abhängig zu sein.

Juli 5. –... Nachdem wir die Ebenen überschritten, kamen wir zu breiten Sandflächen, welche mit niedrigen verkrüppelten Theebäumen und einer stets in der Nähe von Salzwasser wachsenden Hakea bestanden waren. Der Sand war mit Salz inkrustiert und hier und da mit Haufen Cytherea-Schalen bedeckt. Jenseits der Sandgegend sahen wir eine dichte grüne Linie Mangrovebäume, welche sich an einem Salzwasser-Creek hinzogen. Brown erlegte in demselben, während wir ihm folgten, die erste Seebarbe mit einem Speere. Darauf kamen wir zu einem schönen Salzwasserflusse, dessen Ufer mit offenem graserfülltem Walde bedeckt, nur von seichten, armseligen und sandigen Creeks durchbrochen war. Die Fluth drang durch schmale Canäle in dieselben. Von den Springfluthen wurde sie wahrscheinlich gänzlich gefüllt. Da wir längs des Flusses kein Süßwasser fanden, ging ich einen der Creeks hinauf und fand Becken mit solchen, jedoch nicht im Bett desselben, sondern mit ihm parallel, kaum eine Meile vom Flusse entfernt. Als wir über die Ebenen kamen, schien der ganze Horizont von dem Rauche der verschiedenen Feuer der Eingebornen eingenommen zu sein, und indem wir uns dem Flusse näherten, bemerkten wir mehrere stark betretene Pfade derselben. Denn in der Nähe der Seeküste, an welcher der Vorrath von Lebensmitteln stets größer und sicherer ist, wurden die Schwarzen auch gewöhnlich in größerer Zahl und bedeutenderen Gesellschaften getroffen.

Der erste Anblick von Salzwasser des Golfs wurde von uns allen, von keinem jedoch mehr als von mir selbst, mit Gefühlen des unbeschreiblichsten Vergnügens begrüßt, denn ich glaubte sanguinisch genug, daß der schwierigste Theil meiner Reise überstanden wäre, wenngleich ich meine Gesellschaft noch nicht glücklich zum Ende der Reise geführt. Wir hatten jetzt einen Verbindungslandweg zwischen der Ostküste Australiens und dem Golfe von Carpentaria entdeckt, hatten nie ohne, sondern größtentheils sogar an fließenden Gewässern unsre Reise zurückgelegt, durch eine ausgezeichnete Gegend, welche fast in ihrer ganzen Ausdehnung für Viehzucht geeignet ist. Durch die Länge der Zeit, welche wir in der Wildnis zugebracht, war die Mehrzahl meiner Begleiter augenscheinlich mißtrauisch gegen mich geworden, ob ich fähig sein würde, sie zum Ziele der Reise zu bringen, und der verzweifelnde Ausspruch: »Wir werden Port Essington nie erreichen« wurde von mir während ihrer schwermüthigen Unterhaltung zu oft gehört, als daß er als Scherz gelten konnte. Meine Leser werden es leicht begreifen, warum Browns freudiger Ausruf: »Salzwasser« von der ganzen Gesellschaft mit einem lauten Hurrah erwidert wurde und warum für den Augenblick alle Trübsal, alle Beschwerden und Entbehrungen, welche wir erduldet, fast so vollständig vergessen waren, als hätten wir das Ende der Reise erreicht.

Juli 6. – Wir blieben den ganzen Tag im Lager, um den

Auf Schildkrötenfang

armen Thieren einige Rast zu gönnen, denn diese waren durch unsere letzten starken Tagereisen sehr mitgenommen worden.

Juli 9. – ... Die Ebenen waren schön mit Gras bewachsen oder zum Theil mit Euphorbie, welche von unseren Pferden und dem Vieh gefressen wurde. Der Apfelgummi, welchen wir längere Zeit vermißt hatten, trat wieder auf, von einem andern weißen Gummi mit langen schmalen Blättern begleitet, und ein kleiner grüner Baum, welchen wir längs des Baches dicht wachsend fanden, hatte Holz von brauner Farbe, im Geruche dem Himbeergelee ähnlich. Nach dem Verbrennen erzeugte die Asche desselben eine sehr scharfe Lauge, welche ich verwendete, wenn ich die Wunden meiner Gefährten verband. Dieser Baum wurde an allen Flüssen und Creeks rings um den Golf in großer Menge und ebenso, wenn auch weniger häufig, in Arnhems Land gefunden, breitete sich jedoch nie bis zum Salzwasser aus.

Wir durchschritten ein Buschfeuer, welches, kurz bevor wir zum Creek kamen, ausgebrochen war, ohne daß wir die Brandstifter bemerkt hätten ... Indem wir um halb ein Uhr gegen Süd-West unsern Weg fortsetzten, kamen wir zum *Van Diemen,* welcher in Arrowsmiths Karte unter 17° Breite eingezeichnet ist. Er war siebzig bis achtzig Schritte breit, hatte steile Ufer und ein sandiges Bett und enthielt einzelne Wasserlachen, welche von Polygonum umgeben, äußerst schlammig waren. Mein Pferd blieb in dem Moraste stecken und konnte nur unter großen Schwierigkeiten herausgezogen werden.

Unsere Fleischsäcke waren leer, und von Wild war nicht eine Spur da, weshalb ich beschloß, eine passende offene Stelle zu suchen, um unsern letzten kleinen Stier zu schlachten.

In dem Bett des Van Diemen sahen wir einige ziemlich gut erbaute Hütten von Eingebornen. Sie waren aus Ästen in

Form eines Vogelbauers errichtet und mit Gras und der Rinde des hängenden Theebaums bedeckt. Die Stelle, an der wir lagerten, war von den Eingebornen häufig zu demselben Zwecke benutzt worden. Unsere Aufmerksamkeit wurde besonders durch einen Haufen Spreu erregt, aus welcher die Eingebornen bereits den Samen gewonnen zu haben schienen.

Die Milane waren äußerst verwegen und zudringlich. Gestern reinigte ich das innere Fett einer Trappe, um es über heißer Asche auszulassen, wobei mir der Gedanke an das leckere Mahl schon den Mund wässrig machte; aber o weh!, während ich es in der Hand hielt, schoß ein Milan herab und raubte es mir, indem er sofort von einem Dutzend seinesgleichen verfolgt wurde, die darnach trachteten, ihm die Beute wieder abzunehmen.

Wir schlachteten unsern kleinen Stier am Abend des 10., schnitten am Tage darauf das Fleisch in Streifen und hingen es in einem Känguruhnetze auf. Der Wind wehte frisch, die Sonne brannte, und unser Fleisch trocknete ausgezeichnet. Während wir in voller Arbeit waren, erschienen einige Eingeborne. Ich hielt ihnen als Friedenszeichen einen grünen Zweig entgegen, als sie es, obgleich mit augenscheinlichem Argwohne, versuchten, ein Gespräch anzuknüpfen. Sie waren klein und meist von schwächlichem Körperbau. Browns Hut untersuchten sie und drückten ihr starkes Verlangen aus, ihn behalten zu dürfen. Brown bestieg mit dem Wunsche, sie zu überraschen, sein Pferd und begann zu traben, wodurch sie so in Schrecken gesetzt wurden, daß sie davonliefen und nicht wiederkehrten. Einer von ihnen hatte eine eigenthümliche, zierlich gearbeitete Waffe, aus einem langen, hölzernen Stiele bestehend, an dessen Ende ein scharfes Stück Eisen, ähnlich einer Lanze, befestigt war. Das Eisen hatten sie wahrscheinlich von Malayen erhalten, denn diese besuchen den Golf des Trepangs (Holothuria edulis) wegen häufig. Einige ihrer Speere waren mit Widerhaken versehen.

Juli 12. – ... Wir kreuzten einen kleinen Fluß, welcher gegen Nord bei West floß. Er hatte ein breites, sandiges Bett mit zahlreichen Wasserlachen und steile Ufer. Ich nannte ihn *Gilbert* nach meinem unglücklichen Gefährten.

Juli 14. – ... An dem zweiten Creek trafen wir einen frühern Lagerplatz von Eingebornen, an welchem wir einen Zaun von trockenen Ästen und mit ihm parallel, wahrscheinlich windwärts von ihm, eine Reihe Feuerstellen bemerkten. Außerdem standen hier drei Hütten in Form von Bienenkörben, welche sehr dicht mit trockenem Grase und Theebaumrinde bedeckt waren. Ihr einziger Eingang war so klein, daß kaum ein Mensch hindurchzukriechen vermochte. Sie hatten vier bis fünf Fuß Höhe und acht bis zehn Fuß im Durchmesser. Eine der Hütten hatte Stockwerke gleich denen, welche ich an den Ufern des Lynd bemerkte. Es scheint, als ob die Eingebornen diese Wohnungen während der nassen und kalten Jahreszeit benutzten und bei schönem Wetter unter freien Himmel lagerten.

Wir schossen ein braunes Känguruh und eine Trappe, wodurch wir unser Fleisch sparten. In dem Bett eines unansehnlichen Creek an einem schönen langen Wasserbecken schlugen wir unser Lager auf.

Juli 15. – Herrn Ropers Übel verschlimmerte sich so sehr, daß er nicht mehr im Stande war, seine Beine zu bewegen, und wir uns genöthigt sahen, ihn von einem Platze zum andern zu tragen. Deshalb verweilte ich hier zwei Tage, um ihm einige Erholung zu verschaffen.

Juli 17. – Wir kamen ungefähr zehn Meilen weit Süd 55° West über eine fast ununterbrochene Buxbaum- und Melelauca-(Theebaum-)Ebene, welche frei von Melonengruben und Sümpfen, jedoch voll von Löchern war, in denen unsere Pferde und Ochsen bei jedem Schritte stecken blieben, so daß dadurch unsern verwundeten Gefährten Schmerzen verursacht wurden.

Charley machte mir eine charakteristische Schilderung von der Gegend, aus welcher er von einem Jagdritte zurückgekehrt: »Es ist eine erbärmliche Gegend! Nichts zu schießen, nichts zu sehen außer Buxbäumen und Ameisenhügeln.« Der Buxbaumwald war jedoch äußerst licht und das Gras sehr gut. Die Ansiedler würden wahrscheinlich eine ganz andere Meinung über ihre Eigenschaften gehabt haben.

Juli 18. – Ungefähr fünf Meilen weit vom Lager kamen wir zu Salzwasserbuchten, welche dicht von Mangrove umgeben waren, während sich von ihren Ufern aus Sandebenen ausdehnten. Jene waren mit Salz inkrustiert. Charley ritt durch den trockenen Mangovebusch und kam zu einem sandigen Gestade, den unermesslichen Ocean vor sich. Wir mußten einen weiten Weg gegen Ost und SSO zurücklegen, um aus dem Bereiche des brackigen Wassers zu kommen und gelangten zuletzt zu einigen grasbewachsenen Sümpfen mit hinlänglichem Vorrath von süßem Wasser. Charley war heut merkwürdig glücklich. Er fing einen Emu und schoß vier Krickenten, ein braunes Känguruh und ein Riesenkänguruh... Die Emus fressen hier die Frucht des kleinen Severn-Baumes, welche so außerordentlich bitter ist, daß sie diese Eigenschaft dem Fleische, dem Magen und dem Fette jener mittheilt.

Juli 20. – An diesem Morgen hatten sich die Ochsen weiter als gewöhnlich entfernt. Während wir auf dieselben warteten, erschienen auf den dem Lager gegenüberliegenden Felsen einige Eingeborne, von denen mir einer winkte, zu ihm hinzukommen. Sie hatten in der letzten Nacht kurz nach dem Aufgange des Mondes unser Lager beobachtet, weshalb von mir Brown der Auftrag ertheilt worden war, sein Gewehr abzuschießen, um sie wegzutreiben. Sie beunruhigten uns jedoch nicht weiter und blieben an einer benachbarten Lagune, da sie deutlich sahen, daß sie von uns nichts zu befürchten hätten. Als mich der unerschrockene Wilde aufforderte, zu ihm zu kommen, zögerte ich zuerst, denn sie konnten uns überfallen, wenn wir unsere Ochsen beluden. Da die Thiere aber noch nicht erschienen, nahm ich meine Reisetasche mit einigen eisernen Nasenringen und ging auf ihn zu, indem ich Brown mit einem Doppelgewehre bewaffnet in einiger Entfernung folgen ließ. Nach vielem Bedenken näherten sich mir vier von ihnen. Ich machte ihnen Geschenke, wodurch ihr Zutrauen erlangt wurde, und sie fingen an, meine Kleider, meine Taschenuhr und dergl. zu untersuchen und zu bewundern. Es ist sonderbar, daß die Eingebornen stets am meisten über unsere Hüte erstaunten. Als die Ochsen kamen, kehrten wir von den Eingebornen begleitet zum Lager zurück. Nach den Zeichen, welche sie von unserer Freundschaft empfangen, schwand bei ihnen alle Furcht, und als wir aufbrachen, schlossen sie sich unserem Zuge an und führten uns auf ihrem Pfade (Yareka) längs des Salzwassercreek (Yappar). Sie bewunderten unsere Pferde und Ochsen außerordentlich, am meisten aber unsern Känguruhhund. Ihr Staunen drückten sie durch ein eigenthümliches Schnalzen oder Klatschen mit der Zunge und den Lippen aus. Der schöne Fluß veränderte sich bald in einen Salzwassercreek, welcher aus Süd bei West kam. Wir trafen sehr schöne steinige Lagunen unterhalb des steilen Abhangs einiger niedriger Sandsteinhügel, deren Gipfel offen mit Holz bestanden waren, während Dickichte des kleinen Severnbaumes sie selbst umgaben. Auf den Ebenen, welche die Hügel von dem Creek trennten, wuchsen Buxbaum, der kleine Brotbaum, Blutholz und Pandanus. Die Mangrove verschwand, und der hängende Theebaum nahm seine Stelle ein. Einige Felsdämme durchschnitten den *Yappar*, welches der Name, mit dem ihn die Eingebornen bezeichneten, zu sein schien. Jedoch war nur einer breit genug, daß er uns erlaubte, den Fluß glücklich mit unsern Pferden und Ochsen zu

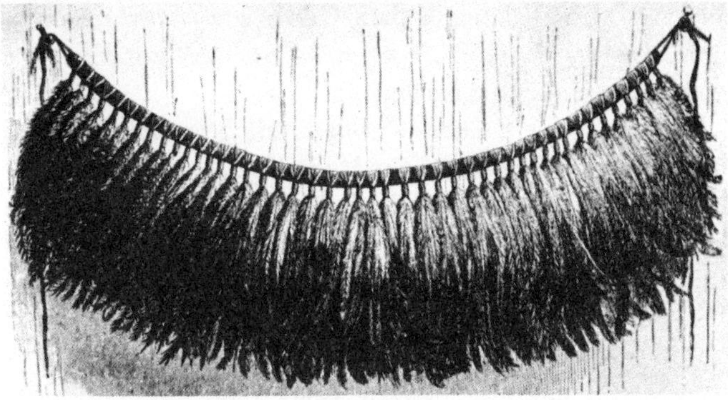

Lendenschurz aus Straußenfedern

überschreiten. Wir verließen unsere schwarzen Freunde. Sie schienen sehr zu wünschen, uns die ganze Gegend zeigen zu können und uns zu ihrem Stamme zu führen, der wahrscheinlich sehr zahlreich war. Nachdem wir den Creek gekreuzt hatten, kamen wir in eine undulierende hügelige Gegend ... Wir legten volle dreizehn Meilen ohne Wasser, ja ohne einen deutlichen Wasserlauf zurück, trafen einige trockene von Terminalia beschattete Wasserstellen und sahen einige Akazien von fünfundzwanzig und dreißig Fuß Höhe mit schlankem Stamme und zierlichem hängendem Laube. Wir hatten fünf und eine halbe Meile zurückgelegt, als Herr Roper mehrmals klagte, daß er unfähig sei weiter zu reisen. Ich suchte ihn indes zu ermuthigen, und wir erreichten auch bei Sonnenuntergang einen Creek; aber derselbe war trocken. Obgleich wir nun bis zum Dunkelwerden an seinem gewundenen Laufe herabgingen und zu beiden Seiten tiefe Gruben sahen, obgleich wir aus frischen Brandstellen entnehmen konnten, daß vor kurzem Eingeborne hier gewesen waren, fanden wir doch kein Wasser und waren genöthigt, unser Lager ohne solches aufzuschlagen. Wir fesselten deshalb unsere Pferde und banden sie an. Die Ochsen wurden bewacht. Charley folgte dem Creek eine weitere Strecke abwärts, um Wasser zu suchen, kehrte aber zurück, ohne welches gefunden zu haben.

Juli 21. – Indem Charley nach unsern gefesselten Pferden ausritt, kam er, ungefähr zwei Meilen NO von unserm Lager entfernt, zu einem andern Graben mit wohl gefüllten steinigen Wasserbecken. Sobald er diese angenehme Nachricht brachte, beluden wir unverzüglich unsere Ochsen und begaben uns nach jenen, an welchen, wie es schien, ganz kurz vorher Eingeborne gewesen waren.

Während der zwei letzten Tage wehte der Wind des Vormittags aus Süden und des Nachmittags aus Westen. Die Nächte waren ruhig und hell, aber sehr kalt.

Herr Calvert hatte sich glücklich so weit erholt, um seine Verrichtungen wieder selbst übernehmen zu können. Auch mit Herrn Roper hatte es sich trotz der Beschwerden des letzten langen Marsches etwas gebessert.

Juli 22. – Die letzte Nacht war schön, hell und ruhig bis zur Mitternacht, als sich ein kalter Südwind erhob, welcher uns alle vor Kälte schaudern machte. Ich hatte weder seit der Nacht, in welcher Herr Gilbert ermordet wurde, noch seit wir den obern Lynd und das Tafelland des Burdekin verlassen, so sehr gefroren.

Seit Gilberts Tod waren im Lager andere Anordnungen getroffen worden. Ich wählte stets einen ganz offenen Platz, hinlänglich von jedem Busche oder Dickichte entfernt, auch wenn wir eine ansehnliche Strecke nach Wasser gehen mußten. Unsere Packsättel wurden in zwei gleichlaufenden Reihen dicht nebeneinander nach der Seite hin aufgestellt, von welcher ein Angriff der Wilden vermuthet werden konnte. Hinter dieser Art Bollwerk, welches selbst hinreichenden Schutz gegen die Speere der Wilden gewährt haben würde, schliefen wir. Müde, wie wir es gewöhnlich waren, zogen wir uns bald auf unser Lager zurück. Charley übernahm die erste

Wache von sechs und ein halb bis neun Uhr. Brown, Calvert und Roper folgten der Reihe nach, während ich den Theil der Nacht übernahm, welcher am passendsten war, die Höhe zu messen. John Murphy hatte seine Wache von fünf bis sechs. Gewöhnlich fesselten wir drei Pferde und ließen eins aufgezäumt. Nachdem diese Anstalten getroffen, schliefen wir so sorglos und ruhig als je. Ich wußte mich sicher, so lange unser Pferd mit dem Glöckchen und vielleicht noch ein anderes um uns herumgingen. Denn die Eingebornen hielten unsere Thiere für große Hunde und hatten häufig gefragt, ob sie bissen, was ich natürlicherweise bejahte, sodaß sie uns selbst auf einen Schutz aufmerksam machten, an welchen ich sonst nicht gedacht haben würde.

Juli 24. – Kurz bevor wir an diesem Morgen aufbrachen, sahen wir auf der Ebene einen Trupp von dreizehn Emus. John und Charley verfolgten sie mit dem Hunde und erlegten einen alten, der jedoch den armen Spring stark am Halse verwundete. Als wir mit dem Zuge dazugekommen waren, kehrten die zwölf Jungen zurück, um ihre Mutter zu suchen, auf welche Brown und Spring wieder Jagd machten und von denen sie zwei erlegten. Nachdem wir das Lager errichtet, schnitten wir das Fleisch in Stücke und trockneten es an Streifen von frischen Haut. Die Knochen, die Köpfe und Hälse wurden gedämpft. Sonst warfen wir Kopf, Magen und das Fett weg. Aber die Nothwendigkeit hatte uns sparsam gemacht und die Erfahrung gelehrt, daß das Fett des jungen Emus ebenso gut und geschmeidig wie das Rindsmark wäre. Ich sammelte in den ausgetrockneten Salzgruben etwas Salz.

Juli 25. – Wir erreichten einen Salzwasser-Creek, welchen wir an einem Fischplatze der Eingebornen kreuzten. Bald darauf kamen wir zu einem andern seichten halb ausgetrockneten Salzwasser-Creek, dessen trockene Stellen mit einer dicken Salzkruste bedeckt waren. Als unsere Ochsen den einen überschreiten sollten, weigerten sie sich sehr. Nachdem

Vogeljagd mit Wurfstöcken (nach G. Wood)

wir dies verworrene Netz sumpfiger Canäle hinter uns hatten, kamen wir auf eine unermeßliche Ebene, auf welcher hin und wieder in großer Entfernung voneinander Waldstellen auftraten. Sie war schön begrast. In der Ferne sahen wir eine ausgedehnte Linie, welche Charley als die See erkannte, und dessen scharfes Gesicht war von allen anerkannt.

Ungefähr zwei Meilen vom letzten Lager trafen wir einen Stamm Eingeborner in einer Wasserstelle fischend, an der bereits eine bedeutende Menge großer und kleiner Fische aufgehäuft lagen. Die Männer erhoben einen fürchterlichen Lärm, durch welchen unsere Ochsen scheu gemacht wurden, und eilten zu der Stelle, wo sich ihre Weiber befanden. Nachdem wir vorüber waren, folgten uns die Eingebornen. Ich kehrte nun zu ihnen zurück und hing einen Nasenring an den Ast eines kleinen Baumes auf. Dies Zeichen einer freundlichen Gesinnung von meiner Seite machte sie dreist, sodaß sie sich mir näherten und ein Gespräch anzuknüpfen versuchten. Ich stieg deshalb vom Pferde und trug ihnen, von Charley begleitet, einige leere Theebüchsen von Zinn hin, über welche sie höchst erfreut waren. Es waren sämtlich hübsche Leute. Drei oder vier alte Männer mit grauen Bärten befanden sich bei ihnen. Sie führten einen hübschen Knaben mit einem Netz auf dem Kopfe und einem Federkiel durch die Nase zu mir, welchen sie »Yappar« nannten. Er war wahrscheinlich ein junger Mensch von dem Yappar-Stamme, welcher ihn als Botschafter hergesendet hatte, um sich uns, während wir durch die Gegend kamen, anzusehen. Als er meine Uhr sah, zeigte er nach der Sonne. Ebenso schien ihm der Gebrauch meiner Gewehre bekannt zu sein.

Etwas weiter am Creek hinauf sahen wir einige Gunyas von Eingebornen...

Ich fand das breite Bett des Creek als eine Masse des reinsten und weißesten Salzes. Stücke davon hatten sich an Grasstengeln krystallisiert, welche vom Winde in das Wasser getrieben worden waren. Etwas weiter im Creek hinauf lag eine große Lache voll solcher Stücke, und wir sammelten in weniger als zehn Minuten mehr davon, als wir für den Rest unserer Reise bedurften.

Es hätten hier in kurzer Zeit Schiffsladungen des schönsten Salzes gesammelt werden können, wozu es nur nöthig gewesen wäre, es zu trocknen und unter Dach und Fach zu bringen, bis es fortgeschafft würde.

Am Mondschein-Creek

August 2. – Die Eingebornen schienen das Gras, besonders an jedem Wasserlaufe und rings um die Becken, abgebrannt zu haben, damit sich diese Stellen sogleich beim Eintritte der Regenzeit mit neuem Grün bekleideten. Es wurden häufig lange Striche ganz kürzlich niedergebrannten Grases getroffen, welche sich mehrere Meilen weit am Flusse hinzogen. Ohne Zweifel war diese regelmäßige Behandlung ihrer Gewässer mit der Absicht verknüpft, an besseren Stellen Wild herbeizulocken. Wenigstens waren sie nicht von der irrigen Meinung befangen, daß das Abbrennen von Gras der Üppigkeit und Dichte des natürlichen Rasens schadet. Die Eingebornen brannten indes häufig das hohe und steife Gras besonders längs der schattigen Creeks ab in der Absicht, das sich darin verborgen haltende Wild hinauszutreiben, und wir sahen häufig, wie sie eifrig Eidechsen zu fangen suchten, wenn andere Beute darin fehlte.

August 3. – ... John Murphy folgte auf der Ebene einem Graben, in welchem er eine schöne Lagune fand. Diese war ungefähr eine halbe Meile lang, theils steinig, theils schlammig. Es war aber kein trockenes Holz zu finden, und wir mußten mit einem niedergebrochenen, halb vertrockneten Himbeergelee-Baum ein Feuer anzünden. Unsere Fleischsäcke waren fast leer, und es wurde nöthig, einen andern Ochsen zu schlachten, obgleich sich der Platz nicht sonderlich dazu eignete. Rings um uns befanden sich Eingeborne, von denen einige, wie wir sahen, die benachbarten Bäume erstiegen, um unser Vorhaben beobachten zu können. Obgleich der Ochs jung und von guter Beschaffenheit war, so

Auf der Jagd

war durch die ununterbrochene Reise am Golf doch fast alles Fett in ihm verschwunden und kaum soviel davon geblieben, um die Leber braten zu können. Gegen Sonnenuntergang näherten sich die Eingebornen mit lautem Geschrei unserm Lager, indem sie ihre Speere schwangen und dieselben in ihre Wommalas (Vorrichtung zum Werfen der Speere) steckten, um sie wurffertig zu machen. Wir sattelten und bestiegen unverzüglich zwei Pferde und schossen eine Pistole ab. Das letztere machte ihrem Lärmen mit einem Male ein Ende. Einige von ihnen fielen sogar hin. John und Charley ritten auf sie los. Zuerst versuchten sie Trotz zu bieten und die Reiter zu umzingeln. Aber diese trennten sich und drohten, sie vom Flusse abzuschneiden. Sobald sie diese Gefahr bemerkten, liefen sie zum Flusse, sprangen hinein und schwammen hinüber. Wir blieben während der ganzen Nacht wach, wurden aber von ihnen nicht beunruhigt. Am nächsten Morgen sahen wir in der Ferne Eingeborne; doch schienen dieselben nicht die Absicht zu haben, uns belästigen zu wollen.

August 5. – Wir schnitten das Fleisch in Streifen. Darin hatten wir solche Geschicklichkeit erlangt, daß wir mit dem ziemlich ansehnlichen Ochsen in viereinhalb Stunden fertig waren. John und Brown waren damit beschäftigt, es an einem Känguruhnetze zum Trocknen aufzuhängen. Der frische Seewind trocknete ausgezeichnet. Doch zog das Fleisch in der Nacht wieder Feuchtigkeit an und war noch ziemlich weich, als wir es einpackten, um aufzubrechen.

August 6. – Wir folgten dem geschlängelten Laufe des Flusses aufwärts bis zu 17° 57′ Breite. Der Fluß ist, wie ich zu glauben geneigt bin, der *Albert* des Capitain Stokes und Maet Suyker der holländischen Seefahrer. Der Tag war schon weit heraufgerückt, und ich wurde unseres noch nicht gehörig trockenen Fleisches wegen besorgt, zugleich befürchtend, daß wir würden ohne Wasser das Lager aufschlagen müßten. Zuletzt bemerkte ich einige Bäume von lebhafterem Aussehen jenseits einer kleinen Anhöhe und fand nach ihnen hingehend eine kleine von Polygonum umgebene Wasserstelle, welche jedoch, wie es sich bei näherer Untersuchung fand, nur sehr wenig gutes Wasser enthielt. Ich hielt es ratsam, hier zu bleiben, um das Fleisch besser zu trocknen ...

August 9. – ... Indem wir wieder auf die Ebene emporstiegen, sahen wir in der Ferne einen Trupp Emus. Es wurde auf dieselben mit Hülfe Springs Jagd gemacht. Mit drei Emus beladen kamen wir über aufeinander folgende Ebenen, welche durch schmale Waldgürtel aus Buxbaum, Blutholz und Theebäume von einander getrennt waren. Die Ebenen waren von unregelmäßigen Melonengruben unterbrochen, welche unser Fortkommen langsam und beschwerlich machten. Weder ein Graben noch eine Lagune war zu erblicken.

Brown ritt weit gegen Süden, fand aber nichts als Buxbaumniederungen. Uns überraschte die Nacht, als wir uns noch auf einer weiten Ebene befanden. Aber Charley hatte den Schein eines großen Feuers bemerkt, welcher uns leitete und uns hoffen ließ, daß wir Wasser finden würden. Dies war auch der Fall, als wir zu den steilen Ufern des Albert kamen; es war aber Salzwasser. Wir fesselten die Pferde und banden sie an, während die Ochsen bewacht wurden. Glücklicherweise hatten wir uns selbst mit etwas Wasser versehen, wovon auf jeden von uns eine halbe Kanne kam, sodaß wir das Unangenehme eines wasserlosen Lagers weniger fühlten als früher. Es war eine schöne Nacht. Während meiner Wache setzte ich mich an das steile Ufer auf einen der Vorsprünge und lauschte dem lauten Plätschern zahlreicher großer Fische, welche auf Augenblicke die Ruhe des spiegelglatten Wassers störten. Brown hatte eine durch den Fluß laufende Barre gefunden, welche zur Ebbezeit einer Untersuchung zufolge zu überschreiten sein mußte. Wir brachten unsere Ochsen und Pferde an den steilen Ufern hinab. Glücklicher Weise hatten wir die letzte Stelle getroffen, an der das Überschreiten möglich war. Als wir auf die Ebenen kamen, welche sich vom Flusse aus, so weit das Auge blicken konnte, erstreckten, entdeckte Brown eine Lache mit etwas brackigem Wasser in einem tiefen Creek, eine kurze Strecke vor seiner Vereinigung mit dem Flusse. Sie war zu schlammig, als daß sich ihr unser Vieh hätte nähern können, jedoch gestattete sie uns, unsern eigenen Durst zu stillen. Wir kehrten darauf nach den Ebenen zurück und folgten den Spuren Charleys, der einige schöne Wasserstellen gefunden hatte. Sie befanden sich im Bett eines Flusses. Die Abhänge herum waren steil und morastig. Einer unserer Ochsen war so erschöpft, daß er an dem steilen Ufer hinabrutschte, in das Wasser fiel und so tief im Schlamm versank, daß wir uns genöthigt sahen, ihn zu schlachten, nachdem wir an ihm gezogen, soviel in unsern Kräften stand, um ihn herauszubringen. Am 12. August zerschnitten wir ihn. Die Nacht war jedoch nebelig mit heftigem Thau, weshalb das Fleisch nicht trocknen konnte. Durch den jämmerlichen Zustand des herabgekommenen Thieres war das Fleisch zähe und weich geworden. Es wurde auch bald madig.

August 13. – Wir hatten einen schönen Seewind aus Norden, welcher das Fleisch äußerlich hinlänglich trocknete, nicht aber auch innen, weshalb es theilweise verdarb, sodaß ich es wegwerfen mußte, obwohl wir eine Menge dadurch retteten, daß wir die größeren Stücke schlitzten und so der Luft Zutritt zum Innern verschafften.

Die Eingebornen hatten das Wasserbecken, an welchem wir lagerten, mit einem Zaune umgeben, worin nur eine Öffnung gelassen war, um den Emus den Zutritt zum Wasser zu geben. Wahrscheinlich verbergen sich die Eingebornen in der Nähe, um den Emus aufzulauern, welche in dieser Gegend äußerst zahlreich waren. Am 11. ritten John, Charley und Brown drei Vögel und am 14. vier andere nieder, wovon John Murphy allein zwei, denn er hatte nicht nur das flüchtigste Pferd, sondern auch selbst am wenigsten Gewicht. Die Emus niederzureiten, zeigt klar, in wie gutem Zustande sich unsere Pferde befanden. Auch unsere Ochsen erholten sich, obgleich sie sehr erlahmt waren, wunderbar schnell und sprangen in dem grasigen, schattigen Bett des Creek wie junge Stiere. Die Ebenen waren mit Flügeln kleiner weißer Kakadus bedeckt. Ihr Rufen hatte etwas Klagendes und war weniger unangenehm als das Geschrei des großen Kakadus.

August 15. – Unsere Thiere waren durch das Fleisch der beiden Ochsen so schwer beladen, daß ich es ziemlich unthunlich fand, das mitzunehmen, welches von den Emus noch hinzukam. Wir theilten jedoch jeden Emu in vier Theile – die Brust, den Rumpf und die beiden Schenkel – und hingen dieselben an die vier Haken eines Packsattels auf.

Eingeborenenzeichnung einer Känguruhjagd

Wir legten ungefähr acht Meilen über eine Reihe von Ebenen zurück, welche von einigen Gräben und einem ansehnlichen Creek durchschnitten waren. Am Ende der Tagesreise fanden wir in einem kleinen Creek eine unbedeutende Wasserlache. Obgleich sich unsere Ankunft im Lager sehr verspätet hatte, zerlegten wir noch die vier Emus, um das Fleisch an Stricken und Ästen aufzuhängen. Glücklicher Weise erhob sich ein kalter, trockener Süd-Ost-Wind.

Wir hatten vergessen, unsere Ochsen zum Wasser zu treiben, an welchem sie kaum fünf Schritte vorüber gegangen und in dessen Nähe sie ungeladen gestanden hatten. Die armen Thiere waren indessen nicht vom Instincte geleitet worden, sondern hatten sich zurückkehrend zerstreut. Charley brach in derselben Nacht auf. Die Ochsen waren sieben Meilen weit vom Lager weggelaufen, ohne Wasser zu finden.

August 16. – Ich schlug anstatt der westlichen Richtung eine etwas nördliche ein und kreuzte wieder eine Reihe von Ebenen, welche durch Niederungen geschieden waren. Diese waren mit Dickichten von kleinen, hauptsächlich Himbeergelee-Bäumen erfüllt und enthielten trockene Wassergruben entweder in regelmäßigen Reihen oder zerstreut. Nach Sonnenuntergang kamen wir zu einem trockenen Creek und sahen uns wieder genöthigt, ohne Wasser gefunden zu haben das Lager aufzuschlagen. Wir trugen jedoch Sorge dafür, unsere Ochsen zu bewachen, fesselten die Pferde und banden sie an, damit wir am Morgen des 17. zeitig aufbrechen konnten. Wir folgten dem Creek ungefähr sieben Meilen und fanden dann in seinem Bett einige sehr schöne Wassergruben. Charley schoß wieder zwei Emus. Ich fühlte den Verlust unseres Ochsen schmerzlich, denn es wurde schwierig, das hinzugekommene Fleisch fortzubringen. Jedoch war es für uns zu wertvoll, als daß wir es vergeudet oder weggeworfen hätten. Da wir weder Fett noch Emu-Öl hatten, um das Fleisch zu schmoren, gestattete ich, daß eine hinreichende

Menge Fleisch an den Knochen gelassen wurde, wodurch es sich verlohnte, diese zu braten. Wir erfreuten uns in der herrlichen Mondnacht eines gut gebratenen Emuknochens.

August 19. – Der Fluß nahm einen fließenden Creek von Süd-Süd-West in sich auf. Dann bildete er einen sehr schmalen Canal zwischen Dickichten von Palmen, hängenden Theebäumen und besonders Pandanus. Wir setzten die Reise wieder gegen Nord-West über mehrere Ebenen fort und während der letzten fünf Meilen an einem schönen Bache, dessen reines klares Wasser in seinem tiefen, aber etwas schmalen Bett über langblättrige Wasserpflanzen von üppigem Grün schnell hinströmte. Ich nannte den Bach *Beame's Creek*. Hier ergötzten wir uns wieder an den jungen Schoßen der Corypha-Palmen. Wir kreuzten diesen ohne Schwierigkeiten und kamen dann zu einem Flusse mit breitem sandigen Bett, der von hängenden Theebäumen übergrünt war. Sein Wasserlauf war fünf bis sechs Fuß breit, aber sehr seicht. Ich nannte den Fluß den *Nicholson* nach Dr. William Alleyne Nicholson von Bristol, dessen großmüthiger Freundschaft ich es nicht allein zu verdanken habe, daß ich meine Zeit dem Studium der Naturwissenschaften widmen konnte, sondern auch, daß ich nach Australien kam. Die Lage des Nicholson war 138° 55′ (annähernd)... Um meinen Gefährten nach Wunsch zu handeln, beschloß ich, in Zukunft die Gegend bei Mondenschein zu untersuchen, und gestattete ihnen, nach den Lagunen des Nicholson zurückzukehren, sollte ich am nächsten Morgen bis zehn Uhr noch nicht wieder bei ihnen sein. Als der Mond so hoch stand, daß man weit genug blicken konnte, brach ich mit Charley auf und folgte der Richtung des Sternes Vega, der sich dem Westen zuneigte. Weiter hin wurde die Gegend freier und schöner... Indem wir unserer westlichen Richtung weiter folgten, kamen wir nach sehr kurzer Zeit zu einem Creek mit einer Reihe felsiger Becken. Es war unerklärlich, wie diese tiefen Behältnisse so bald hatten austrocknen können, da doch jeder derselben unmittelbar nach der Regenzeit ganz gefüllt gewesen sein mußte. Nachdem wir dem Creek zwei Stunden gefolgt, bemerkte Charley, daß der rissige Schlammboden in einem der Wasserbehälter feucht war, und fand, nachdem er einen Fuß tief gegraben, eine für uns und unsere Pferde hinreichende Menge Wasser. Später theilte sich der Canal in zwei Arme, von welchem ich einem und Charley dem andern folgte. So von meinem Begleiter getrennt, entdeckte ich bald mit erfreuten Blicken vor mir ein Feuer und demselben näher kommend eine große Zahl, welche in dem Lager Eingeborner brannten. Obgleich ich mich sehnlich dessen zu vergewissern wünschte, ob die Eingebornen in der Nähe von Wasserbehälter oder an Brunnen lagerten, von denen ich am Creek oberhalb einige bemerkt hatte, hielt ich es doch für rathsam, unbewaffnet wie ich war, auf Charley zu warten. Ich rief, worauf die Hunde im Lager unruhig wurden; der kalte Wind wehte aber so heftig aus Osten, daß ich fürchtete, weder Charley würde mein Rufen noch ich das seinige hören. Der Knall seines Gewehrs zeigte mir, wo er sich befand, und bald darauf waren wir wieder beisammen. Wir durchschritten das Lager. Das Feuer brannte lustig in der kalten Nacht. Wir untersuchten den Creek, fanden aber kein Wasser und sahen auch keine Eingebornen; jedoch zwei Meilen herab kamen wir zu schönen Wasserhältern mit hinlänglichem Inhalt. Hier hielten wir eine Stunde, um einen Topf Thee zu bereiten und unsere Pferde fressen zu lassen. Nach meiner Berechnung befanden wir uns ungefähr zehn Meilen NNO von unserm Lager. Der instinktartigen Fähigkeit Charleys vertrauend, überließ ich ihm die Führung. Er aber, infolge der durchwachten Nacht schläfrig, hielt sich zu weit rechts und verfehlte unsere Spuren. Da die Zeit, auf welche ich meine Rückkehr festgesetzt, abgelaufen war und ich sicher sein konnte, daß meine Gefährten wieder umgekehrt waren, änderte ich die eingeschlagene Richtung, um sogleich nach den Lagunen am Nicholson zu gehen, und traf die Spuren der zurückgekehrten Gesellschaft, denen wir bis zu den Lagunen folgten. Wir waren von 10 Uhr nachts bis zum nächsten Tage um 6 Uhr nachmittags nicht aus dem Sattel gekommen, hatten mit Ausnahme einer Stunde die ganze Zeit hindurch unsern Ritt über eine sehr traurige und armselige Gegend fortgesetzt, wovon wir, wie man sich denken kann, außerordentlich ermüdet waren. Am betrübendsten war aber der Gedanke, daß all unsere Beschwerden vergeblich und zwecklos gewesen waren, ausgenommen, daß sie meinen Gefährten gezeigt hatten, meine Meinung wäre die richtige, eine tüchtige Tagereise mit der Küste gleichlaufend müsse uns stets zu Wasser führen.

August 22. – Wir legten ungefähr achtzehn Meilen NNW zurück bis zu den Wasserbehältern, welche wir auf unserem Forschungsausfluge gefunden. Die Breite derselben war 17° 39′. Die Gegend war so armselig und unwegsam, daß wir vom Morgen bis spät nach Sonnenuntergang reisten. Durch die weite Strecke waren sowohl unsre Ochsen als Pferde ermüdet und wund gedrückt. Ebenso war unser Gepäck von den Büschen beschädigt worden. Den Creek nannte ich, da er bei Mondenschein gefunden worden war, *Mondschein-Creek.*

Wir sammelten eine bedeutende Menge Terminalia-Gummi und bereiteten ihn auf verschiedene Weise zu, um ihn schmackhafter zu machen. Die Eingebornen, deren Spuren wir in dem Busche überall mit Zeichen zusammen sahen, denen nach sie den Gummi auch gesammelt hatten, schienen ihn zu rösten. In Wasser löste er sich sehr schwer auf. Der Bouillonsuppe zugefügt, war er ein gutes Sparmittel, und diese war sehr schmackhaft, wenn sie mit etwas Salz und Ingwer gewürzt wurde, von welchem letztern John noch etwas besaß. Es wirkte aber auf uns alle etwas abführend.

August 24. – Herr Calvert und Brown kehrten mit der

traurigen Nachricht zurück, daß sie kein Wasser gefunden hätten. Sie hatten eine bedeutende Anzahl Creeks von verschiedener Größe und mit schönen felsigen Becken getroffen, welche sämtlich auf armseligen Eisensteinhügeln zu entspringen schienen. Sie wurden aber gegen ihren Ursprung hin trocken, während sie weiter hinab Salzwasser enthielten. Die beiden Kundschafter hatten leider ihr Paket mit Lebensmitteln vergessen, waren daher genöthigt, früher zurückzukehren, als sie ihren Zweck erreicht. Da ich verhüten wollte, eine zu weite Tagereise, wo nicht gar ohne Wasser gefunden zu haben, zu machen, hatte ich einige Känguruhhäute gar gemacht, um sie über unsere mit Wasser gefüllten Töpfe zu binden, wodurch wir in den Stand gesetzt waren, ungefähr acht Quart mitzunehmen.

August 25. – Wir brachen früh auf ... Wir setzten die Reise gegen Norden durch Theebaum-Wald und über einige sehr ausgedehnte Sümpfe fort, die jetzt ausgetrocknet waren, und erreichten zuletzt einen Creek, an welchen wir hinabgingen, bis uns die Dunkelheit nöthigte, zu bleiben. Die Wasserbehälter aber waren ausgetrocknet mit Ausnahme einiger kleinen von den Eingebornen angelegten Brunnen. Wir hatten eine Menge Tauben und weißer Kakadus gesehen und konnten uns deshalb versichert halten, daß sich mehr Wasser in der Nähe befände, denn verschiedene Stellen niedergebrannten Grases zeigten, daß kürzlich Eingeborne hier gewesen waren. Am nächsten Morgen, den des 26., berichtete Charley, nachdem er mit den Pferden zurückgekehrt, daß wir an einer sehr schönen Lagune vorübergegangen wären, welche sich nicht ein und eine halbe Meile entfernt auf der linken Seite des Flusses befände, die wir der Dunkelheit der Nacht wegen nicht gesehen, während sie die Pferde gefunden hätten. Wir brachten unser Lager zu dieser Lagune, die mit Villarsia-Blättern bedeckt war und durch sehr kleine darin schwimmende Körperchen röthlich gefärbtes Wasser enthielt.

Eingeborene verschiedener Stämme

Apfelgummi, Buxbaum und die Moretonbay-Esche bildeten einen sehr offnen, schon mit Gras erfüllten Wald zwischen der Lagune und dem Flusse. Der letztere floß in eine ONO Richtung. Ich nannte ihn *Smith's Creek.*

Unsere Reise bis zur Öffnung des Golfs hat uns gezeigt, daß sich die *Plains of Promise* (Ebenen des Versprechens) des Capit. Stokes von dem *Big Plain River* bis zum Nicholson hinziehen und daß sie sich weit gegen Süden längs zweier Salzwasser-Flüsse im Innern des Golfs ausdehnen, deren westlicher ohne Zweifel der *Albert* ist.

Wir befanden uns, Herrn Roper ausgenommen, alle sehr wohl; dieser litt jedoch ebenso sehr durch die Wunden in seinen Schenkeln als durch eine beunruhigende Diarrhoe.

August 31. – Es regnete den ganzen Tag, weshalb ich den Thieren Ruhe gewährte. Der Regen kam von Westen, hielt jedoch auch beim Südwinde an. Mit dem SO- und OSO-Winde hörte er auf. Wir schlugen zum ersten Male seit Gilberts Tode die Zelte auf und benutzten unsere Decken sowie die Wachsleinwand zu diesem Zwecke. Unsere Schützen gingen nach Blaue-Berg-Papageis auf die Jagd. Dann wurde ein tüchtiges Gericht von solchen sowie Kakadus, einem Adler (Eagle Hawk) und getrocknetem Emufleische bereitet. Unsere letzte Gelatine hob ich für den Sonntag auf. Sie war so schön, als da wir die Reise angetreten. Die Hitze hatte sie jedoch häufig erweicht, wodurch sie dann an die Säcke anklebte.

Hier waren die Feuerplätze der Eingebornen in einer graden Linie angelegt und durch trockne Äste vor dem kalten Winde geschützt. Sie waren rund, hatten einen etwas erhabenen Rand und eine mit Steinen ausgefüllte Vertiefung in der Mitte. Die Steine werden von den Eingebornen erhitzt, um ihre Lebensmittel damit zu kochen.

Das Glöckchen, welches einem unserer Pferde umhing, war in unserm letzten Lager auf eine unerklärliche Weise zerbrochen worden. Es war wahrhaft trübselig, seinen klanglosen klappernden Ton anstatt des früheren fröhlichen Geläutes zu hören.

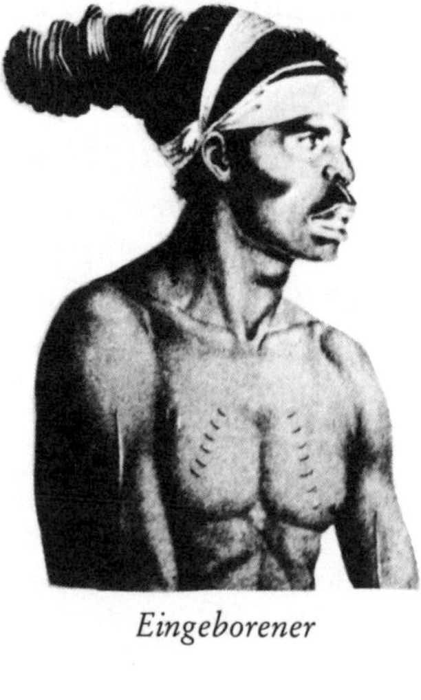

Eingeborener

Reiche Emu-Jagdbeute

September 2. – ... Bald kamen wir zu weiten Sandflächen mit tief eingedrückten Spuren von Emus, Känguruhs und Eingebornen. Um aus dem Gewirr der Salzwassercreeks zu kommen, wendete ich mich gegen Süden und setzte den Weg in dieser Richtung fort, bis die Sandflächen, die Mangrove-Creeks und die Salicornia verschwanden und wir uns wieder wohlbehalten in dem Busche befanden. Ich schickte Charley und Brown nach verschiedenen Richtungen aus, damit sie Wasser suchten. Es wurde jedoch nur eine kleine Lache brackigen, rostfarbigen trüben Wassers gefunden, welches den Thee sehr unschmackhaft machte und einen üblen Einfluß auf unsere Eingeweide ausübte.

Auf der heutigen Reise trafen wir zum ersten Male die blattlose Bossiaea. Sie ist drei bis vier Fuß hoch, hat einen flachgedrückten Stamm, Zweige in der Tracht denen der Bossiaes scolopendrium ähnlich, mit gelben Blüthen und glatte vielsamige, ein wenig über einen Zoll lange Schoten. Dieser Strauch bildete einen der Hauptbestandtheile aller der Gebüsche, welche wir von hier bis Limmen-Bight trafen; ebenso wurde er, wenn auch weniger häufig, in der Mitte von Arnhems Land gefunden.

Als Brown und Charley zurückgekehrt waren, schien der erstere äußerst aufgeregt zu sein, daß ich glaubte, sie hätten einige Eingeborne getroffen und Beleidigungen von ihnen erfahren, obgleich sie selbst sagten, es sei nicht der Fall. Meine Einbildung war von der Möglichkeit eines Angriffs von Seiten der Eingebornen so eingenommen, daß ich mich niederlegte, ohne die Stiefeln und Beinkleider auszuziehen und während der Nacht lange Zeit aufblieb, um zu sehen, daß die Nachtwache ordentlich gehalten würde. Während der Morgenwache weckte mich John Murphy und sagte, er sähe einen Eingebornen. Ich machte augenblicklich Lärm, und jeder von uns legte sein Gewehr in Bereitschaft, als wir entdeckten, daß es unser eigner Brown war, der von John für einen fremden Eingebornen gehalten worden war. Er war nahe daran, sein Leben zu verlieren und erschossen zu werden, denn der gellende Ruf: »Ich bin's! Ich bin's!«, welchen er ausstieß, als er die gefährliche Lage, in welcher er sich befand, bemerkte, wurde mißverstanden. Unsere Einbildung ließ ihn zu dem Kriegsgeschrei der uns angreifenden Wilden anwachsen.

September 3. – Wir kreuzten viele ansehnliche Creeks. Ihre Ufer und die an ihnen liegenden Niederungen waren mit Pandanus-Gruppen bestanden, deren prächtige Kronen mit rothen Zapfen bedeckt waren. Die Samengefäße enthielten in ihrem Fasergewebe einen saftigen Stoff wie die Birnen, welcher jedoch beißend schmeckte und unsere Lippen und Zungen wund machte. Wir lagerten an einigen Hältern mit köstlichem Wasser in einem fünften Creek, welcher weiter hinab einige von wilden Gänsen und schwarzen Enten belebte schöne Stromstrecken mit brackigem Wasser enthielt. Als Charley ausgegangen war, um einige Gänse zu fangen, kam ein Emu auf ihn zu, den er schoß. Außerdem glückte es ihm, zwei Gänse zu erlegen, welche von ausgezeichneter Beschaffenheit waren und jede mehr als fünf Pfund wog.

September 5. – In der Buxbaum-Niederung trieben wir eine Herde Emus auf, von denen Spring einen männlichen Vogel fing. Für einen unbetheiligten Zuschauer würde es ziemlich belustigend gewesen sein, zu beobachten, mit welchem merkwürdigen Eifer wir die Federn vom Körper des Vogels rupften und diesen aufschnitten, um zu sehen, wie viel Fett er enthalte, ob dies gelb oder nur fleischfarbig sei. Wir

Eßschale

hatten in der That einen bedeutenden Appetit auf das Fett und fanden sehr geschwind, wo es zu suchen war. Am Emu setzte es sich am ganzen Körper, besonders jedoch auf dem Rücken zwischen den Schultern und auf dem Brustbeine an. Um das Öl zu erhalten, zerschnitten wir die Stücke und hingen sie an einem gelinden Feuer auf, um jenes in den Pfannen aufzufangen. Es war von hellgelber Farbe, geschmacklos und meist auch ohne Geruch. Zuweilen, wenn ich durch die unausgesetzten Beschwerden litt, rieb ich mir am ganzen Körper die Haut damit ein. Seine etwas reizenden Eigenschaften erwiesen sich sehr wohltätig. Von den weißen Bewohnern des Busches wird es überall als ein gutes antirheumatisches Mittel angesehen.

... Ich war eine ansehnliche Strecke vor dem Zuge voraus. Mein Hund war bei mir. Als ich die Wasserlache und die diese umgebenden zahlreichen Fußstapfen untersuchte, kam ein Emu an dem schattigen Bett des Creek herabgetrabt. Ich bestieg augenblicklich mein Pferd, verfolgte ihn mit dem Hunde und fing ihn nach einem kurzen Ritte. Um zu verhüten, daß ihn der Hund verwundete, sprang ich vom Pferd, um ihn zu schlachten, als mein Pferd scheu wurde, sich losriß und davonlief. Ich kehrte mit dem Emu zum Wasser zurück und schickte, als die Gesellschaft nachgekommen war, Charley nach dem Pferde. Charley kehrte mit dem Pferde wieder, aber meine Satteltaschen, mein Tagebuch und eine Calebasse waren verloren gegangen. Ich war in größter Besorgnis und machte mir selbst Vorwürfe, daß ich so unklug gewesen. Charley kehrte jedoch nach kurzer Zeit zu Fuß zurück und war so glücklich gewesen, alles bis auf die Calebasse wiederzufinden, letztere ein herber Verlust für unsern Hund...

An der Lagerstelle der Eingebornen fand ich ein großes Stück Porphyr, auf welchem diese die Samengefäße des Pandanus zu zerschlagen pflegen. Ich konnte von diesem Gestein in dem Creek, und wenn es auch nur das kleinste Stückchen gewesen wäre, nichts finden und bin deshalb geneigt zu glauben, daß jener Stein durch die Eingebornen aus einer beträchtlichen Entfernung von Süd-West mithergebracht worden sei.

September 6. – Während der heutigen Tagereise trafen wir wieder einige jener merkwürdigen ausgetrockneten Theebaum-Sümpfe, von Haufen sehr großer Muscheln umgeben, welche unverkennbar zeigten, daß sie lange Zeit unter Wasser gestanden hatten, obgleich sie jetzt mit kleinen Theebäumen bestanden waren, welche etwa fünf bis sechs Jahre alt sein mochten und ebenso wie die hängenden Theebäume auf den Ufern des Creek erkennen ließen, daß die letzten Jahre außerordentlich trocken gewesen waren. Ich hielt den Fluß für den *Van Alphen* der holländischen Seefahrer, da seine Breite, wo wir ihn kreuzten, ungefähr 16° 41′ betrug und seine Länge von mir zu 137° 48′ berechnet wurde.

September 7. – Die rosarothe Sterculia und eine glatte breitblättrige Terminalia wurden auf den sandigen Niederungen am Creek beobachtet.

Da unser Theevorrath zu Ende ging, und wir befürchteten, daß wir noch lange Zeit unterwegs ohne solchen zubringen würden, hielt ich es für rathsam, sparsam mit ihm umzugehen. Wir bereiteten uns demnach einen Topf guten Thee nach dem Mittagessen, wenn wir müde und erschöpft die Lagerstelle erwählt hatten und meist eines anregenden und stärkenden Getränkes bedurften. Die Theeblätter blieben dann im

Topfe und wurden aufgehoben, um für's Abendbrot aufgekocht zu werden, bei welchem auf jeden eine halbe Kanne gerechnet wurde. Des Morgens genossen wir unsere Suppe und tranken Wasser ad libitum. Thee ist ohne Frage eines der nöthigsten Bedürfnisse auf einer solchen Reise. Zucker ist weniger nothwendig, und ich glaube, man thut besser, keinen mitzunehmen. Durch den Mangel des Mehls haben wir nicht die geringste Unbehaglichkeit empfunden. Lange Zeit waren wir ohne Salz. Der Mangel des letzteren verursachte indes bei uns Hartleibigkeit, und wenn wir wieder anfingen, es zu gebrauchen, litt jeder von uns an einem unbedeutenden Diarrhoe-Anfall.

Unsere Pferde befanden sich in vortrefflichem Zustande. Unsere fünf Ochsen marschierten gut, obgleich der älteste stets etwas zurückblieb. Im Sommer ist der Boden sehr heiß und häufig so weich, daß selbst die Füße eines Hundes tief hineinsinken. Dieser Hitze, sollte auf eine weite Strecke Wassermangel zu erdulden sein und vielleicht eine Jagd nach Wild dazukommen, würde unvermeidlich ein schwacher Hund erliegen. Die getrockneten Eingeweide unserer Ochsen hatten für ihn hinreichend gutes Futter abgegeben. Nothwendig ist es, Wasser für ihn mitzunehmen. Der kleinen Calebasse, welche wir von den Eingebornen am Isaacs erhielten, haben wir das Leben Springs oftmals zu danken gehabt.

September 8. – ... Gegen Westen sahen wir ein niedriges Gebirge in Form eines Hufeisens und über dasselbe hinaus in der Ferne noch ein höheres. Wir lagerten an einem kleinen Creek, welcher gerade zu fließen aufgehört hatte, in seinem Bette aber zwei Reihen tiefer Hälter zeigte, welche mit Barschen angefüllt, von Pandanus und hängenden Theebäumen beschattet wurden. Ich nannte ihn den *Calvert* in Anerkennung der vortrefflichen Dienste, die mir Herr Calvert auf der Reise geleistet, was ich mit vielem Vergnügen bestätige.

September 9. – Wir setzten gegen Nord-West bei Nord unsere Reise, und zwar einige Meilen weit durch einen dürftigen Zaserrinden-Wald, fort, bis wir zu steilen Sandsteinanhöhen kamen. Ich wendete mich gegen Norden, fand einen gangbaren Pfad zwischen den Hügeln und kam, nachdem ich einen kleinen sandigen Creek gekreuzt, zu einem Salzwasserflusse so breit, als wir je zuvor einen gesehen. Auf seiner linken Seite erhoben sich hohe Berge. Indem wir ihm in einer Richtung S 60° W aufwärts folgten, wurde sein Ufer zerrissen und die Vegetation reicher. Ein sehr betretener Fußpfad führte uns durch Haufen Muschelschalen zu einem Fischplatze der Eingebornen, an welchem sie ein stehendes Lager zu haben schienen. Die Hütten waren hauptsächlich aus Stangen errichtet und mit Gras und Pandanus-Blättern bedeckt. Die ausgedehnten Feuerstellen enthielten Steinhaufen und eine Unmasse Fischgräten. Das Wehr bestand wie gewöhnlich aus trocknen Stäben und lief an einer Stelle quer durch den Fluß. Unterhalb des Lagers am Saume der Hochwassermarke befand sich eine Süßwasserquelle. Da wir Fluthzeit hatten und eine hinreichende Menge süßen Wassers in einem Creek fanden, welcher sich einige hundert Schritt von dem Fischplatze in den Fluß ergoß, schlugen wir unser Lager auf. Ich halte den Fluß für den *Abel Tasman* der holländischen Seefahrer und glaube, daß sich der Calvert mit ihm vereinigt. Die an ihm liegenden Auen waren schön begrast und sehr schwach mit Blutholz, Zaserrinde, der hülsenfrüchtigen Eisenrinde, welche grade blühte, und einem großen Baume mit glatter weißer Rinde, gespreizten Ästen und gefiederten Blättern bestanden. Der Salzwasser-Hibiscus und eine Akazie (Inga Monilifornis) standen auch in Blüthe.

Der kleine Creek hatte sich ein Bett durch den Sandstein gebahnt. Er war schmal und enthielt Zufluß von eisenhaltigem Wasser aus Quellen, welche mit hohem Rohre angefüllt und von verschiedenen Bäumen mit dichtem grünen Laube beschattet waren. Die ganze Nacht hindurch quakten die Frösche und zirpten die Grillen. Der Ruf des Ziegenmelkers und das Geschrei der Eulen wurde in allen Richtungen gehört. Im Wasser plätscherten große Fische. Känguruhs blökten auf, indem sie am Flusse herabkommend unsere Pferde erblickten. Moskitos hinderten uns durch lautes Summen am Schlafen. Dies Geräusch des thierischen Lebens während der Nacht bildete einen angenehmen Gegensatz gegen die todte Stille, welche uns meist rings am Golf umgeben.

September 10. – Die Ebbezeit war wieder längst vorüber, weshalb wir am Fischplatze nicht übersetzen konnten und daher ungefähr zwei und eine halbe Meile aufwärts gingen, auf unserm Wege noch drei andere Fischstellen antreffend. Dann kreuzten wir den Fluß, dessen Bett sehr breit und mit Busch, flachen Steinen und Sandsteinblöcken bedeckt war. Ein reißender Strom süßen Wassers war nur fünfzehn bis zwanzig Schritte breit und drei Fuß tief. Auf der linken Seite des Flusses sahen wir vier oder fünf schöne Cycadeen von acht bis zehn Fuß Höhe mit einem sechs bis neun Zoll im Durchmesser starken Stamme. Hohe Sandsteinfelsen zogen sich auf derselben Seite mit dem Flusse parallel laufend in einer Entfernung von zwei oder drei Meilen von ihm hin. Sie waren mit Busch, offnem Buxbaum- und Zaserrindenwalde bedeckt. Das Auftreten der Cypreßfichte, welche in dem Zaserrindenwalde besonders an den Anhöhen und sandigen Abhängen Gruppen bildete, bot einen überraschenden Anblick dar. Von den Grevillea und ebenso von Calythrix wurden neue Arten in Blüthe gefunden. Jenseits der Anhöhen nahm der hülsenfrüchtige Strauch mit breitem Stamme (Bossiaea) die Stelle der Zaserrinde ein. Einige Pandanus-Creeks waren nach Nord-Ost hinab gerichtet... In der Nacht hörten wir den wohlbekannten Ruf des von uns so benannten »Gluckvogels«, welchen wir während des ersten Theiles unserer Reise zuerst in einer Cypreßfichten-Gegend getroffen hatten. Sein Wiederauftreten mit dem Cypreßfichten-Walde zusammen bestätigte meine Vermutung, daß der Vogel von dem Samen dieses Baumes lebt.

September 11. – ... Zu Ende der Tagereise kamen wir an einen schönen sandigen Creek mit großen Wasserhältern. Da ich aus den Haufen zerbrochener Pandanus-Früchte sah, daß hier Eingeborne und theilweise erst ganz vor kurzem gelagert hatten, trug ich keine Bedenken, unsere Zelte aufzuschlagen. Aber als ich das Wasser kostete, sah ich mich nicht wenig enttäuscht, da ich es so brackig fand, daß es unsere Pferde und Ochsen nicht einmal trinken wollten. Ich brach deshalb mit Charley auf, um besseres zu suchen. In dem obern Theile des Creek fanden wir einige ganz kürzlich trocken gewordene Wasserhälter. Beim Nachgraben zeigte es sich jedoch, daß sie einen reichlichen Wasservorrath enthielten. Auf diesem kleinen Ausfluge waren wir glücklich genug, mit Hülfe Springs zwei Emus zu fangen. Der arme Hund erhielt jedoch zwei tiefe Wunden dabei. Die Lagerstellen der Eingebornen zeichneten sich wie gewöhnlich durch Haufen Cytherea-Schalen, Austern, Süßwasser-Muscheln und Fischgräten aus. Die Süßwasser-Muscheln waren klein und hatten eine gelbliche Farbe.

September 12. – ... Ich kostete die schön aussehenden Früchte des Pandanus häufig, wurde aber jedesmal durch wunde Lippen und die Zunge voll Blasen bestraft. Nach den ersten Malen, wo ich die Frucht aß, bekam ich heftige Diarrhoe-Anfälle. Ich konnte nicht ermitteln, wie die Eingebornen die schädlichen Eigenschaften der Früchte beseitigen, die doch, den großen Haufen derselben in ihren Lagern nach zu urtheilen, keinen geringen Theil ihrer Nahrung ausmachten. Es schien, als würde die Frucht entweder eingeweicht oder geröstet und zerbrochen, um die Kerne zu erhalten, denn die großen flachen und die dazu gehörigen kleineren

Eine Familie auf Wanderschaft

Steine, welche wir stets fanden, dienten wahrscheinlich dazu, jene zu zerschlagen. Ich glaube, daß sie den genießbaren Mehlstoff, welcher in dem Fasergewebe enthalten ist, durch Waschen erhalten und diese Flüssigkeit trinken, nachdem sie etwas Honig darunter gemischt, und daß sie die großen Kulimans, welche wir so häufig gesehen, dazu gebrauchen. Ich sammelte deshalb einige vollkommen reife Früchte, schabte das Weiche mit einem Messer ab, wusch den genießbaren Stoff heraus und kochte ihn. Durch dies Verfahren hatte er alle Schärfe verloren, war sehr schmackhaft geworden und übte auf die Eingeweide keine schädliche Wirkung aus. Die Frucht muß aber so reif sein, daß sie beinahe selbst vom Baume fällt.

September 14. – Auf der kurzen Strecke von acht Meilen sahen wir über hundert Emus in Truppen von drei, fünf, zehn und mehr zusammen. Sie waren durch den jungen Pflanzenwuchs angezogen worden. Wir erlegten sieben derselben, doch waren sie nicht fett und anscheinend älter als ein Jahr. Das außerordentliche Jagdglück veranlaßte mich, den Fluß *Sieben-Emu-Fluß* zu nennen.

Indem ich den Spuren Eingeborner folgte, fand ich in dem Bett des Flusses unter dem Ufer eine köstliche Quelle. Das Wasser derselben war schön frisch, das im Flusse etwas brackig. Bis tief in die Nacht hinein waren wir damit beschäftigt, die Emus zu zerschneiden. Ich hatte beschlossen, den nächsten Tag zu rasten; da aber unser Lager in dem Flußbett von dichtem Unterholze umgeben und das Wasser brackig war, abgesehen davon, daß es heftig thaute und das junge Futter unserm Viehe schaden konnte, nachdem dieses so lange Zeit trockenes Gras gefressen, hielt ich es für rathsam, die Reise fortzusetzen.

September 15. – ... Die Sonne neigte sich stark dem Untergange zu und meine Gefährten waren noch weit hinter mir. Ich kehrte deshalb zurück, um mich von der Ursache ihres Aufenthaltes zu überzeugen und fand, daß sich unser alter Ochs geweigert, seine Last zu tragen. Er war an ein Pferd gebunden worden; doch hatte das arme Thier kaum vermocht einen Schritt zu thun. Seine Schwäche war die Folge einer durch das grüne Futter und das brackige Wasser des Sieben-Emu-Flusses verursachten Diarrhoe. Ich wünschte mir Glück, daß ich nicht länger dort geblieben war, da sonst wahrscheinlich meine sämtlichen Ochsen auf gleiche Weise würden zu leiden gehabt haben. Wir lagerten ohne Wasser, indem wir die Pferde fesselten und das Vieh bewachten, welches sämtlich sehr ermüdet war und wenig Lust zum Fressen zeigte.

Unser Emufleisch fing in Folge der Hitze und der weiten Tagereise an zu verderben.

September 16. – ... Wir kamen zu einem großen Brunnen, in dessen Nähe sich zahlreiche Lagerplätze Eingeborner unter den Ufern eines prächtigen Salzwasser-Flusses befanden. Die Ufer selbst waren mit einem dichten Cycadeenwalde bestanden. Der Brunnen war von Eingebornen angelegt, welche einen Lehmwall darum aufgeworfen hatten, um das süße Wasser zu sammeln, welches spärlich aus einer dünnen Lehmschicht über der Marke des Hochwassers hervorsikkerte.

Wir luden unsere Ochsen ab. Nachdem wir jedoch unsere Pferde getränkt hatten, sahen wir, daß der Wasservorrath in dem Brunnen nicht für sie hinreichend war und sich gleichwohl nur sehr langsam wieder ersetzte. Die armen Ochsen mußten deshalb warten, bis sich wieder Wasser gesammelt hatte. Wir mußten es beständig gegen unsere Pferde vertheidigen, welche ungeduldig nach demselben drängten oder unruhig wartend an den steilen Abhängen standen wie Hunde und Katzen um den Futternapf, einmal über das andere aus Unzufriedenheit aufwiehernd.

Der Fluß oder Creek, an welchem wir lagerten und den ich *Cycas-Creek* nannte, mündete zwei Meilen hinab in einen größeren Fluß. Derselbe kam von Westen und wurde von mir in Anerkennung der uneigennützigen Unterstützung, welche ich von I. P. Robinson Esq. bei dem Aufbruch der Reise erhielt, *Robinson* genannt. Um mir darüber Gewißheit zu verschaffen, wie weit sich das Salzwasser erstreckte, folgten Charley und ich einem Pfade der Eingebornen. Sechs Meilen weiter verschwand das Salzwasser. Eine Felsklippe trennte es von einer Lache nur unbedeutend brackigen Wassers, an welchem einige Eingeborne lagerten. Sie verließen jedoch die Stelle, sobald sie uns erblickten. Ich überschritt den Fluß und fand auf der linken Seite desselben eine schöne steinige Lagune mit dem Flußbett in gleicher Höhe. Nachdem wir das verlassene Lager besucht hatten, kehrten wir zu unsern Gefährten zurück, bereiteten unser Mittagsessen aus Emufleisch, das bereits etwas angegangen war, beluden unsere Ochsen und Pferde wieder und legten den Weg nach der

Lagune bei Mondenschein zurück. Ungefähr drei Meilen, ehe wir sie erreichten, mußten wir unsern alten Ochsen abladen, da er sich weigerte, auch nur einen Schritt weiter zu thun; am nächsten Morgen brachten ihn jedoch Herr Calvert und Brown zum Lager.

Indem wir einige Cycas-Gruppen trafen, fanden und kosteten einige meiner Gefährten trockene Früchte, welche heftiges Erbrechen verursachten. Die Eingebornen schienen sich in der jetzigen Zeit hauptsächlich von den Früchten des Pandanus Spiralis und der Cycas zu nähren. Beide erforderten indes unzweifelhaft verschiedene Zubereitungsarten, um ihre schädlichen Eigenschaften zu verlieren. In dem verlassenen Lager der Eingebornen, welches ich gestern besuchte, sah ich einen halben Pandanus-Zapfen mit heißer Asche bedeckt, große Gefäße (Kulimans) mit Wasser gefüllt, in welchem geröstete Samengehäuse eingeweicht waren. Andere Samengehäuse, welche bereits eingeweicht worden waren, rösteten auf Kohlen oder lagen in großer Menge auf Steinen und waren der Samen entledigt. Darnach scheint es, als würden die reifen Früchte zum Gebrauche zuerst in heißer Asche gebacken, dann in Wasser eingeweicht, um die in den Fasern enthaltenen Nahrungsstoffe zu erhalten, und darnach auf Kohlen gelegt und geröstet, damit sie leichter zerbrechlich waren, um die Kerne zu erhalten.

Auch fand ich, daß Cycas-Früchte in sehr dünne Scheiben geschnitten und dann sehr sorgfältig auf dem Erdboden ausgebreitet worden waren, um sie zu trocknen, wonach die getrockneten Scheiben einige Tage in Wasser gelegt und, nachdem sie gehörig eingeweicht worden sind, mit Theebaum-Rinde eingewickelt zu werden scheinen, um einem besondern Gärungsprozesse zu unterliegen.

Wo das süße Wasser zuerst auftrat, verschwand die Cycas. Sie schien auf den Sandboden in der Nähe des Salzwassers angewiesen zu sein.

September 17. – Ich hielt am Cycas-Creek, um unserm Ochsen zu gestatten, daß er sich erhole, da es leichter für uns war, ihn zu treiben, als sein Fleisch fortzubringen, denn unsere andern Ochsen waren so schon schwer genug beladen.

Das Emufleisch war so verdorben, daß es einen übeln Einfluß auf unsere Eingeweide ausübte, weshalb ich es für den Hund bestimmte. Da unser Fleisch nicht mehr so nahrhaft war wie früher, war von mir die tägliche Ration von fünf auf sieben Pfund heraufgesetzt worden, davon zwei und ein halbes Pfund zum ersten, ebenso viel zum zweiten Frühstücke und zwei Pfund zum Mittagessen.

Herr Roper hatte sich wieder soweit erholt, um sein Pferd ohne fremde Hülfe besteigen zu können.

Des Mangels von Kleidungsstücken wegen befanden wir uns in sehr großer Verlegenheit. Die wenigen Hemden, welche wir mitgenommen hatten, waren so dünn und fadenscheinig geworden, daß sie durch die leiseste Anspannung zerrissen. Um Zeug zum Ausbessern zu erhalten, hatten wir die Ärmel abgeschnitten, und als diese verbraucht waren, von dem untern Theile der Hemden Theile genommen, um den obern in Stand zu setzen. Unsere Beinkleider bestanden durchwegs aus Läppchen. Der Mangel der Seife gestattete uns nicht, sie zu waschen. Unsere Schuhe hatten wir indes dadurch, daß wir sie auf der Reise längs der Ostküste durch die Mocassins verwahrten, so geschont, daß jeder von uns damit gut versehen war, besonders nach dem Tode Gilberts, dessen Kleidungsstücke ich unter meine Gefährten verteilt hatte.

September 18. – Ich ging mit Charley ab, um die Gegend zwischen dem Cycas Creek und dem Robinson zu untersuchen. Wir kreuzten den Fluß vermittelst eines Felsendammes. Unterhalb desselben befand sich noch ein anderer, an welchem die Eingebornen einen kunstlosen Steinwall zum Fischfang errichtet hatten. Wir fanden hier den Panzer eines

Crocodils und in der Nähe unseres Lagers am Cycas-Creek den Schädel eines andern... In einem Lager fanden wir zerschnittene und auf dem Erdboden zum Trocknen ausgebreitete Cycas- sowie einige Pandanus-Früchte in großen Gefäßen eingeweicht. In der Asche lagen Emuknochen, und Fett von diesem Vogel war zusammengewickelt zwischen der Theebaumrinde der Hütte verborgen. Ein kleines Paket enthielt rothen Ocker zum Bemalen ihres Körpers und einige größere Cycas-Samen, welche zum Gären zugerichtet zu sein schienen. Sie waren von mehliger Beschaffenheit und unschädlich, hatten aber einen üblen Geschmack und Geruch, ähnlich dem deutschen Käse. Auch lagen ein sehr großer aus Grünstein verfertigter Tomahawk und einige Fächer aus Emufedern da.

September 21. – ... Als wir durch den Zaserrinden-Wald kamen, hörten wir das Rufen einiger Eingeborner hinter uns. Als sie nahe genug waren, stieg ich vom Pferde und ging langsam auf sie zu. Es war ein alter Mann mit drei oder vier jungen Wilden. Als ich ihnen mehrere Ringe und Schnallen gab, überreichten sie mir einige Schmuckgegenstände, womit sie sich selbst geputzt. Es waren wohlgebaute, gut aussehende Leute. Ein junger Mann, der sich den Körper roth gefärbt hatte, war ziemlich hübsch zu nennen, obgleich sein Gesichtsausdruck etwas Wildes und Scheues an sich hatte. Sie schienen alle beschnitten zu sein. Auf meine Frage nach

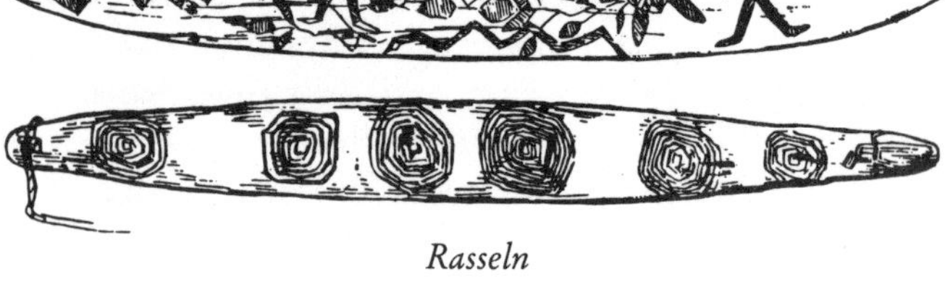

Rasseln

Wasser zeigten sie nach der Richtung, welche wir eingeschlagen, und schienen sagen zu wollen: es ist entfernt, aber bedeutend – »Baco! Baco! Umara!« wiederholten sie unaufhörlich mit Nachdruck.

Diese Eingebornen mußten mit Weißen oder Malayen zusammengekommen sein, denn sie kannten den Gebrauch der Messer und schätzten diese so hoch, daß einer von ihnen sein Weib für ein solches bot. Ebenso schienen sie von dem Gebrauche unserer Feuergewehre unterrichtet zu sein. Ohne Zweifel hatten sie Malayen gesehen, und wahrscheinlich hatten einige von ihnen jene nach ihren Inseln begleitet, denn es ist ein gewöhnlicher Gebrauch der Malayen, einige Eingeborne mit nach Hause zu nehmen, um sie sich freundlich zu stimmen, wenn sie in diese Theile des Golfs kommen, um Trepang zu fischen.

Unsere Tagereise zog sich in die Länge, weshalb unser alter Ochs anfing zurückzubleiben und sich zuletzt, unfähig weiter gehen zu können, hinlegte. In der Hoffnung, Wasser zu finden, setzte ich die Reise fort, bis mich der sinkende Tag nöthigte zu bleiben. Während der Nacht bewachten wir gewöhnlich unsere Ochsen. Ich war äußerst besorgt, als ich fand, daß ein anderes, ein junges, aber fettes Thier so sehr gelitten hatte, daß ich fürchtete, wir würden bald genöthigt sein, ihn zu schlachten.

September 22. – Drei Meilen vor unserm Lager legte sich der Ochse wieder hin. Sobald der Mond aufgegangen war, brach ich mit Charley auf, um ihn herzuholen. Als wir aber zu der Stelle kamen, war er fort. Das ungewisse Mondlicht machte es uns unmöglich, seinen Spuren zu folgen. Da die Nacht sehr kühl war und die Auen und Niederungen des Flusses einen dichten Nebel aufsteigen ließen, machten wir ein Feuer an, um an demselben den Tagesanbruch zu erwarten. Durch einen äußerst unseligen Zufall fing mein Hut Feuer und war in einem Augenblicke vernichtet, in solchem

Klima für mich ein sehr herber Verlust, da ich täglich einer mächtig wirkenden Sonne ausgesetzt war. Ich versuchte einen kleinen Sack aus derbem Segeltuche anstatt jenes zu gebrauchen, indem ich das lange Ende über mein Gesicht bog, um dieses vor der Sonne zu schützen.

Als sich die Sonne erhob, folgten wir den Spuren des Ochsen sechs Meilen weit durch die Gegend. Im Lager wurde er sofort geschlachtet, abgezogen und geviertelt und zerschnitten. Das Fleisch war nicht gut zu nennen, denn es war von einem alten, schweren Stücke.

Bei dieser Gelegenheit machten wir eine wichtige Entdekkung, aus welcher wir später bedeutenden Nutzen zogen. Es wurde ein Theil von der Haut des Ochsen getrocknet und der Suppe, welche über Nacht kochte, hinzugefügt. Wir fanden, daß dadurch das geschmacklose Fleisch unserer so herabgekommenen Ochsen verbessert wurde. Den Magen bereiteten wir uns auch zu, da für unsern trefflichen Hund Spring noch Emufleisch genug vorhanden war. Einen Topf Thee bereiteten wir uns zum letzten Male am 22., so daß wir von nun an allein auf Rindfleisch und Wasser angewiesen waren.

Durch reinen Zufall entdeckten wir die merkwürdige medicinische Wirkung von der klebrigen zähen Absonderung der Samengefäße einer hängenden Grevillea. John Murphy, welcher in seinen Beinkleidern keine Tasche hatte, steckte die unterwegs gesammelten Samen in die Brust unmittelbar auf die Haut, wo er bereits eine große Menge Sterculia-Samen hatte. Er fühlte bald ein heftiges Jucken, welches von dem Samen ausging. Im Lager angekommen empfand er heftige Schmerzen, und als er seine Brust untersuchte, sah er zu seinem großen Schrecken, daß die Haut auf der Oberbauchgegend schwarz gefärbt und mit einer großen Menge schmerzender Bläschen bedeckt war. Als er es mir zeigte, glaubte ich, es wäre durch die Stacheln der Sterculia verursacht, welche die Haut gereizt und für die scharfen Eigenschaften der Grevillea-Samen empfänglicher machte. Als indes Brown auf seinem Arme die Haut mit dem Stoffe der Grevillea in Berührung brachte, zeigten sich sofort die Bläschen.

September 24. – Als Charley mit den Pferden von dem obern Theil des Flusses zurückgekehrt war, berichtete er, daß er mehrere Känguruhs und eine Menge Spuren von Emus und Crocodilen gesehen hätte. Seinem Berichte nach breitete sich der Fluß (Mac Arthur) in ein weites sandiges Bett aus und war mit Bäumen und Sträuchern bestanden. Sein Lauf war gegen Westen gerichtet, wohin sich unabsehbare Ebenen ausdehnten. Die Bohne des Mackenzie wächst längs des Flusses in Mengen und war mit reifen Samen bedeckt. Ich ließ soviel wie möglich zu Caffee davon sammeln. Sie gestatteten uns, während der nächsten drei Wochen wieder einen Topf Caffee zu kochen. Derselbe wirkte anfangs etwas erschlaffend, doch bald waren wir so daran gewöhnt, daß er uns ebenso erquickte wie wirklicher.

Pferde ertrinken

Oktober 5. – ... Das Gebirge, welches wir schon gestern gesehen, blieb uns stets in einer Entfernung von acht bis zehn Meilen zur Seite. Es zog sich von SSO nach NNW hin, war steil und kahl und bestand aus weißem Gestein, wahrscheinlich Sandstein, welcher in seinem gleichmäßigen Aussehen dem Quarzit glich.

Oktober 6. – Einer unsrer Ochsen war so matt geworden, daß er nicht vermochte, seine Ladung fortzubringen. Diese wurde daher auf eins unsrer überzähligen Pferde gepackt, welches sich stets in sehr guter Beschaffenheit befunden hatte. Ich ging auf einen der abgesonderten Berge an dem nördlichen Ende des Gebirges zu und legte ungefähr zwölf Meilen zurück, ehe wir an seinen Fuß kamen. Wir hatten unsern Ochsen unterwegs zurückgelassen, da ihn die schwierige Beschaffenheit der Gegend und die Diarrhoe vollkommen erschöpft hatten. Der Busch und das dichte Unterholz dehnten sich bis zum Fuße des Gebirges hinaus. Wir gingen durch eine zwischen den zwei letzten Hügeln des Gebirges befindliche Schlucht. Charley und Brown waren auf dem höchsten Berge gewesen und versicherten auf das Bestimmteste, sie hätten eine Insel in der See gesehen, welche nichts anderes sein konnte als das Cap Maria auf Arrowsmiths Karte. Auf der Westseite des Gebirges gingen wir ungefähr sechs Meilen weit vorwärts, da wurde die Gegend offner und enthielt Überfluß von köstlichem Futter für unser Vieh und die Pferde. Das Wasser war etwas brackig.

Oktober 7. – ... John und Charley gingen zurück, um den Ochsen zu holen. Am Nachmittag kam unser Ochs an und wurde unverzüglich geschlachtet, abgezogen und in Streifen geschnitten.

Unsere Packochsen waren jetzt überladen. Deshalb warf ich das zu den getrockneten Pflanzen bestimmte Papier, einige Holzstücke, eine kleine von Herrn Gilbert gemachte Steinsammlung und die Doubletten der zoologischen Gegenstände weg. Nur die Nothwendigkeit, welche mich zwang, so zu handeln, ließ mich den Verlust verschmerzen.

Oktober 9. – ... Wir folgten einem Fußpfade der Eingebornen, die hier sehr zahlreich zu sein schienen, kreuzten mit hohem üppigem Gras bedeckte Sümpfe. Ungefähr sieben Meilen weiter trafen wir einen Farnsumpf mit schönen Buxbäumen bestanden, sowie ein Moor mit hohem steifen Grase und Farn (B!echnum). Ein kleiner fließender Creek bildete seinen Abzugs-Canal und enthielt eine Reihe tiefer Brunnen. Große Herden Enten erhoben sich bei unserm Nahen unter lautem pfeifenden Geschrei.

Oktober 14. – ... Das rothe Känguruh war an den Gräben längs des Flusses sehr häufig. Auf dem Gipfel eines steinigen Hügels trieben wir in einem Gehölz eine Herde rother Waldkänguruhs auf. Charley und Brown verfolgten sie mit Spring und erlegten ein junges Männchen. Ich hatte meinen Gefährten versprochen, wenn wieder ein Känguruh gefangen würde, sollte es ganz gebraten werden, es möchte noch so groß sein. Deshalb verzehrten wir jenes ganz zum Abendbrot und haben uns wohl nie mit mehr Befriedigung zur Ruhe in unsere Decken gewickelt als heute.

Brown fand eine Eugenia mit prächtigen weißen Blüthen und großen glänzenden lederartigen, länglich lanzettlichen Blättern. Es war ein Baum von dreißig bis vierzig Fuß Höhe mit grauer Rinde und schönem hartem Holze. An dem obern Theile des Creek, an welchem wir die letzte Nacht zugebracht, stand er in Menge. Seine Früchte hatten zwei Zoll im Durchmesser, Längsrippen, und eine scharlachrothe Farbe. Abgefallen waren sie genießbar, jedoch vom Baume gepflückt hatten sie einen zwar aromatischen, aber beißenden Geschmack. Längs der hinreichend mit Wasser gefüllten Creeks in Arnhems Land, besonders am Süd-Alligator-Flusse und um Raffels Bay, war der Baum ziemlich häufig.

Oktober 15. – ... Wir kamen an den Fuß des Gebirges, welches sich plötzlich steil von der ebenen Gegend erhob. Obgleich ein unbedeutender Graben in dem Buxbaum-Grunde vorhanden war, so schien der von uns erwartete Fluß doch dem *Fliegenden Cap* der Holländer zu gleichen. Beim Ersteigen der Berge hatten unsere armen Ochsen viel zu leiden, und als wir den Gipfel erreicht, blieben sie mit aus dem Maule gestreckter Zunge keuchend stehen. Ich ließ deshalb einige Zeit halten, damit sie sich erheben konnten. Der Ostabhang des Gebirges war steil. Gegen Nordwest aber war es sanft geneigt und mit Zaserrinden-Wald bedeckt. Gegen Nordwest zeigte sich eine lange Reihe ähnlicher Gebirge. ...

Während des letzten Theiles der heutigen Reise war ich abwesend gewesen. Unglücklicher Weise war unser Känguruh-Hund Spring zurückgeblieben und dadurch das für uns so wertvolle Tier verloren gegangen. Er hatte soviel Wild zu unserer Erhaltung, ja den größten Theil desselben geschafft, daß dieser Verlust von uns schmerzlich gefühlt wurde.

Unsere Breite war 15° 10′.

Oktober 16. – Herr Calvert und Charley kehrten unseren Spuren nach zurück, um zu versuchen, den armen Hund wiederzufinden. Sie trafen ihn beinahe todt in den tiefen Spuren unseres Viehs ausgestreckt, welche er, um ein schattiges Plätzchen zu bekommen, aufgesucht zu haben schien, und brachten ihn ins Lager. Ich tauchte seinen ganzen Körper, den Kopf ausgenommen, in Wasser, und ließ ihn zur Ader. Er lebte dann noch sechs Stunden, als er anfing, dumpf zu bellen und die Beine zu bewegen, wie es die Hunde zu thun pflegen, wenn sie träumen. Es schien, als stürbe er an Gehirnhautentzündung. Da wir, wie es natürlich ist, die Thiere sehr liebten, welche mit uns die Freuden des Lebens theilten und die treuen Gefährten unserer Mußestunden waren, so wurde unsere Zuneigung zu ihnen um so stärker, wenn sie nicht allein unsere Entbehrungen mit uns erduldeten, sondern dazu beitrugen, sie uns zu erleichtern. Die kleine Welt der thierischen Wesen, welche uns umgab, war stets vor unsern Augen, jedes von ihnen der Gegenstand unserer fortwährenden Aufmerksamkeit. Wir waren mit jedem einzelnen so vertraut, daß der geringste Wechsel im Gange oder in ihrem Aussehen augenblicklich bemerkt, ihr Gesundheitszustand darnach ängstlich beobachtet wurde. Jeder Ochs, jedes Pferd hatte seine besondern Eigenthümlichkeiten, seine genau bezeichnete Individualität, welche häufig den Gegenstand unserer Unterhaltung bildete. Meine Leser werden sich deshalb meine große Betrübnis leicht vorstellen können, von welcher ich von neuem befallen wurde, als ich genöthigt war, zwei unserer liebsten Ochsen lange Zeit, bevor es nöthig war, zu schlachten, und als unser armer Hund starb, auf welchen wir alle unsere Hoffnung bauten, daß wir durch ihn im Stande sein würden, das Ziel unserer Reise zu erreichen.

Brown war jetzt, entweder durch Zufall oder unter dem Einflusse unbewußter melancholischer Gefühle, der Gewohnheit verfallen, fast ununterbrochen den Soldaten-Todesmarsch zu pfeifen oder zu singen, was auf mich einen eigenthümlich beklemmenden Eindruck hervorbrachte, so daß ich häufig gezwungen war, ihn zu bitten, etwas anderes zu singen...

Oktober 19. – Wir legten ungefähr vier Meilen N 30° W über Ebenen und durch eine offene undulierende Gegend, welche mit Buxbaum und Himbeergelee-Bäumen bestanden war, bis zu der Lagune zurück, welche von meinen Gefährten entdeckt worden war. Die Schwarzen hatten in ihrem Berichte nicht übertrieben, weder was die Schönheit der Gegend noch was die Größe der Lagune und die Fülle thierischen Lebens in derselben anbetrifft. Es war für uns in der That ein neues Schauspiel, die Millionen Enten und Gänse sich erheben und an der Lagune auf- und abfliegen zu sehen, als wir an derselben entlang unsern Weg fortsetzten. Casuarien, hängende Theebäume, die Mangrovemyrte (Stravadium) und Himbeergelee-Bäume standen entweder auf der Aue oder gruppiert an den Ufern. Polygonum bedeckte den Wasserspiegel.

Als wir zum Ende der Lagune kamen, welche auf der linken Seite durch eine felsige Anhöhe weichen Psammits begrenzt war, bemerkte ich gegen Norden nicht ganz 300 Schritt entfernt einen grünen Gürtel Bäume. Nachdem ich nach demselben hingeritten war, sah ich mich an den Ufern eines großen Süßwasser-Flusses von 500 bis 800 Schritt Breite. Die Ufer desselben waren nicht sehr hoch und dicht

Van-Diemens-Land (Gemälde von Joseph Lycett)

mit Salzwasser-Hibiscus, welcher die Luft mit dem Wohlgeruche ihrer Blüthen, ähnlich dem des Jasmin, erfüllte, umgeben. Das Wasser war etwas trübe, als wenn es eben erst den Fluß herabgekommen wäre. Zur Fluthzeit stieg es volle drei Fuß. Es war der Fluß, welchen Herr Roper zwei Tage zuvor gesehen hatte, und ich benannte ihn, wie ich es versprochen, nach ihm. Die Eingebornen waren dem Anscheine nach zahlreich, denn ihre Pfade längs der Lagune waren stark betreten. Charley, Brown und John, welche an der Lagune gewesen waren, um Wasservögel zu schießen, kehrten zum Mittagessen mit zweiundzwanzig Enten zurück und gingen des Nachmittags wieder hin, um zum Abendbrot und Frühstück mehr zu erlegen. Es glückte ihnen, einunddreißig Enten und zwei Gänse zu schießen, so daß wir einundfünfzig Enten und zwei Gänse für drei Mahlzeiten hatten, die dann auch alle gegessen wurden, einige Überbleibsel ausgenommen, welche für das nächste Lager aufgehoben wurden.

Oktober 21. – Nachdem wir lange Zeit auf die Pferde gewartet, kam Charley und brachte die traurige Nachricht, daß drei der stärksten von ihnen an der Verbindung des Creek mit dem Flusse *Roper* ertrunken wären. Obgleich die Ufer des Roper steil und schlammig waren, so war der breite Creek, welchen wir getroffen, kaum zwei Meilen entfernt und gestattete es, auf ganz leichte Weise zu seinem steinigen Bett zu gelangen.

Dieses unselige Ereignis benahm mir allen Muth, sodaß mich einen Augenblick ein Schwindel befiel; es war aber nicht zu helfen. Unfähig, die Ladung meiner Ochsen zu vergrößern, sah ich mich genöthigt, den Theil meiner botanischen Sammlungen, welcher von einem der Pferde getragen worden war, zurückzulassen. Die Frucht mancher Tagesarbeit wurde dem Feuer übergeben. Mir traten Thränen in die Augen, als ich sah, wie eins der interessantesten Resultate meiner Reise in Flammen aufging. Die kleine Pflanzensammlung des

Herrn Gilbert, welche ich bisher so sorgfältig mit mir geführt, erfuhr dasselbe Schicksal. Sie war jedoch von geringem Werthe, denn die Pflanzen befanden sich meist in keinem guten Zustande, da sie zu stark gepreßt waren. Meine Sammlung hatte den bedeutenden Vortheil, daß sie die Pflanzen meist vollständig mit Blüthe, Frucht und Samen enthielt. Durch die lange Dauer der Reise und die verhältnismäßige Gleichförmigkeit der australischen Flora war es mir möglich geworden, sie in der Weise zu erhalten.

Oktober 22. – Wir legten ungefähr sechs Meilen gegen Westen zurück. Dann kamen wir zu einem breiten Creek, welcher uns nöthigte, fünf Meilen weit gegen Süden zu gehen, um ihn zu kreuzen. Die Gegend bestand aus einer Reihe Buxbaum-Auen, am Flusse liegend, von kahlen Bergen in der Ferne begrenzt, welche jedoch später so nahe an den Fluß herantraten, daß es schwierig wurde, ihm weiter zu folgen. Wir mußten einen Casuarinen-Bach kreuzen, welcher, obgleich sehr unbedeutend, doch so sumpfig war, daß wir uns in großer Gefahr befanden, wieder zwei Pferde einzubüßen... Die Tage waren sehr heiß bei wolkenlosem Himmel, des Nachmittags wehte ein heftiger Ostwind. Die Nächte waren kühl und angenehm, jedoch thaute es nicht.

Oktober 23. – An diesem Morgen zeigten Eingeborne durch ein leises Pfeifen ihre Ankunft im Lager an. Wir forderten sie auf, näher zu kommen. Von drei jungen Leuten hieß einer »Gnangball«, der andere »Odall« und ein Knabe »Nmamball«. Dieselben drei Namen wurden auch noch einigen andern gegeben und unterschieden wahrscheinlich drei verschiedene Familien oder Stämme. Wir gaben ihnen drei Papierblätter mit Zeichnungen von Känguruhs, Emus und Fischen. Als wir unsere Ochsen beluden, kam ein ganzer Haufe unter fürchterlichem Geschrei herbei. Einer von ihnen tanzte und sprang umher, indem er unaufhörlich schrie und seine Lanze, welche mit einem Büschel Opposumhaaren verziert war, schwang wie ein Tambourmajor. Ich schnallte ihm einen zerrissenen Gurt um den Leib, was ihn wunderbar abzukühlen schien. Als wir aufbrachen, folgten sie uns. Indem sie uns verließen, zeigten sie den Fluß hinab und sprachen wiederholt das Wort: »Aroma! Aroma!« aus.

Der Fluß theilte sich in zwei ziemlich gleiche Arme, von denen der eine von Norden, der andere von Nord-West bei West kommt. Ich nannte den von Norden kommenden den *Wilton*.

Drei Meilen von der Vereinigung des Wilton mit dem Roper schlugen wir das Lager wieder an den steilen Ufern des letztern auf, und zwar an einer Stelle, an welcher es, wie ich glaubte, den Pferden und Ochsen möglich sein würde, sicher zum Wasser zu gelangen. Eins der Thiere war aber so unglücklich, hineinzurutschen. Alle Mühe, ihm herauszuhelfen war vergebens. Seine wiederholten Versuche, das schlammige Ufer zu erklettern, verursachten, daß er nur noch tiefer versank. Mit dem Einbruche der Nacht erwarteten wir das Steigen der Fluth. Ich wachte die ganze Nacht bei ihm, und bei dem hohen Wasserstande glückte es uns, es aus dem Wasser zu ziehen. Es fing an, wieder heftige Anstrengungen zu machen, wobei unglücklicher Weise die Seile rissen, welche wir um den Vorderkörper geschlungen, und es fiel in den Fluß zurück. Zuletzt fand ich einen einigermaßen erträglichen Platz ungefähr fünfzig Schritte höher hinauf; aber als ich es, mit ihm schwimmend, den Fluß hinaufleitete, um es an den Baumstämmen vorüberzubringen, verwickelte es sich in der Leine, woran ich es hatte, überschlug sich und ertrank auf der Stelle. Dadurch wurde die Zahl unserer Pferde auf neun vermindert. Als dieselben zum Lager gebracht wurden, rutschte wieder eins ins Wasser. Ich schwamm jedoch mit ihm sogleich nach einem guten Landungsplatze, und wir retteten es glücklich.

Es wurden einige Radjah-Enten und Känguruhs gesehen.

Charley schoß eine Trappe. In dem Wasser plätscherten große Fische. Ich sammelte die große rankende Bohne mit grünen Blüthen, welche dicke Schoten, ein bis drei Samen enthaltend, hatte. Ihre harte Hülse wurden durch Rösten sehr leicht zerbrechlich. Ich zerstieß die Bohnen und kochte sie mehrere Stunden lang. Dadurch wurden sie weich und lieferten eine Art Suppe, die jedenfalls sehr nahrhaft war. Den großen Steinen nach zu urtheilen, welche wir häufig in den Lagern der Eingebornen fanden und die stets mit Mehltheilchen von darauf zerklopften Samen bedeckt waren, schien es, als benutzten die Eingebornen diese Bohne. Ich konnte mir jedoch keine Gewißheit darüber verschaffen, ob sie es verstanden, sie zu kochen. Guten Caffee gab sie nicht, und wenn wir sie in einem eisernen Topfe kochten, wurde das Wasser ganz dunkel gefärbt.

Oktober 25. – ... Einige Höhenzüge mit felsigen Abhängen näherten sich dem Flusse. Drei merkwürdig geformte Hügel, zwei auf der rechten und einer auf der linken Seite des Flusses, bildeten charakteristische Landmarken. Ihre Gipfel waren von senkrechten Wänden umgeben, von deren Fuße steile, felsige, aber einförmige Abhänge nach der ebenen Gegend hinabliefen. Die Nachbarschaft des Flusses und der untern Theile der Gräben wurde von dichtem hohen Rohre eingenommen. Edle Casuarinen wetteiferten an Schönheit mit den hängenden Theebäumen. Eine Art einheimischen Tabaks mit kleineren Blüthen und strahlig auf dem Boden ausgebreiteten Blättern wuchs auf den freien Stellen an den Wasserhältern. Der Fluß enthielt weite Flächen Wassers, welche durch einen kleinen Canal miteinander in Verbindung standen. Das rothe Känguruh war besonders in einem Sumpfe am Flusse sehr zahlreich. Radjah-Enten und Ibisse umgaben die Wasserhälter. Charley schoß zwei Känguruhs.

Oktober 26. – Wir ergötzten uns in hohem Grade an den zwei Känguruhs, welche geschmort worden waren, indem ich, um der Brühe mehr Kraft zu geben, etwas Haut hinzugethan hatte. Die letztere war fast fünf Monate alt und hatte als Decke für meine Pflanzensammlung gedient, welche ich mich gezwungen gesehen hatte, zurückzulassen. Sie erforderte, daß sie längere Zeit kochte als frische, und war ziemlich geschmacklos...

Indem wir unserm leicht gewundenen Pfade über das lose Gestein folgten, stürzte Browns Pferd, und wir sahen uns gezwungen zu halten. Nach all dem Unglück, welches uns in der letzten Zeit betroffen, war ich auf die Wechselfälle aufmerksam geworden, denen wir ausgesetzt waren, mehr noch als nach Gilberts Tode, seit welchem wir über tausend Meilen zurückgelegt, ohne daß uns ein bedeutendes Unglück zugestoßen war. Zu Anfang der Reise trieb mich das Rufen meiner Gefährten, welche die Ochsen und Pferde leiteten, zurück, um beim Beladen eines unserer widerspenstigen Thiere behilflich zu sein, einen zerbrochenen Packsattel auszubessern oder nach den verloren gegangenen Riemen zu suchen. Dies war äußerst beschwerlich und ermüdend, jedoch geschah es gleichsam instinktartig und war von der Hoffnung auf ein schnelleres Fortkommen begleitet. Seit wir aber den Sieben-Emu-Fluß verlassen, zeigten mir diese Rufe stets das Ermatten unserer armen Thiere an. Mit dem Zustande der Erschöpfung, in welchem sie sich befanden, nur zu wohl vertraut, befürchtete ich beständig, daran erinnert zu werden, denn durch mein fortgesetztes oder ununterbrochenes Reiten war ich im höchsten Grade reizbar und abgespannt worden. Durch den Tod und Verlust unserer Reservepferde vermochten wir es nun auch nicht mehr, einige durch die frei gebliebenen andern abzulösen. Wir bemerkten daher bald ihre zunehmende Schwäche. Diese wurde nun dadurch bedeutend vermehrt, daß wir genöthigt waren, stets zwei Pferde in der Nähe des Lagers gefesselt zu halten, nicht allein, damit wir des Morgens die andern früher und leichter finden konnten, sondern auch damit sie bei einem etwaigen Angriffe von Seiten der Eingebornen zur Vertheidigung dienen konnten.

Oktober 27. – ... Herr Roper begegnete drei Eingebornen und unterhielt sich mit ihnen. Es schien, als hätten sie sich nicht vor ihm gefürchtet. Es stürzte wieder eins unserer Pferde, wodurch wir genöthigt waren, sehr früh das Lager aufzuschlagen. Da sie alle äußerst erschöpft waren, gestattete ich, daß sie frei weideten, ohne die gewöhnliche Vorsicht zu beobachten, zwei gefesselt zurückzubehalten für den Fall, daß wir von den Eingebornen plötzlich angegriffen werden sollten. Es schien, als wäre diese Gelegenheit absichtlich benutzt worden, denn bei Einbruch der Nacht zu Anfang von Charleys Wache schlichen sich vier Wilde zum Lager und waren schon bereit, ihre Speere auf uns zu schleudern, als sie von Charley bemerkt wurden, der augenblicklich Lärm machte. Wir sprangen sofort auf, aber sie waren bereits verschwunden.

... Zu jener Zeit litt ich an großer Reizbarkeit der Haut und war am ganzen Körper mit Hitzebläschen bedeckt. Der leiseste Druck oder die unbedeutendste Reibung erzeugten Entzündung und Geschwüre, besonders an den Knien. Herr Philipps litt ebenfalls in der Weise an den Armen, besonders den Ellbogen. Herr Gilbert war denselben Hautkrankheiten unterworfen, als wir über das Peakgebirge und längs des Isaacs reisten. Seit jener Zeit bis jetzt hatte niemand von der Reisegesellschaft durch dieselbe zu leiden gehabt.

Oktober 29. – Die Akazie der Expeditionsberge stand auf der weiten Aue, besonders an den Brunnen der Eingebornen, prächtig und in großen schönen Bäumen. Ihre Samen waren indes ausgefallen oder durch das letzte Buschfeuer geröstet. Herr Philipps, dem viel daran lag, einen Ersatz für den Caffee zu entdecken, und dem wir auch den Gebrauch der Flußbohne des Mackenzie zu verdanken hatten, sammelte die

Samen, röstete und kochte sie. Er gab mir den Absud zu kosten. Ich fand ihn aber so außerordentlich bitter, daß ich Herrn Philipps warnte, auch davon zu trinken. Sein Verlangen nach einem warmen Getränk, welches während der Tagereise immer mehr zugenommen hatte, verleitete ihn jedoch, ungefähr eine halbe Kanne davon zu genießen, was ihn sehr unwohl machte und bei ihm heftiges Erbrechen und Diarrhoe während des Abends und der ganzen Nacht verursachte. Der Gummi dieser Akazie ist ein wenig zusammenziehend, aber völlig unschädlich.

... Während der Nacht besuchten fliegende Füchse die Gummibäume in Masse, um den Honig aus den Blüthen zu saugen. Charley schoß drei derselben, aus denen wir uns ein verspätetes, aber willkommenes Abendessen bereiteten. So fett wie die, welche wir früher gegessen, waren sie nicht, auch schmeckten sie etwas scharf. Da sie jedoch in der Dunkelheit zubereitet wurden, war es schwierig, die Ursache des besonderen Beigeschmacks zu entdecken, zumal es dem Meister Brown stets daran lag, damit so bald als möglich fertig zu sein und beim Reinigen derselben nicht übermäßig eigen war.

Oktober 31. – Als wir aufbrechen wollten, war Browns altes Pferd fort. Nach langem Suchen wurde das arme Thier auf der entgegengesetzten Seite des Creek, auf dem Rücken liegend und unfähig sich zu bewegen, gefunden. Es gelang uns, es umzuwenden und ihm aufzuhelfen. Jedoch war es so schwach, daß es kaum im Stande war zu stehen. Unsere Thiere waren sehr ermattet und lahm geworden, in Folge daß wir mehrere Tage hindurch über felsige Berge gereist waren, und bedurften einiger Ruhe. Ich beschloß deshalb, einen Tag hier zu bleiben, da kein Ort besser zu ihrer Erholung geeignet sein konnte. Das Gras war jung und mannigfaltig, das Wasser angenehm kühl. Die einzeln stehenden, umfangreichen Bäume boten erquickenden Schatten dar. Zahlreiche Vögel besuchten das Wasser. Ein Ptilotis unterhielt uns durch

Eingeborene bei der Ausräucherung der Opossums (nach J. Stuart)

seinen angenehmen, wohlklingenden Gesang bei Tagesanbruch, wie der gelbkehlige Pinselzüngler durch ununterbrochenes abwechselndes Singen und Pfeifen während des Tages. Brown und Charley gingen nach fliegenden Füchsen auf Jagd und kehrten zum zweiten Frühstück mit zwölf Stück zurück. Während des Nachmittags gingen sie wieder aus und brachten wieder dreizehn.

Die Eingeborenen als Führer durch den Sumpf

November 1. – Wir erreichten 14° 16′ 17″ Breite, nachdem wir ungefähr neun Meilen Nord-West bei Nord zurückgelegt hatten. Ein Sandstein-Gebirge trat so nahe zum *Fliegenden-Fuchs-Creek* hinan, daß wir genöthigt waren, es zu übersteigen. Später hatte die Gegend das Aussehen eines großen Parkes. Die Menge Rauch, der sich in der ganzen Ausdehnung des Thales erhob, zeigte, daß die Gegend zahlreich bevölkert war. Nach Sonnenuntergang sammelten sich in der Nähe unseres Lagers eine Menge Eingeborner und steckten das Gras in Brand, so daß der Himmel davon geröthet wurde, da das Feuer nach allen Seiten um sich griff. Sie suchten uns Furcht einzuflößen, indem sie im Chore das Geheul von Hunden nachahmten, zogen sich jedoch zurück, als sie sahen, daß ihnen das nichts half. Während der Nacht ließen sie uns ungestört. John und Charley kehrten gegen Sonnenuntergang mit neunundzwanzig Stück fliegenden Füchsen zurück, die uns ein schönes Frühstück und Mittagessen lieferten.

November 3. – ... Des Mittags lagerten wir unter zwei Sarcocephalus-Bäumen mit weit gespreizten Ästen, welche uns angenehmen Schutz gegen die glühenden Strahlen der

Sonne gewährten. Als aber die Sonne sank, verlängerten sich schnell die Schatten, welche die runden Kronen der Bäume warfen, und wir mußten dem beschatteten Platz stets nachfolgen, um einige Linderung der Hitze zu erhalten, die so entkräftend und ermattend auf uns einwirkte, daß uns die geringste Bewegung lästig wurde. Nach Sonnenuntergang bei der vergleichsweise kühlen Abendluft lebten wir wieder auf. Nur während der ersten Stunden des Tages und vor Sonnenaufgang fühlte ich mich geneigt, eine Beschäftigung vorzunehmen, welche etwas körperliche Bewegung erforderte. Es war in der That ein wahrer Genuß, ohne Decke auf dem Lager zu ruhen und die erbleichenden Tinten der untergehenden Sonne zu beobachten. Der regelmäßige Seewind erhob sich während der Nacht nicht. Um zehn und ein halb Uhr p.m. bemerkten wir dagegen eine leise Bewegung in der Atmosphäre und glaubten Feuchtigkeit in derselben zu fühlen, als wenn entfernt ein Gewitter vorübergezogen wäre und dem Vordringen des Seewindes Einhalt gethan hätte.

November 4. – ... Unsere Ochsen waren so lahm geworden und durch die außerordentliche Hitze in dem Grade erschöpft, daß ich sie nur unter den größten Mühseligkeiten davon zurückhalten konnte, mit ihren Ladungen ins Wasser zu laufen. Einer von ihnen, welcher die Überreste meiner Pflanzensammlung trug, benutzte die Gelegenheit und sprang in einen tiefen Wasserbehälter. Er schwamm vergnügt darin herum und schien froh zu sein, während ich vor Schreck aufschrie, als ich sah, wie meine Pflanzen durchnäßt wurden.

November 5. – ... In den Lagerstellen der Eingebornen wurden häufig Überreste von Süßwasser-Schildkröten gefunden. Herr Calvert sah das Bild einer solchen mit rothem Ocker an einen Fels gezeichnet. Wahrscheinlich bildet dieses Thier einen ansehnlichen Theil der Nahrung der Eingebornen. John Murphy berichtete, daß er eine, aus Stücken Zaserrinde errichtete Hütte Eingeborner gesehen hätte, die groß genug gewesen wäre, um unsere ganze Gesellschaft aufzunehmen. Die Hütten, welche ich gefunden hatte, waren auch sehr geräumig, jedoch mit Theebaum-Rinde gedeckt. Von dem Gebirge war in jeder Richtung Rauch von den Feuern Eingeborner sichtbar. Die von ihnen abgesengten Stellen führten uns unveränderlich zu Creeks.

November 6. – ... Wir kamen an den äußersten Rand des sandigen Tafellandes, von welchem wir ein weites, gegen Westen von hohen Gebirgen begrenztes Thal überblickten. Darauf folgten wir den verschiedenen Krümmungen eines sehr steinigen Creek, um Wasser zu suchen. Die Grallina australis ließ sich von Zeit zu Zeit hören, doch stets nur, um uns zu täuschen. Kakadus, Tauben und Finken erwiesen sich alle als falsche Propheten. Jedoch fanden wir ungefähr noch fünf Meilen weiter eine kleine Lache, an welcher ganz kurz zuvor Eingeborne gelagert hatten, und noch drei Meilen weiter zwei schöne von Pandanus umsäumte Wasserhälter.

Unsere Pferde und Ochsen waren so lahm, daß sie auf dem steinigen Boden kaum fortkommen konnten.

Die Anhöhen waren mit einer baumartigen Capparis bestanden, deren reife Früchte den Erdbeeren sehr ähnlich schmeckten, dagegen unreif äußerst beißend waren.

Ich glaube, daß alle Creeks, welche wir getroffen, seitdem wir den Roper verließen, zu diesem gehören und daß alle westlichen Gewässer, welchen wir begegneten, bis wir den *Süd-Alligator-Fluß* erreichten, zu dem Systeme des letztern gehören. Die Scheide der östlichen und westlichen Gewässer befindet sich meiner Beobachtung zufolge unter 133° 35′ Länge.

November 7. – Wir folgten dem Creek vier bis fünf Meilen weit und machten auf einem schönen Grasplatze mit guten Wasserhältern Halt, um einen unserer Ochsen zu schlachten und den übrigen nebst den Pferden einige Erholung zu gewähren. Die armen Thiere waren ganz und gar herabgekommen und selbst ohne Ladung nicht mehr fähig, weit zu gehen. Von meinen Lesern werden sich vielleicht einige wundern, daß unsere Ochsen so sehr gelitten hatten, obgleich wir in kurzen Tagereisen durch eine Gegend gekommen waren, welche ebensowohl schön begrast als hinreichend bewässert war. Sie mögen aber den Himmelsstrich in Betracht ziehen, unter welchem wir reisten, sowie die Hitze, welcher wir ausgesetzt waren. Die steinige Beschaffenheit des Bodens, über welchen wir kamen, trug nicht weniger zu ihrer Lahmheit und Erschöpfung bei.

Apfelgummi, Blutholz und Pappelgummi wuchsen rings um unser Lager. Das Gras war weich, bildete aber einzelne Büschel.

Der Nachtwind erhob sich um drei Viertel auf neun heftig, voll und warm aus Nord-Ost oder Nord bei Ost. Vor Tagesanbruch war die Luft etwas mit Feuchtigkeit geschwängert, wodurch das fast völlig trockene Fleisch wieder ein wenig anzog.

Während des 8. November waren wir damit beschäftigt, das Fleisch zu trocknen, unsere Sachen zu waschen und auszubessern und die wenige Ladung, welche uns geblieben war, zu ordnen.

November 10. – ... Die tiefen, von Quellwasser gefüllten Lachen, welche eine Menge Zeichen trugen, daß sie von den Eingebornen häufig besucht werden, gleichen Oasen in dem dürren, traurigen, sandigen Walde und bildeten köstliche schattige Gruppen, welche auf alle Sinne einen angenehmen Einfluß ausübten. Känguruhs und verschiedene Vögel, besonders der weiße Kakadu waren zahlreich. Kleine Bienen setzten sich wie Fliegen auf unsere Hände, auf mein Papier und auf unsere Suppenteller und deuteten Überfluß von Honig an. Eine kleine Cicade war aus ihrem Schlummer erwacht und sang äußerst fröhlich. Durch einen unseligen Zufall hatte sich eins unserer Pferde heftig in den Leib gestoßen. Ich zog ihm ein Haarseil durch die bedeutende Geschwulst, obgleich ich seines erschöpften Zustandes wegen wenig Hoffnung für seine Erholung hegte.

November 11. – Wir legten ungefähr zehn Meilen in grader Linie zurück, hatten aber einen weiten beschwerlichen Umweg zu machen. Von einem der Hügel, welche das schmale Thal des Creek umschlossen, hatte ich eine höchst entmuthigende, trostlose Aussicht über eine schrecklich steinige Gegend. Es schien, als ob eine Hochebene, welche aus horizontalen Sandstein-Schichten gebildet gewesen wäre, buchstäblich in Stücke gehackt worden sei, so lagen die Blöcke von den verschiedensten fantastischen Gestalten da. Eine grüne Pflanzenmenge hatte in den Spalten und Klüften wuchernd Wurzeln geschlagen und verbarg zur Hälfte die Schwierigkeiten, welche uns bei unserm Versuche, unsern Weg darüber fortzusetzen, erwarteten. Der Creek, in und längs dessen Bett wir uns langsam hinwanden, lag meist voll von großen Felsstücken, zwischen welchen unsere Pferde und Ochsen häufig ausglitten. Steile und ganz senkrechte Felsen zu beiden Seiten zwangen uns, ihn zu verlassen. Nachdem wir einem der ihm zufließenden Creeks bis zu dessen Ursprung gefolgt waren, kamen wir gegen Norden zu einem andern, welcher uns zu einem gegen West bei Süd laufenden Fluß führte. Unter den größten Schwierigkeiten stiegen wir an seiner Seite die steilen Abhänge hinab und errichteten in seinem Bett an einem großen Wasserbehälter unser Lager.

November 12. – Wir hatten uns gezwungen gesehen, das verwundete Pferd zurückzulassen. Als Charley diesen Morgen zu ihm ging, um es nachzubringen, fand er das arme Thier bereits todt... Der andere Creek war dicht mit Busch bedeckt und sein Thal auf beiden Seiten von fast senkrechten Wänden eingeschlossen. Myriaden fliegender Füchse hingen in dichten Klumpen in den schattigen und etwas feuchten

Stellen des Waldes an den höchsten Bäumen. Sie flogen auf, als wir vorüberkamen, und erzeugten durch das Schlagen mit ihren großen Flughäuten ein Geräusch ähnlich dem eines Hagelwetters.

November 13. – Die beiden Pferde, welche Charley und ich selbst gestern geritten, hatten so sehr gelitten, daß ich ihnen einen Tag Ruhe gewähren mußte. Während dem ging ich mit Charley und Brown nach der Stelle, wo wir die größte Menge fliegender Füchse gesehen, und während ich die Bäume untersuchte, schossen meine Begleiter siebenundsechzig, von welchen fünfundfünfzig nach unserm Lager gebracht wurden. Sie lieferten Frühstück, Mittag- und Abendessen, für jeden von uns acht Stück. Der fliegende Fuchs lebt hier von einer kleinen blauen, ovalen Steinfrucht von scharfem Geschmack und bitterem Kern, die von einem Baume mittlerer Größe getragen wird. Sehr kleine Exemplare der Seaforthia-Palme wurden hier zum ersten Male beobachtet, ferner die große scharlachrothe Frucht der Eugenia gefunden.

In der Nacht hörten wir seit mehreren Monaten zum ersten Male wieder das Rollen des Donners.

November 14. – Während der Nacht wurden Gewitterwolken und Wetterleuchten in jeder Richtung gesehen. Die ganze Atmosphäre schien in Aufruhr zu sein. Es trafen uns häufig Regenschauer. Dabei waren unsere Wachstuchdecken während der Reise so in Stücke zerrissen, daß sie uns und unsere Sachen kaum vor Nässe schützten. Am Morgen des 15. schien die ganze Natur neu belebt. Mein niedergedrückter Geist erhob sich wieder bei dem wohlriechenden Dufte der Vegetation, dessen man sich in Australien merkwürdiger Weise so sehr zu erfreuen hat, da die dort so zahlreich vertretene Familie der Myrtaceen und grade durch ihre todten Blätter so viel zum allgemeinen Wohlgeruche beiträgt. Diesen Tag haben wir sechs Meilen gegen WNW zurückgelegt.

November 16. – Wir legten neun Meilen Nord-West bei West zurück, indem wir zahlreiche felsige Creeks und etwas undulierende Gegend kreuzten und eine außerordentlich felsige Bergreihe unter vieler Mühe übersteigen mußten. Gegen Ende der Tagereise kamen wir zu einem großen Pandanus-Creek, dem wir folgten, bis wir in seinem Bett einige schöne Wasserlachen fanden. Meine Gefährten hatten einige Tage zuvor die unreifen Früchte von Coniogeton arborescens Br. gesammelt, welche durch Kochen dem Wasser einen angenehmen säuerlichen Geschmack mittheilten und sich auf diese Weise zubereitet selbst ziemlich gut essen ließen. Reif waren sie süß und weich, ähnlich wie Stachelbeeren, obgleich ihre Schale nicht so dick war wie die jener. Diese Ähnlichkeit veranlaßte uns, den Baum den »kleinen Stachelbeer-Baum« zu nennen.

November 17. – Wir setzten die Reise vier oder fünf Meilen weit durch Wald fort, kreuzten einige steinige Creeks und folgten dem bedeutendsten derselben, der gleichfalls in seiner ganzen Länge außerordentlich felsig war. Das Gestein war meist horizontal geschichtet. Es befanden sich einige hohe Fälle in dem Bett, welche mich nöthigten, den Creek zu verlassen. Ich hatte auf dem höher liegenden Ufer den Weg fortgesetzt, als sich plötzlich eine weite Aussicht über ein prächtiges Thal vor uns ausbreitete. Wir hielten mit dem ganzen Zuge an dem Rande eines steilen Abhanges von ungefähr 1800 Fuß Höhe, welcher sich weit gegen Osten hinzuziehen schien. Ein großer Fluß, welcher verschiedene aus Ost, Süd-Ost, Süd-West und West in sich aufnahm, schlängelte sich durch das Thal. Ich ging zu Fuß nach der Mündung des Creek, doch hielt mich der steile Abhang davon zurück, weiter fortzukommen. Ebenso war es bei einem anderen kleinen Creek. So sahen wir uns gezwungen, zurückzukehren und eine passendere Stelle zum Herabsteigen zu suchen. Glücklicher Weise hatte das letzte Gewitter in der Nacht zuvor eine große Zahl kleiner felsiger Becken hinreichend gefüllt, daß wir dadurch für einen Tag versorgt waren. Des Nachmittags begleitete mich Charley wieder zu Fuß, denn zwischen den großen losen Sandstein-Blöcken war es keinem Pferde möglich fortzukommen, auf einem Ausfluge gegen Norden. Wir untersuchten einige Creeks und Gräben, sämtliche von wildem und felsigem Charakter, fanden aber, daß es in dieser Richtung unmöglich war, in das Thal hinabzukommen. Charley schoß ein Känguruh, gerade als es, durch unsere Schritte aufgeschreckt, hinter einem überragenden Felsen von einem schattigen Plätzchen aufsprang. Wir beobachteten eine große Menge Heuschrecken von hellziegelrother mit Blau punktierter Farbe. Der hintere Theil des Brustschildes und die Flügel waren blau. Sie selbst war zwei Zoll lang und hatte dreiviertel Zoll lange Fühler.

November 18. – Wir kehrten nach dem Creek zurück, in welchem wir am 16. gelagert, und schlugen die Zelte etwas weiter hinab auf, weil dort das üppige Gras gutes Futter für unser Vieh zu geben versprach. Unmittelbar nach dem zweiten Frühstück brach ich mit Charley wieder auf, ich zu Pferde, mein Begleiter jedoch zu Fuße, um am Creek hinabzugehen. Derselbe war bald sehr steinig. Von beiden Seiten her vereinigten sich Creeks mit ihm, die sämtlich Schluchten mit steilen Wänden bildeten. Einige von diesen Schluchten waren wenig schräg geneigt, mit gutem Erdboden ausgefüllt und in ihrem untern Theile mit einer Strauch-Vegetation offen bestanden. Weiter hinab traten jedoch die Felsen immer näher zusammen, bis die schmale Schlucht mit ganz steilen Wänden plötzlich zu einer tiefen Kluft zusammensank, in die hinabzusteigen der kühnste Gemsenjäger nicht gewagt haben würde. Ich beschloß nun, die Gegend gegen Süden zu untersuchen. Da es jedoch schon spät und mein Pferd sehr lahm geworden war, blieb ich für die Nacht auf dem nächsten Grasplatze und schickte Charley zu meinen Gefährten mit dem Auftrage zurück, diese sollten am nächsten Morgen so weit als möglich am Creek hinabgehen, damit das weitere Forschen erleichtert würde, denn es war in diesem Klima zu Fuß zu reisen im höchsten Grade anstrengend.

November 19. – Ich besänftigte meinen nagenden Hunger, welcher zwanzig Stunden hindurch sehr auf die Probe gestellt worden war, durch die kleine Frucht einer Acmena, welche in der Nähe der die sandigen Grasplätze einschließenden Felsen wuchs, bis mir meine Gefährten meine Ration von gedämpfter frischer Haut brachten. Dann gingen wir ungefähr drei Meilen weit am Creek hinab und lagerten in dem dunklen Schatten eines Felsbuxbaumes mit weit verzweigten Ästen, welchen ich seit wenigen Tagen bemerkt hatte. Von dieser Stelle brachen wir, ich mit Brown in einer, Charley in einer anderen Richtung auf, um durch das Felslabyrinth einen Durchgang zu finden. Nach einem äußerst anstrengenden Klettern in den Felsschluchten hinab und hinauf sahen wir uns am Rande jenes schönen Thales, das gleich dem gelobten Lande sich vor uns ausdehnte. Wir hatten hier eine weite Aussicht auf die östlichen Ausläufer und sahen zur Rechten einen senkrechten Wall weit sich hinziehen, von schmalen Klüften durchschnitten, in denen ebenso viele Bäche hinabstürzten. Dieselbe Felswand dehnte sich auch zur Linken hinaus, war aber von einem wenn auch sehr steilen Abhange unterbrochen. Nach vielem Hin- und Herziehen gelang es uns, ihn zu finden. Er erwies sich in der That als sehr steil. Sein oberer Theil bestand aus Sandstein und Conglomerat, unten jedoch zeigte sich ein grobkörniger Granit. Wir wollten von dem Abhange zurück nach unserm Lager einen Weg bezeichnen. Dazu hatte ich eine Axt mitgenommen. Mittels der Axthiebe war es für Browns scharfes Auge ein leichtes, von fern den Weg zu erkennen.

November 20. – Wir legten den an den Bäumen bezeichneten Weg nach dem Abhange zurück und kamen, diesen hinabsteigend, gesund und wohlbehalten in dem Thale an. Vieh und Pferde befanden sich jedoch in einem trostlosen Zustande. Der Weg längs der steinigen Creeks zwischen losen Blöcken, wo ihre Füße beständig ausglitten, hatte sie äußerst lahm gemacht, und ihre Beine waren mit Wunden bedeckt. Ihr Futter hatte in der letzten Zeit aus grobem Grase oder kleinen Binsen, welche sie nicht liebten, bestanden. In dem Thale jedoch erschienen alle die weichen Gräser in dem größten Überflusse wieder, welche Pferde und Ochsen während des kurzen ihnen gestatteten Aufenthalts gierig fraßen. Der Creek bildete einen köstlichen Wasserfall von sehr bedeutender Höhe, gleich einem silbernen Bande hervorleuchtend aus der üppigen grünen Vegetation, über welche die nackte Felswand allein sichtbar war. Ich ging ungefähr drei Meilen weit gegen Nord-West am Creek fort. Hier weigerte sich einer unserer zwei uns nur noch gebliebenen Ochsen weiter zu gehen. Da unsere Fleischsäcke wieder geleert waren, beschloß ich ohne vieles Besinnen, an dieser günstigen Stelle denselben zu schlachten.

Das melodische Pfeifen eines Vogels wurde in den felsigsten und traurigsten Gegenden des Hochlandes häufig gehört. Er erhob seine Stimme von einem langsamen vollen Pfeifen in fünf oder sechs aufeinander folgenden halben Taktnoten. Es war äußerst erheiternd und meist das einzige, was uns Freude verursachte, während wir durch diese verwickelte Gegend kamen. Der Ochs wurde am Nachmittage des 20. geschlachtet.

Am 21. kamen etwas vor Sonnenuntergang vier Eingeborne zu unserm Lager. Sie schenkten uns rothen Ocker, den sie für sehr werthvoll hielten, einen Speer und eine aus Sandstein verfertigte Speerspitze. Ich gab ihnen einige Nägel und, da ich mich von vielem, was nicht zu unserm unmittelbaren Gebrauch nothwendig war, trennen mußte, auch meinen geologischen Hammer.

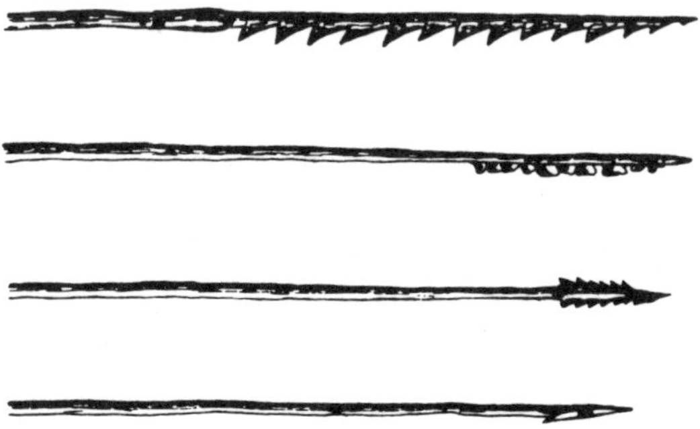

Speerspitzen

Schwärme Pfeifenten hatten von den Hältern des Creek Besitz genommen. Unser Schrot war jedoch verbraucht, und die kleinen Eisensteine, welche wir dafür zu benutzen suchten, waren nicht schwer genug, eine Ente zu tödten. Es waren uns zwar noch einige Kugeln geblieben, doch wurden diese für den Fall der höchsten Noth aufbewahrt.

November 22. – Unser Fleisch war nicht hinreichend trocken, um verpackt werden zu können, weshalb wir wieder einen ganzen Tag aufgehalten wurden. Während der Nacht strömte aber der heftigste Gewitterregen, welchen wir vielleicht bisher gehabt hatten, auf uns herab und durchnäßte es abermals. Trotz dieser Unterbrechung gelang es uns doch, das Fleisch zu trocknen, ohne daß es den geringsten üblen Geruch angenommen hätte. Sein weicher Zustand gestattete jedoch den Maden, sich daran anzusetzen, und der Regen, dem wir ausgesetzt waren, machte es sehr unschmackhaft.

Der arme Redmond, der letzte unserer Ochsen, kam häufig zu der Stelle, wo der einzige seiner Gefährten geschlachtet worden war. Als er fand, daß er fort war, kehrte er zu seiner köstlichen Weide zurück und war ganz voll und glatt, als ich ihn beladen wollte, um die Reise fortzusetzen. Es war interessant, die Ochsen zu beobachten, wie sie bei jeder

Gelegenheit und auf dieselbe Weise die Stelle untersuchten, auf welcher einer von ihrer Zahl geschlachtet worden war. Sie suchten entweder während der Nacht oder am nächsten Tage den Platz wieder auf, rannten um den Blutfleck herum, hoben den Schwanz in die Höhe, schnauften in die Luft, warfen dann und wann den Kopf in die Höhe, als wollten sie mit den Hörnern etwas durchbohren und liefen im Galopp wieder davon.

November 24. – Wir reisten ungefähr neun Meilen gegen Nord-West weiter und kamen bis zu 13° 5′ 49″ Breite. Ein klarer Nachthimmel setzte mich in den Stand, dieselbe nach einer Meridianhöhe des Castor zu beobachten. Der Breite und meinem Wege zufolge befanden wir uns am *Süd-Alligator-Flusse,* ungefähr sechzig Meilen von seiner Mündung und einhundert und vierzig von Port Essington.

Der Fluß vergrößerte sich nach und nach. Die Eingebornen riefen uns von dem andern Ufer des Flusses. Sie waren Muschelnesser erster Klasse, den Haufen Schalen nach zu urtheilen, welche wir am Flusse fanden... Die Pferdebremse fing an, sehr lästig zu werden. Die Moskitos dagegen beunruhigten uns trotz der Nähe des Flusses und des kürzlich gefallenen Regens nicht. Charley und Brown schossen fünf Gänse, welche uns ein gutes Frühstück und Mittagessen abgaben.

Ein heftiger Seewind aus Norden erhob sich jeden Nachmittag, seitdem wir in das Thal des Süd-Alligator-Flusses herabgestiegen waren.

November 25. – ... Wir schnitten unsere Büchsenkugeln in Stücke, womit Charley und Brown drei Gänse schossen.

November 26. – Ungefähr sechs Meilen von unserm letzten Lager öffnete sich eine unabsehbare Ebene vor uns, auf deren Westseite wir die grüne Linie des Flusses beobachteten. Das Wasser an unserm Lager hatte einen widerlichen, bitter alaunartigen Geschmack von dem Boden und dem Dünger der unzähligen Gänse, Enten, weißen und australischen Kraniche sowie verschiedener anderer Wasservögel angenommen. Die sumpfige Beschaffenheit des Bodens hielt unsere Pferde und Ochsen ab, sich ihm zu nähern, und diese zerstreuten sich daher sehr weit, um Wasser zu suchen. Gegen Sonnenuntergang kehrte Charley von einem ganzen Stamme Eingeborner begleitet zurück. Einer von ihnen hatte einen Schal und ein Halstuch englischer Manufaktur, ein anderer einen eisernen Tomahawk, welchen er, wie er äußerte, von Nord-West mitgebracht. Sie kannten Pichenelumbo (Van Diemens-Golf) und zeigten gegen Nord-West bei Nord, wenn wir danach fragten.

November 27. – Ein breiter und tiefer Süßwasser-Canal, welcher mit Nymphaea bedeckt und von Pandanus eingefaßt war, unterbrach unsern Weg. Ich fand bald, daß er den Abzug eines jener merkwürdigen Sümpfe bildete. Wir wendeten uns gegen O und OSO dem Abzugscanale folgend, in der Absicht, eine Furt zu suchen oder ihn bis zum Ursprunge zu umgehen. Die Eingebornen waren sehr zahlreich und überall emsig damit beschäftigt, zu fischen, auf den Ebenen Gras abzusengen oder Wurzeln zu graben.

Ich sah hier einen edeln Feigenbaum, unter dessen Schatten die Eingebornen seit einem Jahrhundert ein Lager gehalten zu haben schienen. Ungefähr zwei Meilen östlich dehnte sich der Sumpf aus, soweit das Auge blicken konnte, und schien die ganze Gegend zu umfassen, welche einen so merkwürdigen und pittoresken Anblick darbot, daß es schwer sein würde, dem Leser einen genauen Begriff davon zu geben. Das ebene Bett bestand aus einem steifen, bläulichen Thon, ohne Vegetation, meist trocken und durch die Sonnenhitze aufgerissen, die Senkungen darin waren jedoch stets feucht, ja enthielten wohl auch gefährliche, trügerische Sumpfstellen. An einigen Punkten dieser Ebene befanden sich etliche isolierte höhere Stellen oder großen Inseln gleiche Gruppen Pandanus mit hängenden Theebäumen und Ipomoea untermischt, in deren Schatten sich seichte Weiher, von einem reichen Rasen köstlichsten Grüns umgeben, breiteten. Tausende von Enten und Gänsen belebten diese Lachen.

Ich wünschte einige Zeit lang, mich mit den Eingebornen, welche uns folgten, zu unterhalten. Aber jedesmal, wenn ich ihnen den Kopf meines Pferdes zuwendete, liefen sie davon. Indem sich die Schwierigkeiten mehrten, als ich beabsichtigte, den Sumpf zu kreuzen, stieg ich vom Pferde und suchte mich verständlich zu machen. Ein Eingeborner blieb beherzt an meiner Seite und zeigte nach den besseren Stellen des Sumpfes, bis wir zu einem großen Weiher kamen. Wir lagerten an diesem, von Eingebornen in jeder Richtung umschwärmt. Knaben jeden Alters, junge, erwachsene und bejahrte Männer kamen jeder mit seinem Bündel Gänsespeeren und Wurfhölzern bewaffnet zu uns. Sie beobachteten mit neugierigen Blicken alles, was wir thaten. Sie sprachen ununterbrochen die Worte aus: Perikot, Nokot, Mankiterre, Lumbo, Lumbo, Nana Nana Nana, was wir uns natürlich bis zu unserer Ankunft in Port Essington nicht erklären konn-

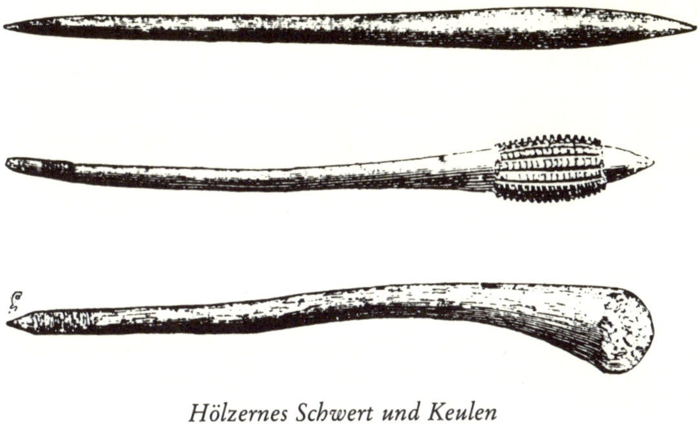

Hölzernes Schwert und Keulen

ten, wo wir erfuhren, daß sie meinten: »Very good, no good, Malayen sehr fern«. Ihre Aussprache war äußerst wohlklingend.

November 28. – Unsere guten Freunde, die Eingebornen, hatten uns durch den übrigen Theil des Sumpfes auf besten Boden geführt. Nachdem sie uns die deutlichsten Beweise von ihrer Fertigkeit, die Gänse mit den Wurfspießen zu erlegen, gegeben, verließen sie uns. Ich nahm meinen Weg gegen Norden wieder auf. Von den Eingebornen glaubte ich dahin unterrichtet worden zu sein, daß sich ein großer See oder doch ein tiefes Gewässer am Ende des Sumpfes weit gegen Osten und Nord-Osten befände.

Ein Pfad der Eingebornen führte uns durch einen widerwärtigen Theebaumsumpf, in welchem Wasserströmungen die Bäume entwurzelt hatten, so daß diese in allen Richtungen niedergestürzt dalagen und uns das Vorwärtskommen außerordentlich erschwerten. In der Mitte des Sumpfes sahen wir ein hübsches Lager mit Backofen ähnlichen Hütten, welche mit Theebaumrinde gedeckt waren.

Seitdem wir den obern Süd-Alligator-Fluß verlassen, war das Wetter günstig. Es hatte hier augenscheinlich weniger geregnet.

Seit dem 23. November war nicht eine Nacht vergangen, während der nicht lange und große Herden Gänse am Flusse herauf und hinab gezogen wären. Sie flogen so niedrig, daß wir das Schlagen ihrer Flügel deutlich hörten. Pfeifenten zogen in dichten Haufen gewöhnlich höher und mit reißender Schnelle. Wir hätten mit leichter Mühe Überfluß davon erhalten können, wäre nicht unser Schrot gänzlich verschossen gewesen.

November 30. – Der obere Theil des Creek, an welchem wir lagerten, war von Gruppen der Livistona-Palme umgeben. Da unsere Pferde durch die graue Bremse und eine große braune Fliege mit grünen Augen, welche uns selbst besonders

Speerwerfer mit Kopfband

vor Sonnenuntergang und kurz nach Sonnenaufgang sehr lästig fielen, vom Lager weit weggetrieben worden waren, mußten wir lange auf sie warten und verkürzten uns die Zeit damit, die Kronen der Livistona-Palme abzuschneiden und zu essen. Nur der unterste Theil der jungen Schossen ist eßbar, das übrige bitter. Ich glaube, sie üben einen noch übleren Einfluß auf die Eingeweide aus als die Schossen der Corypha-Palme.

Wir hielten eine kurze Sonntagsrast in dem schönen Walde, in welchem die Livistona immer häufiger wurde.

Charley war so glücklich, einen Emu zu schießen. Es war der fetteste, welchen wir am Golfe gehabt hatten.

Nach 15 Monaten in Port Essington

Dezember 2. – Während wir unsern Ochsen weideten, der nach dem fließenden Bache zurückgekehrt war, kam aus dem Walde ein hübscher Eingeborner mit der Leichtigkeit und Grazie eines Apollo, lächelnder Miene und der Sicherheit eines Mannes, dem ein weißes Gesicht etwas vollkommen Bekanntes war, auf uns zu. Er selbst war unbewaffnet, doch hielten sich eine große Zahl seiner Gefährten nicht weit hinter ihm. Wir nahmen ihn natürlich sehr freundlich auf, und nachdem sich einige junge Männer zu ihm gesellt, hörten wir ihn ganz deutlich die Worte sagen: »Commandant! Come here!« »Very good!« »What's your name?« Wenn sich meine Leser einen Begriff von meinen Gefühlen während dieser beschwerlichen Reise, wenn sie sich nur von dem zehnten Theile der Schwierigkeiten, mit welchen wir zu kämpfen hatten, eine Vorstellung machen können, werden sie sich leicht denken, welche unbeschreibliche Wirkung diese in Wahrheit magischen Worte auf uns ausübten. Wir waren förmlich elektrisiert – unsere Freude kannte keine Grenzen, und ich hätte die Schwarzen umarmen mögen, die, indem sie uns die Freude äußern sahen, freundlich grinsten und in die lauten Äußerungen unserer Gefühle einstimmten. Wir machten ihnen verschiedene Geschenke, besonders mit Lederriemen und erhielten dagegen eine Menge Büsche aus Gänsefedern von ihnen, welche die Eingebornen zum Verscheuchen der Fliegen gebrauchen. Sie kannten die Weißen von Victoria und nannten sie Balanda, was nichts weiter als »Holländer« bedeutet. Dieser Name wird von den Malayen gebraucht, von welchen er zu ihnen gekommen war. Glücklicherweise besaßen wir eine kleine Wörtersammlung, welche Herr Gilbert bei seinem früheren Aufenthalte in Port Essington zusammengestellt hatte, sodaß wir vermochten, sie nach Wasser (Obert) nach dem Wege (Allum) und nach Limbo cardja, dem Namen des Hafens, zu fragen. Es lag mir sehr viel daran, daß sie uns als Führer dienten. Die beiden Häuptlinge Eooanberry und Minorelli versprachen es auch, uns zu begleiten, änderten aber später ihren Willen.

Mein Hauptwunsch war der, gutes Wasser zu erhalten. Unsere schwarzen Freunde führten uns auch mit der größten Bereitwilligkeit auf einem vollkommen schattigen Wege zu einigen von Farn umgebenen Brunnen. Diese Brunnen waren indes so klein, daß wir unsere Pferde nicht daran tränken konnten. Die Brunnen waren sechs bis acht Fuß tief in einem sandigen Boden bis zu einer Schicht festen Lehmes gegraben, auf welcher sich das Wasser sammelte. Wir tränkten unsere Pferde und den Ochsen mit dem Schmorrtopfe und fesselten den letzteren, um zu verhüten, daß er fortliefe oder die Eingebornen angriffe.

Diese waren außerordentlich freundlich und gefällig. Sie boten uns die Schale von rosarothen Eugenia-Äpfeln, Seaforthia-Palmkohl und die nußähnlichen Knöllchen von dem Rhizome eines Grases oder einer Segge an. Diese hatten einen süßen Geschmack, waren sehr mehlig und nahrhaft und das beste von allen Nahrungsmitteln der Eingebornen, welche wir gekostet haben. Sie nannten sie »Allamurr« (die Eingebornen von Port-Essington »Murnatt«) und liebten sie außerordentlich. Die Pflanze wächst auf den niedrigeren Stellen der Ebene. Die Knaben und jungen Männer waren den ganzen Tag über damit beschäftigt, sie auszugraben. Die Frauen sammelten an dem Seestrande Schalthiere, denn breite Fußpfade, welche von dem Waldlande über die Ebenen nach dem Salzwasser führten, fanden sich in Menge, oder die Früchte, welche zu der Jahreszeit reif waren, und im Walde Palmkohl.

Die Männer brachten auch eine dünne graue Schlange von ungefähr vier Fuß Länge mit, welche sie auf Kohlen rösteten. Sie war giftig und wurde »Yullo« genannt.

Die Männer, mit einem Wommala (Wurfholze) und einem Bündel aus einem festen Rohre oder Bambus verfertigter Speere bewaffnet, verbrachten ihre Zeit auf der Jagd. Es schien mir, als ob sie die Gänse nur im Fluge tödteten, wobei sie sich bückten, wenn sie eine Herde derselben kommen sahen. Die Gänse kennen jedoch ihre Feinde sehr genau und kehren sofort um, wenn sie sehen, daß sich ein Eingeborner erhebt, um seinen Speer auf das Wurfholz zu setzen. Einige meiner Gefährten behaupten, daß sie gesehen, wie Eingeborne ihr Ziel auf die fast unglaubliche Strecke von 200 Schritten getroffen hätten. Überlege ich dies, so kann ich mich des Gedankens nicht erwehren, wie schrecklich sie für uns gewesen sein würden, wären sie anstatt als Freunde als Feinde gegen uns aufgetreten. Es waren schöne starke, wohlgebaute Männer mit angenehmen und intelligenten Gesichtszügen. Es wurden ein paar Versuche unternommen, uns unsere Gewehre zu entwenden, ich war jedoch sehr aufmerksam darauf.

Als es anfing zu dämmern und sie Hunger bekamen, verließen sie uns. Sie gingen nach dem aufgegrabenen Lande, eine halbe Meile weit auf der Ebene, wo die Knaben Allamurr sammelten, und brachten uns eine ansehnliche Menge davon, wofür wir ihnen verschiedene Gegenstände schenkten. Wir aßen die kleinen Knollen sehr gern und erinnerten uns noch lange Zeit dieser Mahlzeit.

Bei Einbruch der Nacht, nachdem sie ihre Kulimans gefüllt, deren sie neun Stück im Lager hatten, kehrten sie nach der entgegengesetzten Seite der Hügel zurück, wo ein reichliches Mahl ihrer wartete. Sie luden uns dringend ein, sie zu begleiten und boten uns als Lockmittel ziemlich unzweideutig ihre schwarzen Ehegattinnen an.

Auf unsern Ochsen mußten wir sehr Acht geben, da das Thier regelmäßig auf die Eingebornen los ging.

Dezember 3. – Die Eingebornen besuchten uns des Morgens sehr früh wieder mit ihren Weibern und Kindern, welche sie zu uns führten. Es mochten jetzt nicht weniger als 200 Personen sein, sämtlich gut aussehend, lebhaft, meist mit gelocktem Haar und intelligentem Gesichtsausdruck.

Ich führte, da uns die Eingebornen begleiteten, den Ochsen an einem Nasenringe hinter meinem Pferde. Nachdem wir die Ebene überschritten, hielten wir an einem großen Spiegel Salzwasser von drei oder vier Meilen Breite, auf dessen entgegengesetzter Seite eine niedrige Hügelreihe sichtbar war. Eooanberry gab uns jetzt zu verstehen, daß wir weit gegen Süd-Ost und Süd gehen müßten, ehe wir den Fluß wieder kreuzen könnten und daß wir diesen dann auf der andern Seite wieder hinabzugehen hätten. Er drückte seine große Anhänglichkeit an sein Weib und sein Kind aus und nahm Abschied von uns, um sich wieder zu seinem Stamme zu begeben, der schon vor ihm zurückgekehrt war.

Dezember 6. – ... Ich wünschte eine Übergangsstelle zu finden, und nachdem ich vergeblich versucht hatte, am Fuße der Hügel entlang zu kommen, fanden wir zwischen den Lagunen hindurch einen Weg und gelangten in ein schönes Thal, welches gegen West, Ost und Süd von steilen Hügeln, Bergketten und sich von der baumlosen mit einer üppigen grünen Pflanzendecke überkleideten Ebene steil erhebenden Felsen eingeschlossen war. Die Eingebornen dienten uns jetzt als Führer und zeigten uns eine gute Furt in dem Creek, den wir für den Ursprung von dem Salzwasser-Arm des *Ost-Alligator-Flusses* hielten. Wir beobachteten eine große Menge langer kegelförmiger Fische und fanden an den Übergangsstellen im Creek sowie in den Salzwasser-Zuflüssen desselben Krebsreusen. Hier nahm ich von unsern Führern Abschied, deren Häuptling Apirk ein junger schmächtiger, aber intelli-

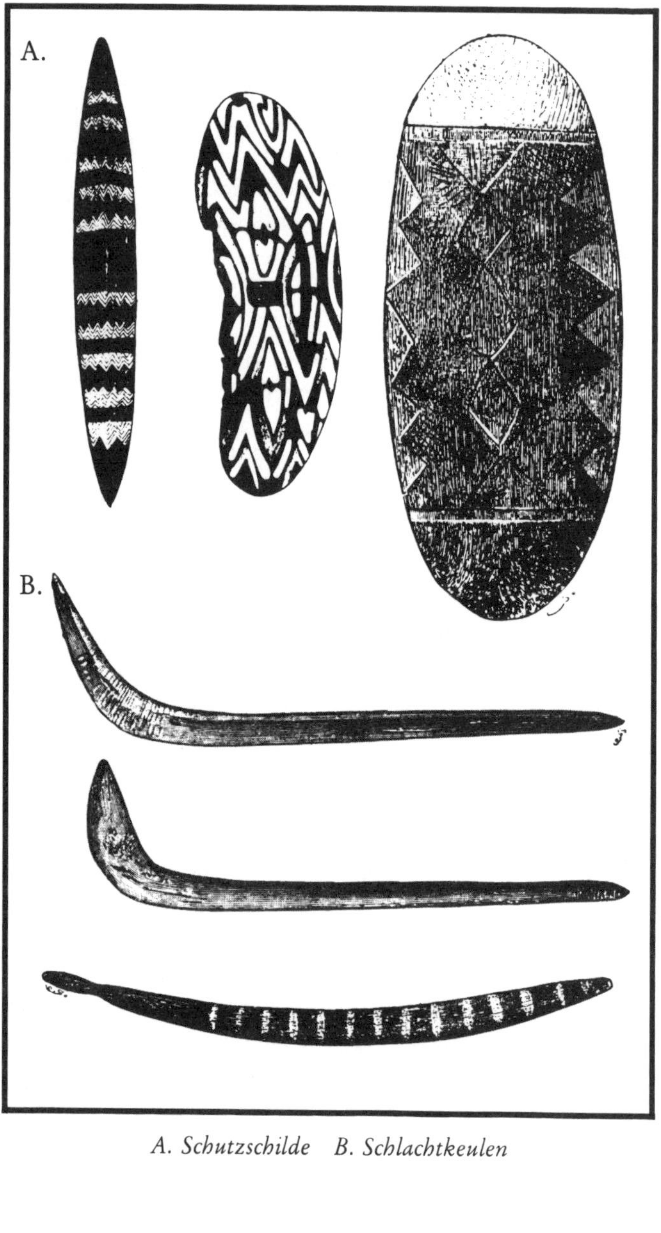

A. Schutzschilde B. Schlachtkeulen

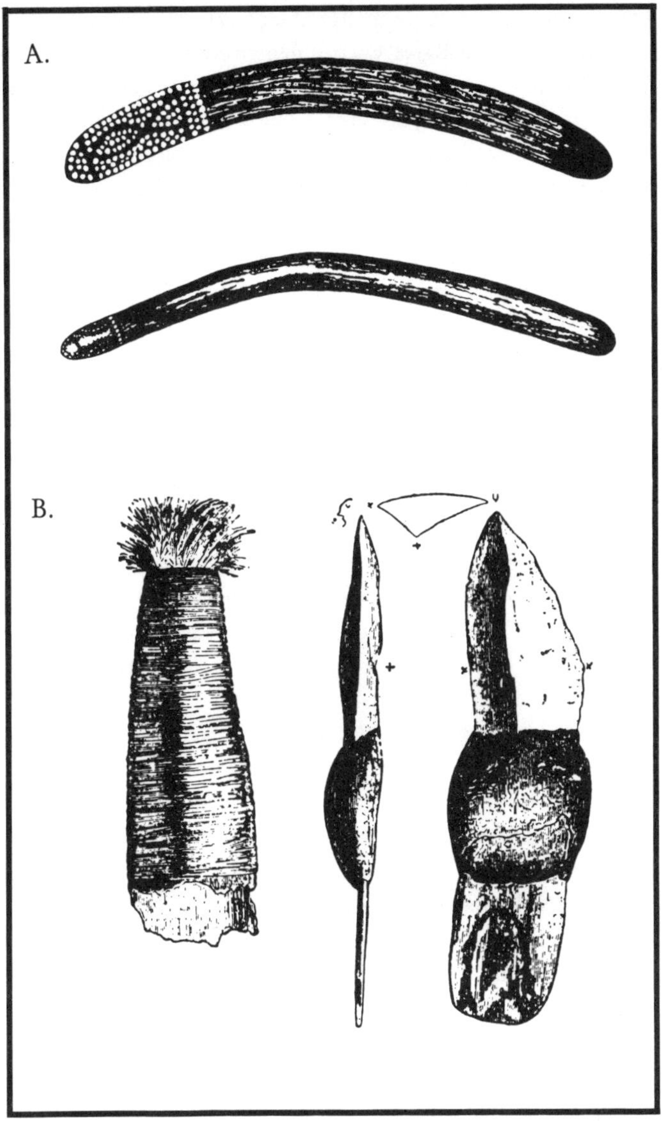

A. Ornamentierte Bumerangs   B. Messer und Scheide

genter und ziemlich lebhafter Mann zu sein schien. Wir setzten darauf die Reise wieder gegen Norden fort.

Dezember 7. – Apirk besuchte uns mit sieben andern Eingebornen am Morgen wieder. Sie schienen uns zu verstehen geben zu wollen, daß wir getrost gegen Norden die Reise fortsetzen könnten, ohne daß wir einen andern Creek treffen würden. Apirk hatte einen kleinen zugespitzten Stock und ein flaches mit einem Loche versehenes Stück Holz bei sich, um Feuer anmachen zu können.

Ich schlug einen Weg auf ein entferntes Gebirge zu gegen Norden ein und kam sieben oder acht Meilen weit über eine Ebene. Wir sahen mehrere vom Wirbelwinde aufgetriebene Staubsäulen und hielten sie irrthümlich für den Rauch von Feuern Eingeborner, erkannten jedoch bald, daß sie sich in einer gewissen Richtung fortbewegten und daß sich neue Säulen bildeten, wenn die anderen fortgetrieben waren. Als wir näher kamen und zwischen ihnen hingingen, war es, als ob die Riesengeister der Ebene einen großen Corrobori um uns hielten. Die Staubwolken entstanden an einer Stelle, auf welcher durch ein Feuer der Erdboden seiner Pflanzendecke entblößt worden war.

Gegen den Fluß hin erschienen von unserm Wege diesmal westlich Peaks, spitze Hügel und zeltförmige Berge ähnlich jenen, welche wir gesehen hatten, als wir am 3. Dezember auf der Westseite des Flusses gereist waren – oder wahrscheinlich dieselben.

Die alten Lagerstellen Eingeborner, welche wir im Walde trafen, lagen voll von Schalen von Gänseeiern. Dies zeigte, welche Wichtigkeit diese Vögel für die Küche der Eingebornen waren, denn während denselben ihr Fleisch und ihre Eier als Nahrung dienten, gewährten ihnen die Federn Schutzmittel gegen die Fliegen, von welchen sie während des Tages umschwärmt wurden.

Zu dieser Zeit litten wir alle sehr an Geschwüren und

Hitzebläschen. Wurden die erstern zeitig aufgeschnitten, so verminderte dies einigermaßen die Schmerzen. Die Schnitte und Geschwüre auf den Händen eiterten besonders, sie wurden durch Unreinlichkeit mehr als durch alles andere befördert. Ein sehr gefährlicher Feind erhob sich gegen uns in der unwiderstehlichen Ungeduld, das Ende unserer Reise zu erreichen. Ich kann es nur als einen Segen für uns betrachten, daß wir nicht schon früher auf unserer Reise Eingebornen begegneten, welche die Ansiedlung von Port Essington kannten. Denn ich befürchte, wir würden den größten Widerwärtigkeiten, wenn nicht dem Untergange ausgesetzt gewesen sein, allein durch ein unbesonnenes, gedankenloses Verlangen, schnell vorwärts zu kommen.

Dezember 8. – ... Wir lagerten an einer großen Lagune, die von großen Fischen wimmelte, welche fast die ganze Nacht hindurch laut im Wasser plätscherten. Bald erschienen auf der entgegengesetzten Seite der Lagune eine große Menge Eingeborner, ein junger Mann kam in einem Canoe zu mir. Ich gab demselben eine Zinnbüchse und war angenehm überrascht, als ich fand, daß die Kenntnis englischer Worte bedeutend zunahm. Wir besaßen wenige Gegenstände, welche ihm neu waren und die er nicht in der Ansiedlung bereits gesehen hatte. Sein Name war »Bilge«. Mich nannte er Commandant und stellte mir einige alte Männer unter demselben Titel vor. Es kamen noch einige Eingeborne entweder in Canoes oder durch die Lagune schwimmend zu uns. Bilge selbst nahm mich bei der Hand und führte mich zu den verschiedenen Pferden und zum Ochsen, indem er nach deren Namen sowie darnach fragte, von wem sie geritten würden. Bilge sagte häufig »Devil, Devil« indem er auf den Ochsen zeigte, und ich glaube, er spielte damit auf die verwilderten Büffel an, deren Spuren wir später sahen. Wir fragten nach »Allamurr«. Darauf drückten sie ihre Bereitwilligkeit aus, solches zu bringen, sobald ihre Frauen und

Kinder, welche zusammen sie mit dem Worte »Piccaninies« bezeichneten, nach dem Lager zurückgekehrt sein würden. Da sich der Tag neigte und ihr Lager fern war, verließen sie uns, nachdem sie uns eingeladen hatten, sie zu begleiten. Dies schlug ich ihnen jedoch ab.

Ungefähr um zehn Uhr des Nachts kamen drei Frauen von ihnen mit Allamurr zu uns. Sie mußten beinahe für ihre Gefälligkeit und ihr Zutrauen büßen, denn der Ruf: »Eingeborne!« bei Nacht war stets das Signal zu sofortiger verzweifelter Gegenwehr. Als wir jedoch die gute Absicht dieses nicht zur rechten Zeit gewählten Besuches gewahrten, gingen wir zu ihnen hin und luden sie ein, nach dem Lager zu kommen, wo ich ihr Allamurr unter uns vertheilte. Ich wies ihnen einen Ehrenplatz unter dem Theertuchzelte zum Übernachten an, und sie schienen sich durch diese Aufmerksamkeit sehr geschmeichelt zu fühlen. Die Nacht war hell, auch thaute es; beim Untergang des Mondes bezog sich jedoch der Himmel.

Dezember 9. – Bei Tagesanbruch kehrten die Eingebornen zu unserm Lager zurück. Bilge führte einige alte Krieger von verschiedenen Stämmen bei uns ein, indem er stets die Zahl der Piccaninies angab, welche ein jeder besaß. Sie schienen auf die Zahl derselben etwas zu geben, denn einer der Herren verbesserte Bilge sehr ernsthaft, als dieser zwei anstatt drei sagte. Bilge hatte uns versprochen, mit uns nach Balanda gehen zu wollen. Da er während der Nacht aber wahrscheinlich die Sache mit seinem Weibe besprochen hatte, änderte er sein Vorhaben, lud uns jedoch dringend ein, einen Tag in ihrem Lager zuzubringen. Obgleich, was das Futter und Wasser anbetrifft, kein Platz günstiger hätte gefunden werden können und ein Tag Aufenthalt unsern Thieren nur zum Vortheil hätte gereichen können, schmolzen unsere Fleischsäcke, auf welche wir allein angewiesen waren, so zusammen, daß jeder Tag von der größten Wichtigkeit war, da uns die

Eingebornen sagten, vier Tage würden uns nach der Halbinsel und zwei andere nach Balanda bringen.

Wir überschritten die Ebene gegen Westen, um einige niedrige Felsen und Felswände zu vermeiden. Gerade ehe wir in den Wald traten, bemerkte Brown die Spuren eines Büffels auf der üppigen Grasfläche zwischen den Felsen.

Dezember 9. – ... Wir riefen unsere Gefährten zu uns zu kommen. Mein Rufen wurde aus dem Walde von Eingebornen beantwortet, und gleich darauf kamen vier Männer aus demselben geschritten und näherten sich uns zutraulich. Sie sprachen leidlich Englisch und kannten die Pfeifen, Tabak, Brot, Reis, Pferde, Schießgewehre usw. Sie führten uns zu einer schönen Lagune, welche ich nach dem Führer des Stammes *Nyualls Lagune* nannte. Zwei derselben versprachen mir, uns zu Balanda und »Rambal«, womit sie »Haus« meinten, zu führen. Sie waren sehr zutraulich. Frauen und Kinder kamen zum ersten Male freiwillig in unser Lager. Die Frauen brachten eine Masse »Imberbi«, der Wurzel von Convolvulus, welche auf der Ebene in Menge wuchs. Sie wollten unser getrocknetes Fleisch aber nicht kosten, sondern besahen es von allen Seiten, zerbrachen es, rochen daran und gaben es uns mit einem Ausdrucke von Mitleid und Ekel zurück. Nuyall beschrieb unsern Zustand auf eine amüsante Weise: »Ihr, kein Brot, kein Mehl, kein Reis, kein Backi(?) – Ihr nicht gut! Balanda viel Brot, viel Mehl, viel Reis, viel Backi – Balanda sehr gut!«

Er, Gnarrangan und Carbaret versprachen mir, mit uns zu gehen, indem der erstere seine Frau mit sich nehmen wollte. Sie ahmten mit täuschender Ähnlichkeit die Laute der verschiedenen Thiere nach, welche sie in der Ansiedlung gesehen hatten, und uns machte es Spaß, das Krähen des Hahnes, das Gackern der Hühner, das Quacken der Enten, das Grunzen der Schweine, das Miauen der Katzen usw. zu hören, die deutlichsten Beweise, daß sie in Victoria gewesen waren.

Um sechs Uhr nachmittags zog ein heftiges Gewitter herauf. Die Eingebornen krochen entweder unter mein Zelt oder bedeckten ihren Rücken mit Stücken Theebaum-Rinde, indem sie denselben gegen den Wind richteten, ähnlich einer Herde Pferde oder Ochsen, die auf einer freien Ebene vom Regen überrascht werden. Imaru lag während der Nacht dicht neben mir. Um ganz in Besitz meiner Decke zu kommen, mußte ich ihm ein Stück Wachstuch geben.

Dezember 11. – Wir legten ungefähr sieben Meilen NNW über eine unermeßliche Ebene mit Waldland zurück. Als wir dem Walde näher kamen, wurden einige Büffelspuren gesehen, und als uns die Eingebornen an einem kleinen Creek entlang führten, fanden wir einen von diesen Thieren stark betretenen Weg und einige Plätze, auf denen sie zu lagern pflegten. An einem Wasserbehälter von ansehnlicher Größe in dem Bett jenes Creek schlugen wir unser Lager auf. Da der Dünger und die Spuren der Büffel frisch waren, ging Charley denselben nach, während Brown versuchte, einige Ibisse zu schießen. Bei dem Knalle des Gewehres trat ein Büffel aus dem Dickicht heraus. Brown lud das Gewehr mit einer Kugel und traf den Büffel in die Schulter. Dann verfolgten Charley, Brown und Herr Roper den Büffel zu Pferde. Nach einem langen Ritte und einiger Mühe gelang es ihnen, denselben zu erlegen. Es war ein junger Bulle von ungefähr drei Jahren und ausgezeichnet beschaffen. Es war dies ein großes, ein sehr glückliches Ereignis für uns. Unsere Fleischsäcke waren fast leer, und da wir unsern guten Gefährten Redmond nicht schlachten wollten, hätten wir einige Tage Hungerleiden vor uns gehabt. Jetzt konnten wir vom Fleische unseren schwarzen Freunden eine Menge mitteilen, und diese zeigten nicht den geringsten Widerwillen gegen das frische Fleisch, nachdem sie es in ihrer eigenen Weise zubereitet. Den Büffel nannten sie »Anaborro« und sagten, in der Gegend vor uns gäbe es viele. Diese Büffel waren die Nachkommen des

Stammes, welche sich entweder von der Ansiedlung an der Raffles-Bay verlaufen hatten, oder waren zurückgelassen worden, als man diese Colonie aufgegeben hatte. Sie waren ursprünglich von den Malayischen Inseln eingeführt worden.

Dezember 12. – Ein Theil des Fleisches wurde zerschnitten und getrocknet, ein anderer geröstet mitgenommen. Eine große Menge gaben wir den Eingebornen, die nun den ganzen Tag damit beschäftigt waren, zu braten und zu essen. Das schwüle Wetter verursachte indes, daß eine große Menge des Fleisches übelriechend und madig wurde. Unser Freund Nyuall wurde unwohl und litt an heftigem Kopfschmerz, den er dadurch zu heilen suchte, daß er eine Schnur fest um seinen Kopf wand.

Die Nacht war außerordentlich schwül. Um mir eine Linderung zu verschaffen, nahm ich ein Bad, zog mir dadurch jedoch eine sehr heftige Augenentzündung zu.

Dezember 13. – Bei Tagesanbruch kam ein alter Mann mit seiner Frau zu uns und wurde uns von Nyuall als Commandant vorgestellt. Er lud uns ein, nach seinem zwei Meilen entfernten Lager zu kommen. In der Absicht, zugleich unsere Reise fortzusetzen, begaben wir uns dorthin und fanden in dem Lager eine große Zahl Frauen und Kinder in Hütten von bedeutender Größe, wahrscheinlich mit dem Wunsche uns vorüberziehen zu sehen. Etwas weiter hin kamen wir zu einem kleinen Creek mit schönen Wasserhältern, an denen wir dem Rathe unserer Führer nach halten sollten. Als ich ihnen jedoch sagte, daß uns sehr viel daran läge, Balanda sobald als möglich zu erreichen, und als ich ihnen versprach, ihnen außer der ihnen bereits zugesagten Decke und dem Tomahawk einen großen Topf geben zu wollen, willigten Gnarrangan und Carbaret ein und suchten noch einen dritten namens Malarang zu überreden, mit ihnen zu gehen. Einige Meilen weit folgten wir einem stark betretenen Pfade, welcher am Rande der großen Ebene hinlief. Ehe wir an einem

Creek lagerten, hatten wir ein Gewitter mit heftigem Regen. Nachdem wir unsere Zelte aufgeschlagen hatten, machten unsere Führer einen Ausflug und kehrten mit einem Leguan sowie mit Samen-Kapseln der rosarothen Sterculia zurück, welche sie auf Kohlen rösteten. Eine bedeutende Menge unseres Fleisches rettete ich, indem ich es räucherte.

Unsere Pferde wurden durch große Bremsen im höchsten Grade beunruhigt, sodaß die armen Thiere dann und wann kamen und sich in den Rauch unserer Feuer stellten, um sich von ihren zudringlichen Peinigern zu befreien. Der Mangel der nächtlichen Ruhe trug sehr dazu bei, ihre Schwäche zu vermehren, obgleich die meisten von ihnen ohnehin heftig aufgerieben waren. Nur bei zweien war es durch sorgsame und aufmerksame Pflege sowie dadurch verhütet worden, daß wir ihnen täglich das Kreuz wuschen.

Dezember 14. – Als wir aufbrachen, in der Absicht, dem Fußpfade zu folgen, blieben unsere eingebornen Führer zurück, und als ich zwei oder drei Meilen zurückgelegt, kamen meine Gefährten zu mir und versicherten, daß uns jene verlassen, nachdem sie zu verstehen gegeben, daß uns der Pfad sicher nach Balanda führen würde. Sie hatten versucht, uns die große Axt zu entwenden, dieselbe jedoch zurückgegeben, als sie Brown verlangt hatte. Es war traurig genug für uns, daß sie uns verlassen hatten, denn ich war von dem bezogenen Himmel schon mehrere Tage abgehalten worden, unsere Breite zu beobachten und unsere Lage zu bestimmen. Wir überschritten eine bedeutende Anzahl Creeks, welche von Osten her zuflossen und von den Anhöhen der Landenge herab kamen. An ihren Ufern wuchsen Pandanus und hängende Theebäume zerstreut, so weit sich Süßwasser in ihnen befand, von wo an sie durch den Salzwasser-Theebaum und Mangrove ersetzt wurden, die ihre Betten bestanden und einfaßten. Diese breiteten sich in weite Flächen ohne Vegetation oder in Mangrovesümpfe aus.

Sowie wir vorwärts kamen, nahmen die Spuren der Büffel an Zahl zu und bildeten breite Wege in verschiedenen Richtungen, welche ich häufig für den Pfad der Eingebornen hielt, wenn ich diesen grade verloren hatte. Eine Richtung Nord 30° West brachte uns zu östlichen Gewässern, von denen ich einem hinabfolgte, als Brown plötzlich rief, er sähe die See. Wir gingen deshalb nach der Küste und sahen uns im Innern einer großen Bay, vor uns gegen Norden eine Insel und ein Vorgebirge weit in den Ocean vortretend, der frei und unbegrenzt da lag. Es war *Mount-Morris-Bay* mit Valentia und Crockers Insel. In der Mitte von der Landenge der Halbinsel war die Gegend sehr hügelig. Einige der Berge erhoben sich recht gut einhundert und fünfzig bis zweihundert Fuß über die Meeresfläche, und ein oder zwei derselben waren noch höher.

Wir folgten einem westlichen Creek nach allen seinen Windungen, um in einem seiner steinigen Becken Wasser zu entdecken. An den Ufern traten Stellen Rankengebüsches auf, deren Grün mich häufig hoffen ließ, daß ich Wasser finden würde. Wir trafen indes nur Salzwasser und sahen uns genötigt, die Reise fortzusetzen. Wir kamen hier wieder an einen Pfad der Eingebornen, welcher um die Mangrove-Sümpfe herumführte. Zuletzt fanden wir in einem kleinen Creek einige Lachen mit Regenwasser. Ich war glücklich genug, unsere Breite nach dem Regulus und zwar zu 11° 32′ 11″ beobachten zu können.

Dezember 15. – Ich folgte dem Pfade der Eingebornen in der Absicht, dies soweit zu thun, bis ich die Berge Beswell und Roe erblicken würde. Hätte ich dies wirklich ausgeführt, so würde mir einige Unruhe gespart worden sein, aber nachdem wir mehr als drei Stunden gereist waren, wurde die Gegend im höchsten Grade hügelig und gebirgig, sodaß ich vermuthete, wir hätten diese Berge bereits erreicht und wären nur durch die nächsten Anhöhen behindert, sie zu sehen.

Deshalb wendeten wir uns gegen Norden und kamen, nachdem wir eine Stunde weit durch eine hügelige offen mit Wald bestandene Gegend geritten, an einen östlichen Creek, dem wir abwärts folgten, bis wir in demselben Überfluß von Wasser fanden. Ich bildete mir ein, wir wären auf der Westseite von Port-Essington angekommen und der Creek, an welchem wir lagerten, müsse der Warwi sein. Um mir darüber Gewißheit zu verschaffen, ritt ich mit Charley an demselben hinab... Der Creek selbst war eine Fortsetzung von schattigen Wasserhältern, aus denen bei unserem Herannahen Büffel, stets drei oder vier Stück auf einmal, aufsprangen, ihre mit Schlamm beschmutzten Köpfe schüttelnd, wenn sie die steilen Ufer erkletterten und den nächsten Dickichten zueilten. Wahrscheinlich war die See kaum eine halbe Meile davon entfernt. Wir hörten hier entferntes Rufen Eingeborner, auf das wir antworteten, indem wir in der Richtung, aus welcher es erschallte, vorwärts gingen, bis wir zu einem Lager kamen. In demselben fanden wir einen alten lahmen Mann »Baki-Baki« und einen untersetzten Schwarzen »Rambo-Rambo«. Beide verstanden eine große Menge englischer Worte, wußten über die Ansiedlung ziemlich gut Auskunft zu geben und kannten auch den Commandanten Herrn Macarthur. Nachdem sie verschiedene Angriffe auf unsere Vorräthe an Lebensmitteln und Tabak gemacht hatten, versprachen sie mir, uns am nächsten Morgen nach Balanda zu begleiten.

Dezember 16. – Als wir mit unserm ganzen Zuge in dem Lager der Eingebornen eintrafen, änderte sich ihr Betragen ziemlich stark. Sie zeigten jetzt ebenso wenig Lust, uns nach der Ansiedlung zu begleiten, als sie in der letzten Nacht sich dazu gedrängt hatten. Ich überredete indes Baki-Baki, wenigstens ein Stück Weges mitzukommen. Als wir sahen, daß er müde wurde, ließen wir ihn eins der Pferde besteigen und führten es am Zügel. Er zeigte gegen WNW, in welcher

Richtung die Ansiedlung liegen sollte. Ungefähr fünf Meilen weit kamen wir über felsige Eisenstein-Anhöhen, deren Abhänge mit ausgedehnten Hainen von Livistona-Palmen bedeckt waren. Hier verlangte Baki-Baki abzusteigen, und uns versichernd, daß der Weg nach Balanda sehr gut sei, nahm er Abschied von uns und kehrte um. Bald darauf kamen wir an einen großen mit Wasser gefüllten gegen Osten fließenden Creek, welchem wir eine weite Strecke folgen mußten, ehe wir ihn überschreiten konnten. Unser Packpferd blieb im Schlamme stecken. Da es so schwach war, daß es nicht die geringste Anstrengung machte, sich selbst herauszuhelfen, und ich voraussetzte, daß wir uns in der Nähe der Ansiedlung befänden, nahmen wir ihm Sattel und Ladung ab und ließen es zurück. Wir überschritten noch zwei oder drei Gräben und setzten den Weg in der von dem Eingebornen angegebenen Richtung fort, bis es sehr spät wurde und ich mich genöthigt sah, Wasser zu suchen, um so mehr, als der Ochs deutlich zeigte, daß er bald zusammenbrechen würde. Ich folgte deshalb dem Abfall der Gegend gegen Nord-Ost, und so kamen wir nach kurzer Zeit an die Meeresküste. Wir verglichen unsere kleine Karte von dem Hafen von Port-Essington mit der Bildung der vor uns liegenden Bay, doch wollte nichts genau übereinstimmen, obgleich sie eine Ähnlichkeit mit der Raffles-Bay im Allgemeinen zeigte.

Ich folgte einem wohl betretenen Pfade der Eingebornen gegen Norden und überschritt einen Creek. In dem an diesem befindlichen Mangrove-Sumpf versank wieder ein Pferd, das wir jedoch unter unsäglicher Mühe wieder herauszogen. Nach andern zwei oder drei Meilen kamen wir an einen Süßwasser-Sumpf, an welchem wir blieben. Die Sonne war längst untergegangen und unser Vieh wie wir selbst im höchsten Grade ermüdet. Im Lager wurden wir von einem Stamme Eingeborner besucht, welche mit der Ansiedlung wohl bekannt waren und, wenigstens einige von ihnen, ganz

Landschaft in Nord-Australien (Gemälde von Joseph Lycett)

leidlich Englisch sprachen. Einer derselben, welcher, obgleich bucklig, anscheinend der Häuptling des Stammes war und »Weißer Bill« genannt wurde, versprach mir, uns nach der Ansiedlung zu geleiten. Er meinte, wir wären zu weit gegen Norden gekommen und müßten, um nach Port Essington zu gelangen, gegen Süd-West gehen und nach Victoria der Westküste folgen. Wir befanden uns in der That an der Raffles-Bay. In Victoria kannten die Eingebornen jedermann und erzählten uns ununterbrochen Neuigkeiten, denen wir willig zuhörten. Wasser holten sie aus einer ansehnlichen Ferne für uns, auch gaben sie uns etwas Murnatt, der uns sehr willkommen war. Da sie den Zustand von Schwäche und Entkräftung, in welchem wir uns befanden, bemerkten, suchten sie uns durch ihre Corroborri-Gesänge zu erheitern, welche sie mit dem Eboro, einer langen Flöte aus Bambus, begleiteten, indem sie ihre Stimmen nach derselben modulierten.

Dezember 17. – Wir brachen mit unserm gefälligen Führer nach dem Ziele unserer Reise auf und setzten unsern Weg gegen Süd-West durch eine hügelige Gegend fort, welche mit Gruppen Levistona-Palmen, weiterhin mit Seaforthia-Palmen vermischt, bestanden war. Wir folgten einem schönen breiten Creek drei oder vier Meilen weit bis zu seinem Ursprunge. Als wir ihn überschritten, überraschte uns ein sehr schweres Gewitter, wie bisher stets in der Mittagsstunde. Die Seaforthia-Palme trat in immer größerer Zahl auf, sodaß der Wald zuletzt ausschließlich von ihr, in Bäumen von allen Größen, gebildet wurde. Unser Führer zeigte uns, wie wir ihre Schosse leicht erhalten könnten, indem man die Blätter und Blattstiele aufschlitzte, und bald ergötzten wir uns an einem köstlichen Gerichte Palmkohl. Unser Ochs weigerte sich weiter zu gehen. Da ich wußte, daß die Ansiedlung nicht mehr fern war, lud ich ihn ab, bedeckte seinen Packsattel nebst der Ladung mit Wachstuch und ließ ihn zurück, damit er während des übrigen Theiles des Tages ausruhen könnte, um nachgeholt zu werden. Indem wir uns dem Hafen näherten, wurde die Kohlpalme seltener und verschwand an demselben gänzlich. Wir überschritten einige in den Hafen führende Creeks, bis wir zu einem ausgetrockneten, dem *Mantunna,* kamen. An demselben entlang führte von *Pichenelumbo* (Van Diemens-Golf) nach dem Hafen ein Fußpfad, auf welchen wir in der letzten Nacht hätten kommen sollen. Wir folgten ihm jetzt, kreuzten den *Warwi,* den *Wainunmena* und den *Vollir,* die sich sämtlich in seichte Lagunen oder Sümpfe ausbreiteten, ehe sie sich in den Mangrove-Dickichten verloren. An den Ufern des Vollir befinden sich einige nicht versiegende Quellen, welche Sir Gordon Bremer Anlaß gaben, eine Ansiedlung zu gründen, und an denen jetzt auch Victoria liegt. Die Creeks waren sämtlich durch hügeliges Waldland voneinander geschieden. An ihren Ufern zogen sich kleine fruchtbare Auen sandigen Alluvialbodens, mit jungem Grase bedeckt und von Banksia eingefaßt, hin. Der Wald bestand hauptsächlich aus Zaserrinde, der hülsenfrüchtigen Eisenrinde und Melaleuca-Gummi mit einem Unterholze von Akazien, Coniogeton, Pachygnema, Pultenaea (?) und Careya (?). Am Warwi wurde ein der wahren Eisenrinde (Eucalyptus resinifera) äußerst ähnlicher Baum beobachtet; jedoch vermuthe ich, daß er von dieser gänzlich verschieden ist. Zaserrinde und der hängende Theebaum waren die einzigen nutzbaren Hölzer in der Umgebung der Ansiedlung. Die Cypreßfichte (Collitris) könnte jedoch ohne besondere Schwierigkeiten von Mount-Morris-Bay oder Van Diemens-Golf herbeigeschafft werden.

Am Vollir kamen wir auf einen Fahrweg, welcher um den Fuß eines Hügels herumführte. Nachdem wir durch einen Garten mit seinen prächtigen Cocospalmen gekommen waren, lagen die weißen Häuser, eine Reihe von Strohhütten und das Haus des Commandanten zur Rechten, von den übrigen getrennt, plötzlich vor uns. Vom Capitain Macarthur, dem Commandanten von Port-Essington ebensowohl wie von den andern Beamten wurden wir sehr freundlich aufgenommen und mit der größten Gefälligkeit und Zuvorkommenheit mit allem, was wir nur wünschten, unterstützt. Ich war unbeschreiblich froh, mich wieder unter civilisierten Leuten zu befinden. Ich vermochte kaum zu sprechen, denn es war, als schwöllen mir die Worte im Munde oder jagten sich einander. Wenn ich nun bedachte, wie schwach die Mittel waren, durch welche mich die Allmacht Gottes in den Stand gesetzt, eine so lange Reise zu vollenden, bebte mir vor Wonne das Herz in dankbarer Erkenntnis von Dessen unendlicher Güte.

Nach einem Aufenthalte von einem Monat in Port Essington kam der Schoner Heroine, Capitain Mackenzie auf seiner Reise von Bally durch die Torres-Straße und innere Barriere nach Sydney, hier an, einem Wege, der nur ein einziges Mal mit Erfolg zurückgelegt worden ist. Wir schifften uns auf diesem Fahrzeuge ein und kamen am 29. März glücklich in Sydney an. Der großmüthigen Güte des Capitain Mackenzie hat die Gesellschaft sehr viel zu danken, und an seiner gastlichen Tafel wurden die Entbehrungen unserer Reise bald vergessen. In Sydney wartete unser ein Empfang, wärmer und freundlicher, als es in meiner Macht steht, ihn zu beschreiben. Alle drängten sich, uns ihre Freude über unser Wiedererscheinen an den Tag zu legen, da man längst dasselbe aufgegeben. Man wetteiferte darin, uns bei unserm Mangel zu unterstützen. Es wurde eine öffentliche Subscription veranstaltet. Diese brachte in wenigen Wochen durch die edelmüthigen Beiträge, welche aus allen Theilen der Colonie einliefen, über fünfzehnhundert Pfund. In dem öffentlichen Concile wurde ein Antrag gestellt, in Folge dessen uns von diesem Hause einstimmig und unter der bereitwilligsten Genehmigung seiner Excellenz des Gouverneurs Sir George

Landschaft bei Port Essington

Gipps aus den öffentlichen Einkünften tausend Pfund zu unserm Gebrauche bewilligt wurden. Im Anhange findet man den gütigen Brief, in welchem mir der Colonial-Secretair Herr E. Deas Thomson jenen Beschluß der Regierung anzeigt sowie einen Bericht, welcher am 21. September in der Schule der Künste erstattet wurde, als mir der Redner, Herr Dr. C. Nicholson, jenen Ertrag der öffentlichen Subscription übergab, welchen mir das Committee der Unterzeichner zusprach. Indem ich diese Documente den Lesern übergebe, nehme ich Abschied von denselben in der Überzeugung, wie eitel ein Versuch von meiner Seite sein würde, jenem hochherzigen Volke meine Dankbarkeit öffentlich an den Tag zu legen...

Auszug aus dem Sydney-Herald vom 22. September 1846

Gestern Abend wurde eine Versammlung der Unterzeichner für die Leichhardt-Sammlung in der Schule der Künste gehalten.

Um dreiundeinhalb Uhr trat der Sprecher des gesetzgebenden Concils mit Dr. Leichhardt in den Saal, in welchem der letztere mit lautem Applause begrüsst wurde.

Sobald die Ruhe zurückgekehrt, erhob sich der Sprecher und wendete sich an Dr. Leichhardt. Er sagte: Meine Pflicht erheischt es, Ihnen im Namen eines zahlreichen Vereines von Colonisten die dankbare Erkenntlichkeit, welche dieselben für die von Ihnen sowohl der Wissenschaft als auch den Interessen der Colonie geleisteten Dienste hegen, an den Tag zu legen. Während ich die Bewunderung vollkommen theile, welche Ihre Verdienste allgemein erregen, gestehe ich, dass ich mich meines Auftrages nicht gewachsen fühle, die Anerkennung Ihrer Verdienste in Worte zu kleiden. Es ist in der That schwer für mich, Worte zu finden, durch welche ich gebührend den Enthusiasmus, die Ausdauer und die Kraft, mit welcher sie Ihre letzte gefahrvolle Reise durch einen Theil der bisher noch unbetretenen Wildnisse Australiens angetreten und auch vollbracht, bezeichnete. Ein Enthusiasmus jede Entmuthigung bekämpfend, eine Ausdauer jede Prüfung und jedes Ungemach überwindend, vor welchen gewöhnliche Geister, sie für unübersteiglich haltend, zurückgeschreckt sein würden, eine Kraft, welche Sie das zuerst und ursprünglich gesteckte Ziel erreichen liess.

Es ist für mich überflüssig, der Versammlung die Umstände zu wiederholen, unter welchen die Idee einer Landreise nach Port-Essington auftauchte. Die geringe Zahl Ihrer Reisegesellschaft und die Beschränktheit Ihrer Mittel, die bedeutende Strecke und der unbekannte Charakter der

Gegend, welche Sie zu durchreisen beschlossen, musste den Entwurf als einen voreiligen, die Mittel in Anbetracht des damit zu erreichenden Zweckes als vollkommen unzureichend erkennen lassen. Viele verweigerten eine Unterstützung aus Furcht, sie möchten für den Ausgang der Unternehmung verantwortlich sein, und dieser müsse dem Anscheine nach für die kleine wenn auch kühne Gesellschaft unvermeidlich unglücklich ausfallen. Nichtsdestoweniger brachen Sie in unbekannt vor Ihnen liegende Gegenden auf. Nach Verlauf weniger Monate ohne Nachrichten über Ihr Fortkommen oder Ihr Schicksal nahm man allgemein an, Ihre Reisegesellschaft sei als Opfer einer der mannigfachen Gefahren, welche derselben begegnen mussten, erlegen; Sie wären durch die Hand feindseliger Wilden des Innern gefallen, Wassermangel oder der Einfluss des tropischen Climas waren wenn auch in geringerem Grade unheilvolle Umstände, denen Sie sich ausgesetzt, und man hielt es für mehr oder weniger wahrscheinlich, dass sie als eine Beute derselben gefallen wären. Zwei Gesellschaften brachen nach einander auf in der Hoffnung, Sie einzuholen oder wenigstens Gewissheit über Ihr Schicksal zu erhalten. Der Erfolg dieser Anstrengungen war indess ein fruchtloser, und nur wenige hofften, dass Sie und Ihre Begleiter noch am Leben wären. Ich habe nicht nöthig, der Versammlung die Ueberraschung, den Enthusiasmus und die Freude in's Gedächtniss zurückzurufen, mit welchen Ihr plötzliches Erscheinen in Sydney, sechs Monate später, begrüsst wurde. Die Ueberraschung war ungefähr dergleich, von welcher man betroffen wird, wenn man einen aus dem Grabe Auferstandenen erblickt; es kam ihr aber auch das warme und herzliche Willkommen gleich, mit welchem Sie von jedem Colonisten umarmt wurden. Und wenn wir der Erzählung Ihrer langen und mühseligen Reise zuhören – der Entbehrungen, welche Sie erduldet, der Gefahren, welchen Sie getrotzt, der Schwierigkeiten, welche Sie überwunden –, so weichen die Gefühle, mit welchen Sie unter uns wieder aufgenommen wurden, der ungetheiltesten Begeisterung. Es würde in der That schwierig sein, irgend einen Reisenden zu nennen, dessen Weg die Durchführung eines ebenso kühnen Untenehmens auf der einen Seite darböte und auf der andern durch die Resultate, betrachte man sie sowohl in wissenschaftlicher als auch in ökonomischer und politischer Hinsicht, gleich wichtig wären. Wenn eine so grosse Strecke von der Oberfläche unseres Landes von einem civilisirten Manne zum ersten Male durchdrungen wird, so kann man die verschiedensten Entdeckungen erwarten, welche den wissenschaftlichen Forscher, sei es in der Geologie, der Botanik oder Zoologie im höchsten Grade interessiren. Ihre Beiträge zu jeder dieser Abtheilungen der Wissenschaft sind gleich neu und werthvoll. In socialer wie in politischer Hinsicht ist es schwer, ja unmöglich, die Wichtigkeit der kürzlich gemachten Entdeckungen jener unbegrenzten fruchtbaren Länderstriche zu überschätzen, welche sich gegen Norden ausdehnen und bald, mit unzähligen Herden bedeckt, als Wohnplatz des civilisirten Mannes gesucht sein werden. In politischer Hinsicht kann der Besitz eines umfangreichen Landstriches, der zuerst entdeckt wird, um mit all den Gaben der Natur, die zum Bestehen und Gedeihen der civilisirten menschlichen Gesellschaft nothwendig, erfüllt zu werden, nur als etwas höchst Wichtiges betrachtet werden, wie auch der Besitz einer ununterbrochnen Strecke schönen und fruchtbaren Landes, welches uns mit den Küsten des Indischen Oceans in Verbindung bringt, was den Australcontinent als eine Vergrösserung des Indo-Anglicanischen Reiches von nicht geringer Bedeutung erscheinen lässt. Es ist unmöglich, die Wichtigkeit von alledem in diesen Betrachtungen zu übertreiben; doch muss ich davon abstehen, unsere Zeit damit weiter in Anspruch zu nehmen. Die Colonisten von New-Süd-Wales, Herr Dr. Leichhardt, sind besorgt gewesen, Ihnen ihre

Dankbarkeit für alles das an den Tag zu legen, was Sie zum Besten des von ihnen als Heimath erwählten Landes gethan haben. Sobald Ihre Rückkehr bekannt geworden war, wurden Subscriptionen eröffnet, um Ihnen auf eine entsprechende Weise die Anerkennung Ihrer Verdienste an den Tag zu legen. Zu der Summe steuerten Personen jeden Standes bei; es flossen Beiträge aus allen Theilen der Colonie dazu ein. Die Summe beläuft sich jetzt auf 1518 Pf. 18 sh. 6 d. Die Colonial-Regierung hat Ihnen in lobenswerthem Nacheifer ebenfalls eine Summe von 1000 Pf. St. aus den Kroneinkünften ausgesetzt. So angenehm diese Beweise der Anerkennung Ihr Inneres berühren werden, sind sie doch in Bezug auf Ihre Verdienste viel zu unzureichend. Der wesentlichste Ihnen für Ihre Unternehmung gebührende Lohn liegt in dem unvergänglichen Ruhme, Ihren Namen in die Reihe jener grossen Männer aufgenommen zu sehen, deren Genie und Unternehmungseifer sie begeisterte, ihren Ruhm in der Erweiterung unserer geographischen Kenntnisse zu suchen, in die Reihe eines Niebuhr, Burckhardt, Park, Clapperton, Lander, oder was die Kunde Australiens betrifft, eines Oxley, Cunningham, Sturt, Eyre und Mitchell. In unserer Zeit des allgemeinsten Wissens, die für alle Fächer ausgezeichnete Gelehrte aufzuweisen hat, erreichen wenige das ersehnte Ziel wissenschaftlicher Höhe. Keiner von allen hat aber vielleicht mehr Grund zu hoffen, seinem Namen Unsterblichkeit verliehen zu haben, als der, welcher bis dahin von dem Fusse civilisirter Menschen noch nicht betretene Gegenden durchwanderte. Das erste Capitel in der Geschichte Australiens wird nach Tausenden von Jahren erzählen von diesen kühnen Geistern, durch deren friedliche Triumphe dem Vaterlande ein Reich unterworfen wurde, deren Thaten denen eines ersten Eroberers gleichen. Ich habe zu dem bereits Gesagten nur noch etwas hinzuzufügen. – Sie haben die Absicht ausgesprochen, in wenigen Wochen eine neue Forschungsreise anzutreten.

Nachdem Sie die letzte so glücklich zurückgelegt, kann es nicht befremden, wenn Sie Hoffnungen für glückliche Erfolge in der Zukunft hegen. Die göttliche Vorsehung möge Sie auf Ihren Wanderungen geleiten und Ihre neuen Arbeiten mit neuen Lorbeern krönen – das ist der heisseste von allen Wünschen für Ihr Wohl. Ich bitte Sie jedoch, nicht unnöthiger Weise das Leben Gefahren auszusetzen, das Leben, um dessen Erhaltung doch jeder so sehr besorgt ist. Mit der Versicherung der Dankbarkeit, Werthschätzung und Bewunderung von Seiten meiner Freunde, der Colonisten, erlaube ich mir nun, Ihnen hiermit 854 Pf. St. zu überreichen, ein Theil der durch öffentliche Subcription für Sie eingegangenen Summe.

Dr. Leichhardt, der augenscheinlich tief gerührt war, antwortete: Meine Herren. Ich danke Ihnen für das grossmüthige Geschenk, welches Sie mir verehrt – ich danke Ihnen für die herzliche Theilnahme bei der Beendigung meiner letzten, für die freundlichen Wünsche für meine nächste Reise. Ich empfinde das Grosse Ihres Edelmuthes um so mehr, als ich mir bewusst bin, wie sehr Ihre Güte meine Verdienste überschätzt hat; jedoch ich werde trachten, derselben würdig zu werden, und ich hoffe, dass der allmächtige Gott, der mich auf meiner vorigen Reise so gnädig beschützt hat, mir Geschick und Kraft verleihen, meine Forschungen fortzusetzen, und dieselben gleich erfolgreich und segenbringend für die Colonie machen wird. Möge die göttliche Gnade immerdar über das hochherzige Volk walten, welches durch die mir erwiesenen Ehrenbezeigungen dargethan hat, welch bedeutendes Interesse es an den fortschreitenden Entdeckungen nimmt.

Herr Cowper schlug darauf vor, dem Commitee und dessen Secretair Dank zu sagen, was durch Herrn R. Graham geschah. Damit wurde die Versammlung geschlossen.

Denen, welche die Wichtigkeit der wissenschaftlichen

Reise des Dr. Leichhardt von Moreton-Bay nach Port-Essington anerkennen, und die dieses Zeugnis für die Schwierigkeiten des Unternehmens interessirt, wird es angenehm sein, zu erfahren, dass ihm die Königliche Geographische Gesellschaft in London in Anerkennung seiner Verdienste die goldne Medaille der Königin ertheilt hat. Ebenso ist ihm von der Geographischen Gesellschaft in Paris die goldne Medaille für dieses Jahr übersendet worden.

Die Erforscher Australiens aus den 1840er Jahren: J. S. Calvert, J. Murphy und J. Roper; Calvert begleitete L. Leichhardt auf seiner Durchquerung Australiens

Nachwort

Es wird die Leser interessieren, am Schluß des Tagebuchs Dr. Leichhardts über dessen fernere Unternehmungen und sein tragisches Schicksal noch etwas zu erfahren.

Während der Forscher noch in Sydney mit der Niederschrift seiner Forschungsergebnisse beschäftigt war, traf er schon wieder Anstalten zu einer neuen Unternehmung, deren kühn und großartig angelegter Plan mit Bewunderung erfüllen mußte.

Leichhardt schrieb in einem seiner Briefe, die 1848 in Weimar im Band IV der »Fortschritte der Geographie und Naturgeschichte« abgedruckt worden waren: »Ich beginne meine neue Reise wiederum von einer der westlichen Stationen der Darling-Dünen, welche im Westen von Moreton-Bay liegen, verfolge meinen früheren Weg zu den Tropen bis zu 22 Grad 44 Minuten Breite und wende mich dann gegen Westen, um die Ausdehnung jener interessanten Gegend zu bestimmen, und ich will versuchen, ob ich in dieser Breite gegen das Innere von Australien vordringen kann. Es ist indes schwer zu bestimmen, welchen Weg ich einzuschlagen habe. Ich hänge gänzlich von der Gegenwart des Wassers ab und muß vorwärts schreiten, wo ich solches finde. Es ist selbst möglich, dass ich bis zum Golf von Carpentaria zu gehen und einen der Flüsse bis zu seinen Quellen zu verfolgen habe, um dem Innern von Australien näher zu kommen ...«

Der Zweck dieser neuen Reise sollte die weitere Entdekkung des Innern von Australien, die Ausdehnung von Sturts Wüste, die Erforschung der West- und Nordwestküste und der geographischen Verbreitung der Pflanzen- und Tierformen von einer Küste bis zur anderen sein. Leichhardts eigener Schätzung nach könnte diese Reise nicht unter zwei und einem halben Jahr zurückgelegt sein.

Im Dezember 1846 brach er in Begleitung von acht Männern auf, unter denen sich auch zwei Eingeborene befanden. Diesmal hatte er zum Tragen des Gepäcks zwölf Pferde und fünfzehn Maultiere ausgewählt. Zur Ernährung der Expedition wurden zwanzig Stiere, dazu eine Herde von 270 Schafen und Angola-Ziegen mitgeführt.

Nachdem Leichhardt mit seinen Begleitern und der Herde glücklich den Mackenzie-River erreicht hatte, brach jedoch plötzlich bei den Männern ein ansteckendes hohes Fieber aus. Während diese erkrankt darniederlagen, liefen die Stiere davon, ohne daß es möglich wurde, sie wieder einzufangen. Dadurch brach der groß angelegte Plan schon an seinem Beginn zusammen. Leichhardt sah sich zur Rückkehr nach den Darling-Dünen gezwungen.

Ein Jahr darauf, im Dezember 1847, brach der unerschrokkene Reisende von neuem zur Durchführung des gefaßten Forschungsplanes auf. Diesmal wurde er von dem Gatten seiner Schwester, dem Schwager August Classen, der als Schiffskapitän von Hamburg nach Australien gekommen war, und noch fünf anderen Männern begleitet.

Nachdem er bereits dreihundert Meilen weit in das unbekannte Innere des Erdteils eingedrungen war, kehrte Leichhardt wieder nach einer der äußersten Ansiedlungen zurück. Er wollte noch einmal Nachrichten über die Schönheit und Fruchtbarkeit der bisher erreichten Gegenden zurückbringen. Es tauchte zum erstenmal die Bedrückung einer Vorahnung auf, von dieser großen Reise nicht mehr zurückzukehren. In seinem Brief, den er noch für die Heimat an seine Angehörigen in Deutschland aufgab, schrieb er: »... Seit dem letzten Jahr kam ein seltsamer Wechsel über meinen Geist. Ich litt an starken Anfällen von Melancholie. Darum brauche ich wohl die Aufregung, die die große Unternehmung begleitet, um mich von dieser zu befreien. Obgleich uns das Land mitunter bedeutende Schwierigkeiten bot, ging doch bisher alles gut vonstatten. Meine Begleiter sind von einem ausgezeichneten Geist beseelt. Die Maultiere befinden sich in einem guten Zustand; nur drei von den Ochsen sind lahm. Obgleich die Tage noch sehr heiß sind, werden doch die prächtig klaren Nächte kühl und lassen die Moskitos erstarren. Unsere einzige Plage sind Myriaden von Fliegen. Wenn ich bedenke, wie glücklich ich bei meinem Vordringen bis hierher immer war, so bin ich voll Hoffnung erfüllt, daß mein allmächtiger Beschützer mir gestatten wird, meinen Lieblingsplan zu einem erfolgreichen Ende zu führen ...«

Das waren die letzten Briefworte Leichhardts, die aus dem »Innern Australiens mit seinem leuchtenden Himmel« zu den Menschen in die bewohnte Welt hinausgelangt waren. Nach dieser Nachricht, die ungefähr aus dem Gebiet der heutigen Fitzroy-Dünen stammte, verstummte die Expedition, die mit dem unerhörten Ziel ausgezogen war, den australischen Kontinent zum erstenmal quer durch sein Inneres von Ost nach West zu durchqueren.

Als darauf Monate lang keine Botschaft von Leichhardt mehr nach Sydney kam, sorgten sich anfangs nur wenige Leute um das Schicksal seiner Expedition. Mehr als zwei Jahre lang trösteten sich seine Freunde damit, daß Leichhardt ja auch seine Süd-Nord-Expedition mit 5 Monaten berechnet, diese dann aber 15 Monate gedauert hatte.

Auf manche Nachfragen bei Regierungsstellen oder Zeitungsredaktionen wurde den Freunden des Forschers stets geantwortet: »Leichhardt weiß sich in jeder Schwierigkeit selber zu helfen. Der furchtlose deutsche Forscher wird gewiß wieder eines Tages auftauchen und gesund vor uns stehen!«

Erst als fast drei Jahre seit dem Beginn der Expedition

verstrichen waren, wurde man in Sydney unruhig. Diese Unruhe wurde der üppige Nährboden für plötzlich auftauchende Gerüchte. Durch die Zeitungen lief auf einmal die Mitteilung aus nicht klar feststellbaren Quellen, alle Teilnehmer der Forschungsreise seien weit westlich des Bundesstaates Queensland von Eingeborenen überfallen und getötet worden.

Wenig später tauchte eine neue Erklärung auf: Leichhardt und seine Gefährten seien samt ihren Tieren in der wasserlosen inneraustralischen Wüste verdurstet.

Um einen Ausweg aus dieser immer unerträglicher werdenden Ungewißheit zu finden, schrieb die Zeitung »Sydney Herald« eine Geldprämie für jene aus, die bereit waren, eine Suchexpedition zu starten. Zuletzt raffte sich das Gouvernement Neu-Südwales zu Nachforschungen auf. Es ermächtigte den Kapitän Beckford Simpson, mit dem Segler »General Palmers« von Sydney nach Port Essington in Nordaustralien zu segeln. Von dort aus befand man sich dem mutmaßlichen Expeditionsweg Leichhardts und seiner Gefährten am nächsten.

Als Simpson zu seiner 2600 Meilen langen Seereise durch das Große Barriere-Riff nach Nordaustralien aufbrach, bestand keinerlei Nachrichtenverbindung dorthin. Als die »General Palmers« am 2. Juni 1851 Port Essington erreichte, fand Simpson diese Siedlung von allen weißen Bewohnern verlassen.

Die noch in wenigen halbverfallenen Hütten hausenden Aborigines, die Eingeborenen, bestätigten dem Kapitän, daß seit zwei Jahren kein Weißer mehr Essington betreten habe. Einige alte Eingeborene erinnerten sich sogar noch an den Aufenthalt Leichhardts nach der ersten Expedition im Jahre 1846 in Essington. Simpson segelte ohne jede Spur von Leichhardt wieder nach Sydney zurück.

Inzwischen tauchten neue Berichte aus dem Innern auf,

daß die sieben weißen Männer an der Grenze von Queensland und dem Nordterritorium einem Massaker der Eingeborenen zum Opfer gefallen seien. Die Zeitung »The Authorities« rüstete nun aus eigenen Mitteln eine Expedition von sieben Weißen und drei Eingeborenen aus. Ihr Leiter wurde Mac Hely, der schon an der ersten, dann abgebrochenen Forschungsreise Leichhardts teilgenommen hatte.

Nach seiner Rückkehr berichtete Mac Hely: »Ich fand an der Reiseroute Leichhardts nach Norden zwei mit ›L‹ markierte Bäume. Ebenso entdeckte ich alte Lagerstellen. Eingeborene erklärten mir, sie hätten die Weißen vor drei Jahren vorbeiziehen sehen, aber sie hätten ihre Spuren nicht weiter verfolgt. Sie hätten aber von anderen Aborigines, die weit aus dem Westen kamen, erfahren, daß zwei Männer aus dieser Gruppe einige Eingeborenenfrauen vergewaltigt hätten. Das Lager sei in der Nacht darauf überfallen und alle Weißen getötet worden. Den genauen Ort dieses Geschehens konnte oder wollte keiner der Befragten angeben. So mußte ich zuletzt umkehren, wo die völlig wasserlose Wüste beginnt, ohne eine echte Spur oder gar Überreste der untergegangenen Expedition gefunden zu haben ...«

Zum Beginn der fünfziger Jahre des vorigen Jahrhunderts brach in Australien das Goldfieber aus. Das Schicksal Leichhardts trat so sehr in den Hintergrund, daß drei Jahre lang alle Nachforschungen ruhten. Erst 1855 landete der Landvermesser Gregory an der Mündung des Viktoria-Rivers im Nordterritorium und reiste mehrere Wochen lang flußaufwärts gegen Süden in das unbekannte Innere. Er schickte neun Seeleute an die Küste zurück und wollte mit sechs Begleitern ostwärts in der Gegenrichtung zu Leichhardts Weg wandern. Er fand am Zusammenfluß zweier Flüsse ein verlassenes Lager, das er als von Leichhardt besucht identifizierte. Nach vier Monaten schwerster Strapazen traf er mit seinen Begleitern in Queensland ein.

Gregory ließ seine, wenn auch geringe Entdeckung keine Ruhe. Drei Jahre später führte er eine neue Suchgruppe an. Ihr Ziel sollte diesmal die endgültige Aufklärung über Leichhardts Schicksal sein. Er stieß durch das wüstenhafte Innere Queenslands bis zum Cooper Creek, dem Tal des Kupferflusses, vor. Er schrieb in sein Tagebuch: »...Ich fand diesmal ein zweites Lager Leichhardts, auch einen Baum, in den das Zeichen ›L‹ eingeschnitten war. Von dieser Stelle aus mußte sich die Expedition nach Nordwesten gewandt haben. Es bleibt nur als plausibelste Erklärung, daß die Männer in der Wüste der Wanderdünen verdurstet und später vom wandernden Dünensand vollkommen zugedeckt worden waren...«

Doch die ständige Herausforderung, das Innere des riesigen Kontinents und damit auch das Schicksal Leichhardts zu enträtseln, blieb weiterhin bestehen. Ein wagemutiger Reisender, John Stuart, drang im Auftrag der Stadt Adelaide von Süden her in das unbewohnte Innere des Erdteils, und es gelang ihm – wie Leichhardt schon fünfzehn Jahre früher –, Australien von Süden nach Norden zu durchqueren. Bei einer Sippe Eingeborener fand er einen fast weißhäutigen Jungen in einem Alter, daß er von einem Teilnehmer der Leichhardt-Männer abstammen konnte. Aber es gab keinen Hinweis, daß etwa ein überlebender Teilnehmer im Innern des Riesenlandes die Lebensweise der Aborigines angenommen haben könnte.

Ein Jahr später sandte der Bundesstaat Viktoria 1860 die beiden Geographen Heinrich Burke und John Wills als die am teuersten ausgestattete Expedition in das »tote Innere«. Sie endete mit einer Katastrophe: Keiner der Teilnehmer kehrte mehr zurück.

Ein Jahr später suchte Frederic Walker mit mehreren Begleitern die Spuren von Burke und Wills. Er klärte auch deren trauriges Ende auf – und sogar über Leichhardt fand er neue »L«-Zeichen in der Rinde eines Baumes. Am unteren Cooper Creek fand er in einem flachen, auffälligen Grab einen Totenschädel mit zwei tödlich wirkenden Einschlägen wie von einer Steinaxt. Die Eingeborenen der Gegend führten vor ihm einen sonderbaren Tanz auf: Zwölf als Tiere aneinander gebundene Männer wurden in der Spieldarstellung mit langen Speeren erstochen. Könnte das eine Erinnerung an die Massentötung der Tragtiere Leichhardts gewesen sein?

Siebzehn Jahre nach dem Verschwinden Leichhardts sammelten die Frauen der Stadt Melbourne 4000 Englische Pfund und schickten zur Aufklärung über das Schicksal Leichhardts den Geographen Mac Intyre mit mehreren Begleitern auf Spurensuche. Aber Intyre starb schon auf der Reise, und nur seine Begleiter erreichten ergebnislos den Golf von Carpentaria in Nordaustralien.

In den späten sechziger Jahren drangen auch Siedler und Schafzüchter immer tiefer in das Innere des Kontinents vor. Herumziehende Eingeborene brachten ein seltsames Gerücht zu ihnen: Im fernen, fernen Westen lebe ein weißer Mann schon seit vielen Jahren mit den dunkelhäutigen Aborigines zusammen! Darüber schrieb der Siedler Henry Powell an einen Bürger nach Brisbane: »... Bei einem Vorstoß in das Land des Cooper Creek erzählten mir Schwarze, daß vor vielen Jahren eine Gruppe Weißer den Cooper River überquert hatte, aber bald darauf seien sie alle bis auf einen weißen Mann an Fieber gestorben. Dieser durch einen Unfall als Krüppel Überlebende wurde von den Schwarzen gesund gepflegt und lebe heute noch bei dem Stamm im fernen Westen. Ich fragte nach dem Namen jener Gegend, wo der Weiße zu finden wäre. Die Schwarzen gaben mir an: Der Creek heiße Borrowiwarra, und das Wasserloch trage den Namen Wantata.«

Daraufhin schickte die Regierung von Queensland Jahre später, am 18. Januar 1871, den Inspektor der Eingeborenen-

Schutzpolizei John Glimour, begleitet von einem weißen und fünf eingeborenen Polizisten in das immer noch unerforschte Land jenseits des Cooper Creek. Wenn der geheimnisvolle Weiße wirklich ein Teilnehmer Leichhardts gewesen war, mußte er schon 23 Jahre lang bei den Schwarzen leben! Diese Männer trafen im Northern Territory eine ganz verrückte klimatische Situation an: Bei Temperaturen von über 40 Grad wurde das Land gegen Norden hin weithin von Flüssen überschwemmt und verwandelte dieses in ungangbare Sümpfe!

Ein weißhaariger Eingeborener erzählte Glimour: »Vor vielen Jahren, als ich noch fast ein Kind war, wurde eine Gruppe weißer Männer am Wantata-Wasserloch getötet. Und seither ist das Wasserloch von Gespenstern umgeben – kein Schwarzer wagt sich mehr nach Wantata.«

John Glimour meinte, endlich die wahre Spur gefunden zu haben. »Führe uns an das Wasserloch Wantata!« drängte er den Eingeborenen und überredete ihn mit dem Versprechen einer hohen Belohnung. Der Schwarze führte wirklich die Gruppe mehrere Tage weit durch die völlig vegetationslose Landschaft. Aber an das Wasserloch wollte er auf keinen Fall herangehen. »Die getöteten ›vinie-vinie‹ – so nannte er die weißen Männer – warten immer noch als Geister dort. Sie würden mich als Schwarzen sofort töten!«

Glimour fand nach den Angaben die verlassene Wasserstelle und entdeckte beim Aufgraben in ganz geringer Tiefe mehrere Skelette, die der Schädelform nach von weißen Menschen stammten. Seine Polizisten mußten alle Knochen numerieren und einsammeln. Fast fünfzig Meilen von dem Wasserloch Wantata entfernt fand Glimour in einem Lager nomadisierender Schwarzer auch noch Kleiderreste von Weißen. Mit diesen Funden kehrte er nach sieben Wochen härtester Strapazen nach Brisbane zurück. Er erklärte seinen Auftraggebern: »Ich bin überzeugt, daß diese Knochen von getöteten Männern aus der Expedition Leichhardts stammen!« Aber den evidenten Nachweis dazu konnte er doch nicht erbringen.

Doch das Rätsel Leichhardts ließ Glimour keine Ruhe. Wenige Monate später befand er sich von neuem unterwegs. Er hatte diesmal Glück mit überall vollen Wasserlöchern und erreichte überraschend schnell »Diamantina country«, das Land mit den neuen Diamantenfunden im Northern Territhory. Diesmal reiste er nur von Eingeborenen begleitet und machte dabei überraschende Funde: In einem Zelt der Aborigines fand er eine lederne Tragtasche, in der die Sippe ihre Zaubernarcotica – Kräuter, die geraucht als Rauschgifte wirkten – sorgfältig aufbewahrt hatten. Wieder tauchten Fetzen von gewebten Stoffen auf. Auch eine eiserne Axt war wertvoller Besitz der Schwarzen. Das Auffallendste erschien Glimour ein Büschel langer Haare, die ihrer dünnen Struktur nach nur von einem Weißen stammen konnten und als Tabu-Mittel in eine Tragtasche der Eingeborenen eingeflochten war.

Doch der noch lebende, sagenhafte wilde weiße Mann blieb bei allen Nachforschungen unauffindbar. Versteckten ihn die Eingeborenen vor dem fragenden und bohrenden Glimour? Oder lebte er überhaupt schon lange nicht mehr? Glimour hatte nun mehr als 1800 Meilen auf seinen Forschungsreisen zurückgelegt – das Geheimnis des seltsamen Weißen, von dem in den Lagern erzählt wurde, hatte er nicht lösen können.

So entschwand auch diesmal der Schatten Leichhardts wie immer seit 1848 hinter dem undurchdringlichen Vorhang der Jahre. –

Alle Versuche, das Rätsel Leichhardts in den weiteren Jahrzehnten zu lösen, würden, getreulich nacheinander erzählt, ein umfangreiches Buch füllen. Es tauchten dabei auch zwielichtige Gestalten auf. Eine davon war der Neger

Young, der sich gern der »Schwarze Prinz« betiteln ließ. Er sprengte in Sydney geheimnisvoll aus, das Tagebuch von Kapitän Clasen, dem Schwager Leichhardts, des letzten Überlebenden der Leichhardt-Gruppe, und auch dessen Taschenuhr erworben zu haben. Die genaue Stelle, wo er diese Beweisstücke hinterlegt hatte, wollte er nur nach der Zahlung einer hohen Geldsumme bekanntgeben. Eine große Tageszeitung versprach ihm sogar die Erfüllung dieser Forderung, wenn er die Stücke vorlegte. Er versprach es und ging allein auf eine weite Reise. Als er zurückkehrte, behauptete er, die Beweise seien ihm gestohlen worden.

Ein anderer Buschläufer, John Stufford, forderte im Jahre 1888 für die Überbringung von Dokumenten aus dem aufgefundenen Grab Leichhardts 8000 Englische Pfund. Er wurde als völlig unglaubwürdig mit seiner Forderung abgewiesen und tauchte wieder in der Wildnis des inneren Australien unter.

Im weiteren sollen nur noch Jahresdaten von einigen wenigen ausgewählten Geschehnissen angeführt werden: Im Jahr 1889 wollte ein Mann mit dem Namen Lindsey dem immer noch lebenden »weißen wilden Mann« im Nordterritorium bei der Diamantensuche begegnet sein. Im Jahr 1896 fanden Eingeborene eine leere Eisenkiste, die auf Leichhardt als mutmaßlichen Besitzer paßte. War sie von Schwarzen einst ausgeplündert worden? Unter einem Baum tauchte, halb im Boden versunken, 1912 ein metallener Gewehrbeschlag mit dem Zeichen »L« auf. Und im Jahre 1938 fand eine von der australischen Regierung ausgesandte Vermessungs-Expedition die Skelette von sieben weißen Männern. Bei diesen lagen Münzen, die vor dem letzten Aufbruch Leichhardts noch Zahlungsgültigkeit besessen hatten. – – –

Vor bald 140 Jahren ging ein deutscher Forscher, Ludwig Leichhardt, mit sechs Männern hinein in das »Große Schweigen« im Innern des Erdteils Australien. Der Vorhang vor dem

Rätsel seines und seiner Begleiter Untergangs wurde bis zum heutigen Tag nicht gelüftet.

Zwei Theorien besitzen vor unzähligen anderen noch die meiste Aussicht für eine Erklärung des spurlosen Verschwindens – dem ungeklärten Untertauchen von sieben Männern und siebzig mitgeführten Haustieren: Vielleicht hatte Ludwig Leichhardt einmal an einem Abend das Nachtlager in einem wasserlosen Flußbett, einem Creek, aufgeschlagen. Aus einem vielleicht zwanzig Kilometer oder noch ferneren Wolkenbruch waren die Schläfer mitten in der Nacht von einer heranrollenden meterhohen Wasserflut überrascht und fortgeschwemmt worden. Mancher einsame Buschläufer hatte schon nach Wolkenbrüchen in der Wüste erlebt, wie Fluten von drei Meter hohen Wasserwänden ohne jede Vorwarnung sogar breite Flußbetten stark veränderten. Im mitgeschwemmten Sand der Flutwelle seien davon überraschte Menschen und Tiere für immer verschüttet und begraben worden.

Ein zweiter Deutungsversuch sei ebenfalls angeführt: Die schon vom Durst erschöpfte Expedition hätte den Steilabfall einer Wanderdüne aus feinstem Sand nicht mehr erklimmen können. Der ständig im Wind herabrieselnde Sand hätte dann die Verdursteten für alle Zeit zugedeckt, unauffindbar für alle Such-Expeditionen bis heute.

Ludwig Leichhardt folgte einem unbezwingbaren Trieb, immer wieder unbekanntes Land jenseits der letzten Horizonte zu suchen, bis zum Ende. Er wollte die glühenden Himmel und die leuchtenden Landschaften des unentdeckten Australien als Erster unverlierbar entdecken und erleben. Für diesen Drang war er bereit, jederzeit das Äußerste, das Leben selber, einzusetzen.

Für immer wohl bleibt der Ort unbekannt, wo Leichhardt mit seinen Begleitern, die ihm bis zur letzten Stunde vertrauten, nach einem randvoll erfüllten Leben mit kaum 35 Jahren seine endliche Ruhe fand.

Ludwig Leichhardt, der in seinem deutschen Vaterland kaum bekannt geworden war, ist heute ein fast vergessener Forscher, den Alexander Humboldt einst hoch gerühmt hatte. Für ihn wie für kaum einen andern großen Forschungsreisenden gelten die folgenden Worte als Grabspruch, gesprochen in das ewige Wehen des Wüstenwindes, über das unaufhörliche singende Rieseln des wandernden Treibsandes in der großen Öde des inneren Australiens:

Hier liegt er für immer,
wohin sein Sehnen ihn trieb ...

Worterklärungen

Aborigines	die Eingeborenen Australiens
Acacia	niedrige Baumart
Bumerang	Wurfkeule der Eingeborenen
Calebasse	kleineres Wassergefäß
Colonie	Gefangenenlager
Corroborri	zeremonieller Tanz der Eingeborenen
Creek	Bäche und Gräben, die der eigentümlichen physikalischen Verhältnisse Australiens wegen im Sommer ganz austrocknen, dagegen sich während der Regenzeit oft plötzlich füllen, ja zu reißenden Strömen anwachsen.
Cytherea	Muscheln
Damper	flache Brotfladen, ohne Hefe gebacken
Dillis	Körbe der Eingeborenen
Emu	große Straußenart
»Geschirr«	Zaumzeug für die Tiere
Grauwacke	dunkler Sandstein
Gunyas	Hütten der Eingeborenen
Kuliman	großes Gefäß
Leguan	über einen Meter lange Echse
Melonengruben	Bezeichnung der Ansiedler für Erosionserscheinungen
Peak	Bergspitze
Rhizom	Wurzelstock
Tomahawk	kurze Eisenaxt
Trappe	große Vogelart
Trepang	getrocknete Seewalzen (Seegurken)
Waddies	Wurfkeulen der Eingeborenen
Wommalo	Wurfholz der Eingeborenen
Yarrei	Wasser in der Sprache der Aborigines
Zoll	altes Längenmaß; 1 Zoll ist knapp 3 cm

Daten zur Entdeckungsgeschichte Australiens

1606	Ludovigo de Torres durchsegelt die Meerenge zwischen Australien und Neuguinea.
Um 1650	Kapitan Carstensz sichtet die Küste Nordwest-Australiens.
1688	Der Seeräuber Kapitän Dampier landet an mehreren Stellen der australischen Küste.
1768–1771	Der Engländer James Cook unternimmt seine erste Weltumseglung von Westen nach Osten. Er entdeckt und erforscht den Teil Australiens, der den Namen »Neu-Süd-Wales« trägt.
1800–1802	Erforschung der südaustralischen Küste zwischen Nuytz-Land und Tasmanien durch den französischen Seefahrer Baudin.
1801	Der Engländer M. Flinders umsegelt mit einer Schaluppe ganz Australien und legt den äußeren Umriß des Kontinents fest.
1813	Überschreitung der »Blauen Berge« in Ostaustralien von Blaxland, Lawson und Wentworth.
1817–18	Oxley erreicht den Laxland-River und den Maquarie-River.
1824	Hume und Hovell entdecken den Ursprung des Murray-River und benennen ihn anfangs mit »Hume-River«.
1825–27	Cunningham reist von Sydney nordwärts bis Brisbane und entdeckt westwärts von Brisbane die Darling-Downs.
1829–30	Sturt folgt dem Murray-River von seinem Ursprung bis zu dem Lake Alexandrina in Südaustralien.
1836	Mitchell überquert den Murray gegen Westen im Distrikt Victoria und gibt diesem den Namen »Felix Australia«.

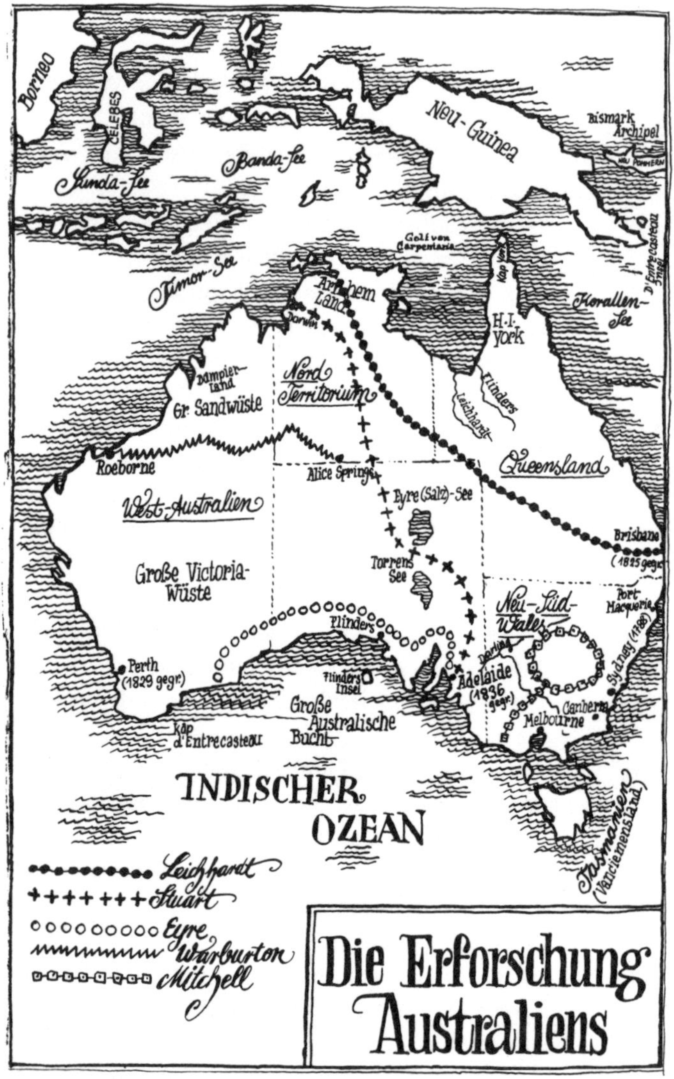
Borneo
Celebes
Sunda-See
Banda-See
Neu-Guinea
Bismark Archipel
Neu Pommern
D'Entrecasteau Inseln
Timor-See
Golf von Carpentaria
Kap York
Arnhem Land
Darwin
Korallen-See
H.I. York
Dampier-Land
Nord Territorium
Flinders
Leichhardt
Gr. Sandwüste
Roeborne
Alice Springs
Queensland
West-Australien
Eyre (Salz)-See
Brisbane (1825 gegr.)
Große Victoria-Wüste
Torrens See
Port Macquarie
Neu-Süd-Wales
Flinders
Darling
Sydney (1788)
Perth (1829 gegr.)
Flinders Insel
Adelaide (1836 gegr.)
Canberra
Melbourne
Große Australische Bucht
Kap d'Entrecasteau
INDISCHER OZEAN
Tasmanien (Vandiemensland)
Leichhardt
Stuart
Eyre
Warburton
Mitchell
Die Erforschung Australiens

1837–39	Grey startet die erste große Entdeckungsreise in Nordwest-Australien.
1840	Die erste Süddurchquerung von Adelaide bis zum King George-Sund.
1844–46	Sturt's Expedition in das Innere Australiens vom Darling-River bis zur Simpson-Wüste.
1846	Friedrich Wilhelm Leichhardt unternimmt die erste Durchquerung Australiens von der Ost-Küste (Brisbane) an den Golf von Carpentaria (Arnhem-Land).
1855–56	A. C. Gregory's Nord-Australien-Expedition.
1860	John Mc. Stuart erreicht das Zentrum des Kontinents.
1860–1861	P. O. Burke, irischer Reisender, durchquert in Begleitung des Engländers W. Wills Australien erstmals von Süden nach Norden (Cap Cooper-Golf Carpentaria). Diese Expedition endet mit der Tragödie von Burke und Wills.
1861	F. T. Gregory's Expedition durch Nordwest-Australien.
1862	Der Schotte J. McD. Stuart durchwandert Australien von Adelaide bis Port Darwin.
1874	John Forrest durchquert den Kontinent von West nach Ost.

Quellenwerke und Literaturhinweise

F. W. L. Leichhardt: Journal of an Overland Expedition in Australia from Moreton Bay to Port Essington. London 1847

Dr. Ludwig Leichhardt: Tagebuch einer Landreise in Australien von Moreton-Bay nach Port Essington während der Jahre 1844 und 1845. Aus dem Englischen von Ernst A. Zuchold. Halle 1851

J. Black: North Queensland Pioneers, Brisbane 1982

J. Campbell: The Early Settlement of Queensland, Brisbane 1875

Alec H. Chisholm: Strange New World. The Adventures of John Gilbert and Ludwig Leichhardt; Sydney 1951

Alec H. Chisholm: New Light on Dr. Leichhardt. The Sydney Morning Herald, Sydney 1963

Kathleen Fitzpatrick: Australian Explorers. A Selection from their Writings with an Introduction, London 1958

Friedrich Gerstäcker: Reisen in Australien, Cotta, Stuttgart 1854

John Gilbert: Diary of the Leichhardt Expedition 1844/45, Sydney 1850

F. W. Ludwig Leichhardt. In: Petermanns Mitteilungen, 1868

The Letters of F. W. Leichhardt. 3 Bände, Cambridge 1968

Walter Mannzen: Die Eingeborenen Australiens, Gebrüder Weiss Verlag, Berlin 1949

Bildnachweis

Die Vorlagen zu den hier wiedergegebenen Illustrationen stammen aus folgenden Quellen:

Angas SA Illustrated, 1847: 197; – Bengt Anell, Hunting and Trapping Methods in Australia and Oceania. Lund 1960: 89, 100, 136, 143, 181; – British Museum, London: 153, 164; – Alec H. Chisholm, Strange Journey. Melbourne 1955: 219, Nachsatz; – Collins, English Colony in NSW. 1798: 49; – Dixson Galleries: 172/73; – Drawings of Tommy Barnes, La Trobe Library: 68/69; – E. Favene, History of Australian Exploration from 1788 to 1888; Sydney 1888: 2, 225; – Eugène de Guérard, Australian landscapes. Melbourne/Victoria o. J.: Vorsatz; – Hawkeworth's voyages, vol. III, 1773: 43; – John Hunter's Historical Journal, 1793: 83; – Illustrated Australian News 3. 3. 1886, 7. 8. 1886: 63, 120, 159; – Illustrated London News 3. 10. 1863: 105, 139; – Illustrated Melbourne Post 13. 8. 1868: 127; – Margaret Kiddle, Men of Yesterday. London, New York 1963: 33; – Karl Lumholtz, Unter Menschenfressern. Hamburg 1892: 29, 195, 202, 203; – Joseph Lycett, Views in Australia. 1824: 214/15; – Mitchell, Three Expeditions into Interior of Eastern Australia. 1838: 93; – National Gallery of Victoria, Melbourne: 53; – National Library of Australia, Canberra (Nan Kivell Collection): 19, 23; – Sydney Parkinson, Voyage to the South Seas. 1784: 109; – Peron, Voyage de découverts aux Terres Australes (1807–16): 149, 150; – Pictorial Australian, February 1886: 79; – Ratzel, History of Mankind. 1896: 133; – Fernand Salentiny, Das Lexikon der Seefahrer und Entdecker. Tübingen 1974: 240; – W. Ramsay Smith, Myths and Legends of the Australian Aboriginals. New York, London 1970: 47; – Helmut Uhlig, Menschen der Südsee: Naturvölker Australiens und Ozeaniens. Berlin 1974: 114, 124, 192; – J. T. E. Woods, History of the Discovery and Exploration of Australia, London 1865: 15.

Der Herausgeber hielt sich, um die Authentizität der Tagebücher Ludwig Leichhardts zu bewahren, weitgehend an dessen Rechtschreibung, z. B. an seine th-Schreibung vieler Wörter, an Vokalweglassungen, z. B. »Eingeborner«. Ebenso hielt er sich an die im Englischen üblichen Satzstellungen und Formulierungen, die der Übersetzer A. Zuchold ins Deutsche übernommen hatte.